凤凰文库
PHOENIX LIBRARY

凤凰出版传媒集团
PHOENIX PUBLISHING & MEDIA GROUP

凤凰文库·公共管理系列

主　　编　张康之
副 主 编　张乾友
项目总监　徐　海
项目执行　陈　茜

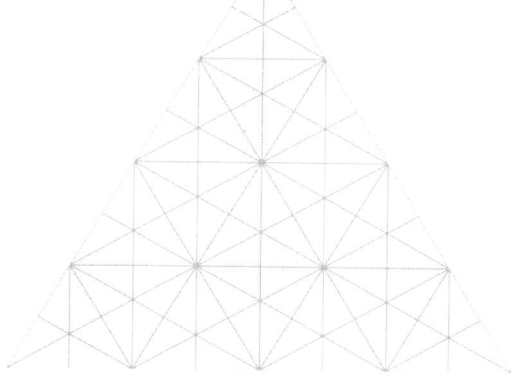

全球化与比较公共管理
Globalism and Comparative Public Adminstration

[美]贾米尔·杰瑞萨特(Jamil Jreisat) 著
徐 浩 付 满 译

江苏人民出版社

图书在版编目(CIP)数据

全球化与比较公共管理/(美)杰瑞萨特
(Jreisat,J.)著;徐浩,付满译.--南京:江苏人民
出版社,2018.3
书名原文:Globalism and Comparative Public
Adminstration
ISBN 978-7-214-15768-3

(凤凰文库·公共管理系列)

Ⅰ.①全… Ⅱ.①杰…②徐…③付… Ⅲ.①公共管理-对比研究-世界 Ⅳ.①D523

中国版本图书馆 CIP 数据核字(2015)第 093763 号

Globalism and Comparative Public Administration
By Jamil Jreisat
All rights reserved.
Authorized translation from the English language edition published by CRC Press, part of the Taylor & Francis Group LLC.
Chinese translation rights © 2018 by Jiangsu People's Publishing Ltd.
Copies of this book sold without a Taylor & Francis sticker on the cover are unauthorized and illegal.

本书封面贴有 Taylor & Francis 公司防伪标签,本书中文简体翻译版授权由江苏人民出版社独家出版并限在中国大陆地区销售。未经出版者书面许可,不得以任何方式复制或发行本书的任何部分,无标签者不得出售。

江苏省版权局著作权合同登记:图字 10-2014-007

书 名	全球化与比较公共管理
著 者	[美]贾米尔·杰瑞萨特
译 者	徐 浩 付 满
责任编辑	陈 茜
装帧设计	陈 婕
出版发行	江苏人民出版社
出版社地址	南京市湖南路 1 号 A 楼,邮编:210009
照 排	江苏凤凰制版有限公司
印 刷	江苏凤凰通达印刷有限公司
开 本	652 毫米×960 毫米 1/16
印 张	15 插页 4
字 数	250 千字
版 次	2018 年 4 月第 1 版 2018 年 4 月第 1 次印刷
标准书号	ISBN 978-7-214-15768-3
定 价	38.00 元

(江苏人民出版社图书凡印装错误可向承印厂调换)

出版说明

要支撑起一个强大的现代化国家,除了经济、政治、社会、制度等力量之外,还需要先进的、强有力的文化力量。凤凰文库的出版宗旨是:忠实记载当代国内外尤其是中国改革开放以来的学术、思想和理论成果,促进中外文化的交流,为推动我国先进文化建设和中国特色社会主义建设,提供丰富的实践总结、珍贵的价值理念、有益的学术参考和创新的思想理论资源。

凤凰文库将致力于人类文化的高端和前沿,放眼世界,具有全球胸怀和国际视野。经济全球化的背后是不同文化的冲撞与交融,是不同思想的激荡与扬弃,是不同文明的竞争和共存。从历史进化的角度来看,交融、扬弃、共存是大趋势,一个民族、一个国家总是在坚持自我特质的同时,向其他民族、其他国家吸取异质文化的养分,从而与时俱进,发展壮大。文库将积极采撷当今世界优秀文化成果,成为中外文化交流的桥梁。

凤凰文库将致力于中国特色社会主义和现代化的建设,面向全国,具有时代精神和中国气派。中国工业化、城市化、市场化、国际化的背后是国民素质的现代化,是现代文明的培育,是先进文化的发展。在建设中国特色社会主义的伟大进程中，中华民族必将展示新的实践，产生新的经验，形成新的学术、思想和理论成果。文库将展现中国现代化的新实践和新总结，成为中国学术界、思想界和理论界创新平台。

凤凰文库的基本特征是：围绕建设中国特色社会主义，实现社会主义现代化这个中心，立足传播新知识，介绍新思潮，树立新观念，建设新学科，着力出版当代国内外社会科学、人文学科的最新成果，同时也注重推出以新的形式、新的观念呈现我国传统思想文化和历史的优秀作品，从而把引进吸收和自主创新结合起来，并促进传统优秀文化的现代转型。

凤凰文库努力实现知识学术传播和思想理论创新的融合，以若干主题系列的形式呈现，并且是一个开放式的结构。它将围绕马克思主义研究及其中国化、政治学、哲学、宗教、人文与社会、海外中国研究、当代思想前沿、教育理论、艺术理论等领域设计规划主题系列，并不断在内容上加以充实；同时，文库还将围绕社会科学、人文学科、科学文化领域的新问题、新动向，分批设计规划出新的主题系列，增强文库思想的活力和学术的丰富性。

从中国由农业文明向工业文明转型、由传统社会走向现代社会这样一个大视角出发，从中国现代化在世界现代化浪潮中的独特性出发，中国已经并将更加鲜明地表现自己特有的实践、经验和路径，形成独特的学术和创新的思想、理论，这是我们出版凤凰文库的信心之所在。因此，我们相信，在全国学术界、思想界、理论界的支持和参与下，在广大读者的帮助和关心下，凤凰文库一定会成为深受社会各界欢迎的大型丛书，在中国经济建设、政治建设、文化建设、社会建设中，实现凤凰出版人的历史责任和使命。

目 录

前言 *1*

第一章 治理与全球化 *1*

导论 *1*

治理 *3*

  定义问题 *3*

  治理的角色转换 *5*

  什么是良性治理 *9*

  治理的衡量 *13*

  民主治理问题 *16*

全球化 *17*

  以经济为基础的全球化 *18*

  以信息技术为基础的全球化 *20*

  全球化展望 *21*

全球化与公共管理 *24*

  通过协商与合作制定的决策 *26*

绩效文化　27

　　　领导力的角色　28

　　　电子政务　29

　　　比较视角　31

　结论　31

第二章　比较公共管理　33

　导论　33

　关键的外在影响　35

　国家发展的特色管理　40

　相关性需求　44

　全球化背景下的比较管理　48

　比较法的传承　54

　　　行政管理类型构建　54

　　　定义功能形态　55

　　　语言与术语　56

　　　知识生成　57

　结论　59

第三章　官僚制　61

　官僚制与比较分析　61

　经典官僚模型　62

　官僚主义的评价与批判　65

　　　权力问题　67

　　　官僚主义与政治发展　69

　　　变革与创新　73

　　　"理想型"概念　76

结论 80

第四章 比较研究与方法 84

导论 84

分析单元 89

研究背景（环境） 93

 社会背景 94

 政治背景：政府类型 97

 内部运营系统 99

研究方法 102

 中等模型 Vs. 大型模型 104

 案例研究 105

 结构——功能模型 106

 行为聚焦 108

结论 110

第五章 比较公共政策 113

公共政策与程序 113

 议程设置 116

 政策制定 117

 决策制定 117

 政策实施 118

 政策评估 119

正式程序之外 120

 大众媒体 120

 政治领袖的声明 121

 特殊利益的影响 123

决策制定框架　*126*

　　　　理性模型　*128*

　　　　增量模型　*129*

　　　　有限理性模型　*130*

　　　　共识构建模型　*130*

　　公共政策与行政裁量权　*133*

　　比较政治学与比较行政学　*139*

第六章　发展中国家的管理　*145*

　　认识发展　*145*

　　过去的发展与传统　*149*

　　　　经典的帝国主义霸权　*150*

　　　　依附理论　*151*

　　　　文化支配　*152*

　　实施的挑战　*156*

　　　　经济发展　*158*

　　　　管理发展　*161*

　　弗雷德·W. 里格斯(Fred W. Riggs)　*163*

　　　　发展的政治与行政关系　*167*

　　发展中国家的公共管理特性　*171*

第七章　发达体系的管理　*175*

　　检查中央集权，建立机构　*175*

　　科学与理性主义的影响　*180*

　　新公共管理　*184*

　　　　以经济为基础的"新范式"　*186*

　　　　组织与管理传统　*188*

共同行政特征 194
    权利分配的平衡系统 194
    注重结果 195
    技术服务于管理 196
    对道德与责任的关注 197
    对私营机构公共行政作用的重新定义 197

结论 199

第八章　全球伦理与公共服务 202

导论 202

应用全球伦理学 204

全球伦理学的制度背景 207

伦理的广义定义 210
    广义概念 214
    商业因素 215
    信息与透明度 217
    伦理教育 219
    监控、调查与裁定 220

结论 220

前　言

公共管理研究与实践已日益变得具有国际性和比较性。首先,过去一代人从上述两个视角为充实公共管理理论作出了不少贡献。通过赫德尔斯顿(Huddleston,1984)、盖伊(Cayer)和范·沃特(Van Wart,1990)对现存文献的总结与分析,当代学者可用的资料、所参阅的期刊文献数量、学术期刊的范围以及其主题的广度都有了明显的增加和扩展。其次,国际视角与比较视角的整合对公共管理理论的发展具有不可估量的价值,尤其是对跨国界特征重要性假说(包含独立变量与中间变量)的发展与检验颇具意义。第三,尽管大多数参考文献发表于美国或欧洲,但国际与比较视角研究总量的增长已使我们讲授公共管理的方式发生了根本变化。虽然近期更新的公共管理院校联合会(NASPAA)标准并不强调对国际视角予以关注,但是根据 NASPAA 2009 年一个特定研究生学位课程的任务与目标的定义,这些标准确实强调了从比较视角讲授公共管理与实务的重要性(NASPAA,2009)。第四,这已经从根本上改变了公共管理实践的各个方面,包括"政策制定、项目实施与政治领导"。可以说,我们是世界历史上、在全球层面上,使用信息与通信技术分享信息、解决冲突并制定决策的第一代人。显而易见,使用这一能力致力于政治、社会、经济与环境的可持续发展是知识精英与政治精英的责任

(Argyriades and Pichardo Pagaza，2009)。

几年前,美国前总统奥巴马曾提出期望美国开始重建其作为国际社会一员的声誉。超出我们控制范围的外部事件可能会妨碍我们利用这个机会。至少,这些事件包括不景气的全球经济、中国作为我们的全球竞争对手的崛起,以及印度、巴西与俄罗斯的类似发展。但是当美国所选举与任命的官员在政策与程序方面向公共管理者求助时,如果后者希望能有效地予以回应,那么我们需要预见到这将带来的内部挑战。现今,美国国际公共管理被多样方式、远大目标以及复杂操作所困扰。尽管存在这些挑战,当经选举或被任命的官员寻求帮助时,美国公共管理者可以将美国公共管理定义为有目的、数据驱动、结果导向且可持续的"聪明实践",并藉此回应。这意味着需要重新接合途径、寻找务实但并不教条的解决方案、根据定量与定性数据展开行为研究,将研究结果、政策结果和政策影响相结合,以及培养可以在全球范围内胜任的管理人员与机构(Klingner,2009)。

这本书有独特贡献,不仅因为它关注了一个重要话题,还因为它给学生与学者提供了一个全面的公共管理学观点与概念体系。它通过分析与评估,对现代治理重要范畴进行了详尽且均衡的阐述。在这部重要著作中,贾米尔·吉瑞赛特(Jamil Jreisat)博士表现出相当的心胸与智慧,足以胜任从我们新近获取的国际视野与比较视角来阐述公共管理。他认为,公共管理需要更好的领导力、决策制定与方案实施,他还展现了如何在现实世界中实现。

唐纳德·柯林纳(Donald Klingner)
科罗拉多大学公共事务学院
美国公共管理学会前会长

第一章 治理与全球化

> 我想重建这个政府,使其恢复所应胜任的能力,重铸其整体性,恢复其性能,留住人才与善良的民众,并重现其专业精神与尊重。
> ——安德鲁·库莫(Andrew Cuomo)2010年就职演说①

导 论

为履行职业责任、尽到权威解读的义务,公共管理专业持续介入和研究最紧密相关的知识与能力。上世纪早期,工业化国家管理状态的发展促使当代治理(governance)结构与运作经历了重大调整。凯特(Kettl)与费斯勒(Fesler,1991)指出,公民对政府提供公共服务的需求日益增长,正如他们对政府确保公共福利的需求一样。多样的管理机构、大量的公务员以及不断膨胀的政府预算也应运而生,为满足公民需求及迎合这些期望而发展行政能力。这使我们的治理进入了一个以"行政状态"为特点的新阶段。德怀特·沃尔多(Dwight Waldo)在其开创性著作《行政国家》(*The Administrative State*,1948)中使用了这一术语。从那以

---

① 时任纽约州长 Andrew Cuomo 就职演说,St Petersburg Times(2010年1月8日)

后,大量的著作对行政状态及其对社会的深远影响进行了关注,如艾米特·雷德福(Emmette Redford)的《民主与行政国家》(Democracy and the Administrative State, 1969)、弗里茨·莫尔斯顿·马克斯(Fritz Morstein Marx)的《行政国家》(The Administrative State, 1957)、约翰·罗尔(John Rohr)的《运营一种体制:行政国家的合法性》(To Run a Constitution: The Legitimacy of the Administrative State, 1986)等等。

工业革命与随后的技术进步使机器的使用更广泛,彻底地变革了生产方式。设计、规划、评估与生产的规律性产生了合理化组织管理(公共或私人)的新需求。企业部门的两次深刻变化永久地改变了企业治理:

1. 主要通过分离所有权与管理权使企业管理专业化。伯利(A. Berle)与米恩斯(G. Means)里程碑式的著作《现代公司与私有财产》(The Modern Corporation and Private Property, 1932、1968年修订)为法律和经济理论带来了重大进展,改变了美国公共政策,促进了成立证券交易委员会的立法生效。

2. 组织与管理概念与框架的发展,比如上世纪第一个10年里的科学管理运动(泰勒主义),其主要目的是提高制造公司的生产与绩效的组织能力。

作为生产与服务的关键系统,组织机构产生了许多试图有效管理复杂机构的普遍方法。这其中包括科学管理与行政管理理论,以及被称为传统、经典、合理或机器模式的官僚组织模式(Jreisat,1997)。此后,以人际关系视角为基础的各种各样的概念指导组织理论与程序进入在早期文献中并不常见的人类行为领域。最终结果是,组织理论与实践在教学与研究领域变得更加重要,特别是对在社会中履行重要角色与目标的日渐增多的大型组织机构而言更是如此。对组织机构影响现代社会的广泛认可引发了对"组织化社会"(Presthus,1978)的阐述。

第二次世界大战结束后,政府权威扩大,其法律与行政权威也有所增强。越来越多的资源(财务与人力)、战争、福利制度,以及规范市场与生产系统,出于对共同利益的维护推动了这一转变。19世纪30年代的美国"新政"政策与实施是政府治理从理论到实践转变的例证。这一变化迫使对公共管理能力进行调整和提升,证实了伍德罗·威尔逊(Woodrow Wilson)在1880年代所意识到的,公共管理是"政府的先锋",是"运转中的政府"。

治 理

定义问题

社会治理对社会的巨大影响引起了学者的广泛兴趣,他们的著作包含不同的构想与定义(Ahern,2002;Jain,2002;Hyden,2002;Jreisat,2001;Pierre,2000;Nye and Donahue,2000)。无论如何理解治理,尽管能力水平与专业度参差不齐,公共管理都是治理的重要组成部分。在治理范畴内,政治学与管理学的联系是内在的;这两者都深刻地反映了对方的外在形式与内在价值。现今,上述两者的联系更加现实了,因为管理的传统的、有管辖权的范畴在解释政策制定与实施后果方面不再具有以往的相关性(Hyden,2002)。公共管理(public administration)是治理的实施层面,它为政策与决策的有效执行提供方法论。如果没有执行政策的方法,治理可能无能为力,"没有路线的战略文件只能算是一张纸,而不是战略;不可实施的决策是愿望,而不是决策"(Schiavo-Campo and McFerson,2008)。

治理的一种概念指的是国家适应其外部环境的实证表现,另一种则代表着通过传统的、制度性渠道追求集体利益过程中的协调的社会制度与国家的角色(Pierre,2000)。还有一种概念着眼于"提供'公共'服务的过程中,治理干涉的范围与形式,以及市场与准市场的应用"(Rhodes,2000)。同时对"旧治理"与当前的治理,或称"新治理"进行了区分。前者以如何获得何种结果为重点;后者以比较政治学的形式构建,侧重于概念是否"可以'穿梭'于一系列的政治系统间并仍保持实质含义与有效性"(Peters,2000)。"在许多公共与政治辩论中,治理指的是在多重角色、多元目标与多重任务的情况下保持协调与连贯,如不同政治因素与体系、公司利益、民间团体与跨国组织利益"(Pierre,2000)。

治理是一种除中央政府外还涵盖其他角色(如一同承担责任的地方当局、商业体、利益团体、志愿组织与多种公民团体)的组织兼容功能(Klingner,2006)。因此,治理是一个多维度的系统,并且不断对其复杂的结构、进程、政策、行为、传统、愿景和结果进行改进与调整。联合国开发计划署将治理定义为"为管理一个国家各项事务而行使经济、政治与行政权力,包含行使权力所使用的机制、程序与体系"(UNDP,2007)。

治理这个词源自希腊语,意为"控制、引导",指的是社会或组织自我引导的过程(Rosell,1999)。虽然这个概念显然不存在固定界限,但是可以通过治理的结构、流程与结果的基本原理对治理进行分析:

- **结构**是权威系统在实践中的标准特征与形式。通常,结构表现出系统的特定属性,比如权力集中或权力分散、组织类型与制度构建、执行功能的特异性以及与所有执行中不可获取的结构相关联的泛权力模型。一个组织的结构履行多重职责的能力是管理有效性的重要标尺。同时,结构体现了代表公民的程度以及权力体系本身的合法性。

- **程序**定义了决策的规则与运作方式。理论上,程序促进了公共政策结果的公平性与合法性,并且维护了公共利益。然而,实际上,程序的结果常常有别于期望值,特别是在程序被强大的特殊利益集团所控制、被主要用于协调利益集团目标的情况下。尽管治理的基本程序由法律或宪法所规定,但其他因素(比如传统与先例)可能对其进行重大的修正。尽管如此,一个开放和透明的程序仍然是公民在善意决策过程中的偏好与愿景的真实反映。公正的程序可以提高公众对廉政治理的信心。

- **结果**是治理整体效果的实测性质与量,尤其是在服务集体利益、提供公共服务、管理可持续发展与提高公民社会的效率方面。结果(outcome)例证了公共决策问责制,并阐明了利益分配、公共服务以及法律实施过程中的社会公平程度。

治理的角色转换

治理对其人民具有广泛的影响;它在处理外部挑战以及制定影响社会福利与安全的决策方面负有主要责任。关注治理鼓励人们超越日常生活进行思考,或者不考虑对当前规则只进行渐进的改变。海登(Hyden,2002)指出,类似于战略管理,治理成为在与环境变化相适应的规则体系的"大局"背景下看待问题的方式。因此,卓有成效的领导者不断寻找双方都同意的、创造性的解决方案以解决其选民所遇到的问题。

治理体制既不是一种静止状态也不是一种预先设定的状态。确定无疑的是,治理的体系、程序、结果总是在变化,而且这一变化是显著的,而非均匀渐进的。在对14个国家的行政改革进行研究后,曼宁(Manning)与帕里松(Parison)断定:"环境支配行动,但是改革者可以选择手段,选择全面改革计划的切入点,而且每个国家基本公共部门体系的可塑性大为不同"(2004)。治理结构和功能的改进、改组,与内部条件的变化同时进行,内部条件是指领导权的变更或者对公民需求的回应等。外部压力与全球挑战同样是治理系统性变化的来源,这些外部压力很可能促成体现外在价值的法律修正案,比如那些债权国,从而也引发了国内压力与争论。

对变化的应对与调整,是对领导力的首要检验,是检验其效果与能力的可靠指标。领导能力、态度、价值标准、惯例与整体政治文化影响着治理所取得的变化,以及改变方式。人们意识到,相对于通过动乱或外部压力进行社会变化而言,通过协商、和解与建立共识进行的社会变化更有意义,领导能力与政治文化从而被着重强调。"劳动力的增长表明,重大变革的出现通常是渐进性的,是通过看似微小但却可以累积为重大制度转型的调整而发生的"(Mahoney and Thelen,2010)。

制度变化从量变到质变理论,假定了一个公开并且具有代表性的政府体制,该体制内的合法领导阶层的能力与完整性取得了公众信任。

过去几十年,各地对治理的呼声越来越高。这引起了对治理所承担的国内、国际角色的激烈辩论、评估与评价。20 世纪 80 年代及不久之后,工业化国家的国家权威及其解决社会问题的能力受到了来自内部的挑战。在一些先进的民主国家,新自由主义政权快速崛起,他们将国家视为许多社会问题的主要来源而不是集体行动的来源或应对措施的根基(Pierre,2000)。这一政治思想的推动以及随后在许多国家产生的意识形态,表现为对行政部门放宽管制、私有化、大幅度削减所支持的货币主义经济政策的坚定信心,表现为"彻底改造政府",表现为对其进行"事务性"管理的决心。在美国,具有特殊议程的独断的新保守主义极端团体,带着对最小的国内政府干预与最大的外部干预的传教士般的热情出现在这一阵营(Margolick,2010)。

因此,在全球层面,以跨国公司为代表的私营企业似乎赢回了曾经失去的自由度;在国家层面,它们曾因福利国家的出现失去了自由。在全球化过程中,它们并没有遇到国家那样的实体,向它们征税、对它们进行调节,管理它们的再分配过程。这就导致了理查德·法克(Richard Falk,1999)所说的"掠夺性全球化"的出现。这些压力促使美国在世纪之交从国际协议中脱身,暗中破坏了多边主义的理念与实践,而多边主义曾是"自第二次世界大战结束以来全球体系的基础"(Prestowitz,2003)。2002 年 9 月,美国政府出版了《美利坚合众国国家安全报告》,该报告被称为铭记预防性战争学说与美国强大的军事优势(Prestowitz,2003)。甚至国家间的自由贸易都常被用来作为对某些屈服于霸权政策的国家的奖励,或者是对那些未向霸权政策屈服的国家的惩罚。

在全球范围内,资本全球化的势头为扫除私有化和将公共职能外包给商业企业增加了压力。在此期间,出现了新公共管理(NPM),它以效率与灵活的市场标准为基础,提供了一种企业管理系统的新范例(Farazmand,2002)。新公共管理(NPM)并不是一个不合格的成功案例。预期中由私有化所带来的、提升效率的竞争力几乎没有实现。相反,国家作用的降低与公共服务的减少增加了交付程序的复杂性,使相互协调变得更加困难。评论家指出,资本的全球化助长了腐败、减少了责任并且没有为人民或政府留下任何选择余地,人们只能屈服于全球化企业权力结构的指引(Farazmand,2002;Gawthrop,1998;Korten,1995)。全球化在世界范围内改变了国家行政管理的本质(Farazmand,1999)。

最后,国家权威的削弱破坏了专业化的公共管理,降低了公共管理的监管力度,向其强加了"商业化的"与"盈亏总额限制"的文化,削弱了其代表和服务集体利益的传统价值观。截至 2008 年,工业国与世界其他国家或地区身陷近代历史最严重的经济危机之中。新自由主义方式不但被证明是无用的,而且将许多国家带至金融体系崩溃的边缘。对外交事务的影响也是悲剧性的:2003 年对伊拉克的错误入侵引发了同盟国之间的相互疏远,造成了对国际性外交政策的破坏,带来了高昂的军事费用。政治领袖及其屈服于意识形态压力的联盟伙伴,受"市场魔法"的迷惑试图限制治理的作用,并取得了一些成功。上述观点产生的根源是一种深刻的制度变革,便于实施诸如放松管制措施、推行私有化、削减行政服务,以及政府引入企业管理的实践(Falk,1999;Pierre,2000;Jreisat,2006)。但是,那些巨无霸商业公司妨碍了健康竞争,成为了改革的障碍,并且腐蚀了政治(Greider,2009)。不断疲软的垄断法允许经济实力向少数企业实体集中,这些企业因此被认为是"规模太大而不能倒闭",必须挪用纳税人的钱财来帮其摆脱困境。

虑及 2008—2009 年间日益恶化的经济危机,公共政策针对更广泛的集体利益重新定位,恢复了一些公共机关的权力。内部经济乱象和全球化压力亟待澄清和阐释公共政策目标,分析与评估可行的解决方案,以及授权新的公共政策。新近承诺的国家行动中,最有效的工具旨在刺激就业与实现经济增长和稳定的财政政策。国家依靠预算程序(税收和支出)和监管框架来执行其主要的经济政策。2008年经济危机的结果是,呼吁政府在确保有序经济活动方面承担更大的责任。

有活力的治理需要有效的管理来制定与实施方案。但是,对国家及其政策多年来形成的偏见造成了知识鸿沟和盲点。通过传统的培训和教育不能满足对相关知识和重建行政能力的新需求。在快速发展的全球环境下,管理者必须具备更广阔的视野,以及在决策中整合知识的能力。卫生保健、金融、劳动力转移、环境保护与国际协议等领域的政策以及新的管理知识与技能的重要性日益凸显。

在美国,关于治理的见解近期发生了变化,一个例证是依赖外包,而这是自20世纪80年代以来新自由主义利商政策的支柱。国防部长罗伯特·盖茨(Robert Gates,2010年5月)宣布削减预算,他意识到国防承包造成了"重大的预算膨胀"。据报道,盖茨还说,"我们最终以承包商监督其他承包商,其结果可想而知"(Jaffe,2010)。

盖茨大幅削减预算的明确目标包括,美国国防部五角大楼在过去10年中已聘请了大批私人承包商来承担通常应由军方承担的管理任务。国防部长估计这部分预算的增长高达230亿美元,这个数字不包括为支持在阿富汗和伊拉克的美军而聘用私营企业所花费的数百亿美元(Jaffe,2010)。

治理的角色转换引发了近代历史上一些颇富激情的政治与经济辩论。2008年—2009年的经济危机使各个政治派别都出现了极端思潮。左翼表现出了对资本主义的功能和自由市场可行性的严重怀疑。右翼表达了对国家行动主义(state activism)的不详警告,指责其催生了毁灭性的公共债务,并且导致了社会主义和共产主义。中间派的政治家一直努力在难以获得上述两个政治极端派别支持的情况下通过民主制度进行治理。令人进退两难的是,如果不增加在许多国家已经十分庞大的国债规模,任何一项旨在促进经济增长和增加就业的治理政策便不可能获得成功,即使这项政策可以为今后带来税收的增长。与大幅削减政府开支以降低政府规模与国债相对的策略,则可能会导致经济的严重衰退并阻碍经济的持续增长。

在经济压力条件下进行统治的有效对策需要实用主义以及对实验性证据的依赖,而不是对意识形态或僵化教条的倚重。制定合理的公共政策必须利用一切合理的政策工具,如削减开支、增加税收、紧缩财政与刺激消费,或是根据形势的需要采取与上述工具相反的措施。然而,任何治理策略的成功实施必须注意以下几个基本的先决条件:(1) 保持纪律性、责任性与透明度;(2) 明确策略的定义,确保对战略视角的广泛支持和广泛交流;以及(3) 引入包容性方法,与当地政府、私营部门与社区组织成为合作伙伴。当然,治理在社会建设与发展方面发挥着重要的作用;一般而言,治理所利用的资源的规模以及所应用的权威的风格会引发质疑并引起关注。

什么是良性治理

如何定义、识别、评估或衡量良性的治理?这些都是学生、学者与实践者等经常问及的基本问题。可以预见,良性治理的许多正面属性可以被识别。良性治理反映了在负责而透明地管理政治团体与行政机构时,汇集、协调各种利益并就政策行动达成一致的能力。良性治理的可操作性和脚踏实地的目标是达成共识的必要条件,也将使系统的性能评估生效。想要真正理解为什么要最大程度地追求良性治理,另一个有说服力的理由是其可以提出、规划和执行相关的改革政策。

J·阿伦斯(J. Ahrens)认为,对良性治理的解释归根结底是指政治科学家基于其学科基础所提出的两个最基本的问题:"由谁管理"和"管理的怎样"(2002)。第一个问题着眼于权力社会中权力和资源的分配。

第二个问题主要涉及"健全的政府机构",比如高效的机构、有效的运营方法和公平的政策结果(Ahrens,2002)。作为一个体制,治理在不断地变化,反映历史、政治、文化、教育和经济环境。对这样一个体制进行评价必须考虑许多因素,特别是那些影响实施效果的因素。评价指标同样需要优先考虑公民满意度以及影响决策的参与度。

衡量治理的结果需要使用能将兼容原则和目的以及社会价值观与利益相结合的相关标准。有效的衡量必须从理论和实践角度确定这些价值标准的精确程度。一些被广泛传播的良性治理的核心价值观是相辅相成的,也就是说一种价值观存在的缺陷会给另一种观念造成困难。举例如下:

■ 道德与责任渗透至治理的方方面面。"道德标准与治理之间存在直接的联系,"罗尔(2000)如此断定。一篇与29个经济合作与发展组织国家有关的题为《信任政府》的报道全面概述了成员国所采取的道德措施、趋势、有益实践与创新解决方案。这则报道明确地肯定了公共伦理是公众信任的先决条件,同时可以巩固公众信任,是"良性治理的基本原则"(OECD,2000)。鉴于廉正与能力已经成为良性治理的前提条件,政府机关的自查自纠与相互制衡确认了问责制必须存在。

■ 建立信任并巩固共同的价值观,比如坚持公开、透明度和法律面前人人平等。这意味着:(1)公开讨论相关信息,大众媒体自由报道,以及专业探索与学习不受限制。(2)OECD的一项研究得出结论,良好的治理措施包括:公务员的行为与公共目标相一致;公民在合法与正义的基础上受到公平对待;有效、正确地使用公共资源;决策过程对大众透明;并且存在允许公众监督与纠正的适当程序(2000)。简而言之,关于有序行为和系统化社会转型的法律法规已经被构建并公正地实施了。

■ 既有能力又有道德观念的领导层对于建立一个涵盖集体目标、战略目标以及反映共同价值观的整体框架来说不可或缺,无论是在政府内部还是扩大到整个社会都是如此。人们常说"领导层藐视简单的公式和不费力气的解决方法"(Beinecke,2009)。但是,堂娜·沙拉拉(Donna Shalala)所提出的观点将所有专业机构领导者与管理者的主要功能总结为"设定标准、沟通目标、根据能力与性格选择员工、鼓励团队合作、营造透明度、关心员工以及建设性地回复反馈意见"(2004)。

■ 权力去中心化。与当地政府或机构分享权力与责任,以改善公共服务、增加公共参与度,以及增强政府的响应能力。"当前对权力分散的兴趣无处不在,在75个人口超过500万的发展中国家和转型期国家中,总共有12个国家声称已经开始着手通过某种形式将政治权力转移至地方政府"(UNDP,1997)。而且,权力去中心化在权力关系中具有重要意义,它避免了高层集权的出现。权力去中心化间接地削弱了独裁主义,支持民主的价值观、经济竞争以及教育与交流的全球化手段。而在中央集权的政治体系中,为延续传统、文化以及其他的非常措施,分权改革经常显得犹豫不定或是进程缓慢。

在顺应权力分散的趋势时,公共管理面临着自身的挑战。早期的遗留问题是,公共管理依赖于等级森严的组织和管理模型,以命令与控制为必要手段。现代公共管理转型已经取得了重大的、有意义的进展,尽管应用到新的组织与管理变化中很难始终如一,但是诸如"改造"政府并强调全面质量管理、团队建设、绩效评估、赋予员工权力等尝试,均为转型做出了巨大贡献。组织学习技能的传播对于创建治理文化起到了重要的作用,治理文化促成了授权、代理、透明化与责任制。然而,这一趋势并不是循序渐进或毫不费力的。虽然权力分散与委托授权可以提高效率,但是如果获得更大权力的人员没有准备得当的话,委托授权可能会在负责与控制方面产生问题。不过,近代历史表明,执政的权力已从中央集权的专制治理扩散到由民意代表、专业公共管理与受管理者积极参与的更为广泛的基础之上(Michalski,Miller and Stevens,2001)。

基本上，到目前为止列出的所有评估良性治理的因素，与其所产生的良好结果一样具有价值，都能提供有效的公共服务、增进公民的信任和满意度。世界上许多国家因为未能坚持核心价值观而造成治理失败与缺陷。太多的政治领导人未能推进以制度而不是以人为基础的可持续的、公平的政治和经济政策。全球范围内治理失败的相似之处是：不能有效应对廉政、保护公民权利与自由以及满足公民生活水平不断提高的需求，这一点值得注意。

治理曾由民主理想的实现程度以及通过刺激私营部门实现的可持续的经济增长来进行评判。然而，依靠私营部门发展来指导社会经济发展的假设条件是，要存在一个精明的政府，在一个公民社会中，以及不存在垄断的国内、国际市场。要实现上述协同作用需要其他先决条件，特别是市场与代议政府彼此之间的相互制衡。许多国家的真实经历表明，他们缺乏许多有效治理的关键因素：市场竞争不足、未能严格遵守自由的社会价值观，以及没有实现法治。对管理与改革的多种研究与政治声明并没有产生一种获得广泛认可的分析框架或模型。根据治理更为精确的意义，海登（Hyden，2002）提出，区分分配的政治学命题（即"如何分配公共资源"）与"谁在何时，通过何种方式，制定了何种规则"的基本命题是可行的，而"谁在何时，通过何种方式，获得了什么"是个永恒的命题。对于强调可持续发展的国家而言这一区分尤为重要。在国际发展援助中占主导地位的满足需求的传统方式是，更多地依赖于分配，并且不需要改变游戏规则就能实现目标（Hyden，2002）。然而，以权力下放和强化资源获取为重点的可持续发展正需要改变游戏规则以及含蓄地转变权力关系。

总而言之，治理具有多维度可识别的特性。过去几十年的分析和测评技术使人们得以对良性治理的某些被广泛认可和接受的重要品质与属性进行阐述。以下联合国开发计划署（UNDP，1997）的列表中包含了这些品质与属性：

联合国开发计划署有关良性治理的核心特征表

- 参与：男女都可参与决策。
- 法治：法律体制公平、公正并秉公执行。
- 透明度：信息自由流通并提供足够的信息。
- 响应：制度与流程为所有利益相关者服务。
- 共识取向：调节利益分歧以就公共利益获得广泛一致。
- 公平：所有人都有机会改善或维护其福利。
- 效力与效率：程序与制度产生满足需求的结果。
- 责任：公共决策人、私营部门与公民社会组织对选民负责。
- 战略远见：领导人与公众对美好社会有共同的愿景。
- 合法性：权威与所建立的法律和制度框架相符。
- 审慎利用资源：管理、使用资源优化民众的福利。
- 生态合理性：保护、恢复环境可持续发展。
- 授权和支持：社会有权追求合法的目标。
- 合作关系：治理是覆盖全体制的责任，涉及与非政府机构合作的制度化机制与程序。
- 社区空间：多层次的民众系统可以在当地社区自治权内自力更生、自我组织、自我管理。

治理的衡量

出于多种原因，这是一个很难解答的问题。治理的实践不断变化，有时变化幅度较大，这使得测评结果在完成之际便已失效。治理的其他方面所遭遇的特定困境也对测评结果提出了挑战。例如，过度遵守规则与程序可能会导致一成不变、破坏创造力，并且削弱履行基本职责的整体能力。程序问责不能替代绩效问责。许多衡量良性治理与测评的尝试只能是近似的，或者是受特定倾向影响的，这些衡量指标包括效力、效率、责任与道德标准。然而，测评仍然有助于提高意识、告知决定、指出趋势、凸显改进策略。一些值得注意的测评项目举例如下：

■ 世界银行已制定出全球治理指标，试图为政策分析家与决策者构建常规治理指标作为分析的关键工具。使用此指标旨在确立测评的基准点与量度。世界银行学院依靠一组由六项指标组成的标准来实现有效治理：(1) 话语权和问责制；(2) 政治稳定和没有暴力；(3) 政府效率；(4) 质量监管；(5) 法治；以及 (6) 腐败控制。

■ 联合国开发计划署（1997 年 1 月）发表了一篇题为《人类可持续发展治理》的政策文件，该文件明确表示支持国家为人类可持续发展而进行的良性治理。此政策文件延续了联合国开发计划署对 1994 年《改变举措》中良性治理参数进行定义的首次尝试，《改变举措》曾指出"治理举措的目标应该是发展可以实现重视穷人、妇女进步、保护环境与创造就业机会的能力。"[①]联合国开发计划署还推出了其他开发治理指标的举措，为治理提供了指导与技术支持。以下两个特定的程序一直是研究的重点，并且其实施动力显而易见：(1) 联合国开发计划署治理指标计划（2007 年）的提出与奥斯陆治理中心的成立旨在提供一份衡量政府绩效、公共机构质量与公众对治理各方面看法的"用户指南"。这份报告指出"指标无需为数字形式"，比如将国家分为自由国与非自由国。(2) 阿拉伯地区（POGAR）的治理项目于 2000 年初启动，其目的是促进包括立法、司法、公民社会组织在内的治理机构的建设。建议和帮助主要针对治理的三个主要方面：参与、法治、透明度与问责制。[②]

■ 朗缇（Lonti）与伍兹（Woods, 2008）对经济合作与发展组织（OECD）国家的一份报告为衡量治理提供了一些具体的设想。这个项目强调收集"可以对制度安排与性能进行比较的核心数据"，阐明制度绩效

---

① http://www.undp-pogar.org/resources/publications.aspx? t=0&; y=3&p=0（2009 年 7 月 11 日）

② POGAR 的活动包括提供政策建议、参与机构能力建设以及通过试点项目，围绕参与的主要概念、法规、透明度与问责制进行政策选择测验。网址：http://www.pogar.org/

的差别。据称,比较数据"使国家更好地理解其实践,通过国际范围内的比较对其成就进行基准衡量,并借鉴面临类似挑战的其他国家的经验"(Lonti and Woods,2008)。这项研究强调了使用尽可能稳定的核心数据预测趋势的重要性。所提出的核心数据包括政府收入与支出结构指标、就业与补偿、政府的执行结果以及预算程序。

其他衡量治理的尝试包括:

■ 透明国际组织(Transparency International)已经就治理的道德、透明与问责体系制定了多种标准。国际范围内,反腐斗争的推进对这些衡量标准十分依赖。在这一方面,2010年覆盖180个国家的清廉指数的认可程度最高。透明国际组织本质上"试图在全球视野与地方层面上,为透明度与腐败程度提供一种可靠的量化诊断工具。"①

■ 自由之家调查(Freedom House Survey)衡量政治自由发展的进展。该指标被新闻机构和研究人员所广泛使用,自1955年以来已在192个国家作为专家意见进行过专项报道。通常由并不在这个国家的专家根据对一系列问题的反馈来对某个国家进行评级。政治权利、公民自由权和综合自由指数的评分从1到7,1为最自由,7为最不自由。

■《新闻周刊》"世界最好国家"排名作为一种衡量方法也值得关注,该榜单声称通过综合测评国家的诸多领域的方法取得了比逐一测评各项指标更好的结果(《新闻周刊》2010年8月23日至30日:31—42)。《新闻周刊》的调查由一个专家小组挑选出"国家健康发展的五个方面:教育、健康、生活质量、经济竞争力和政治环境,并按照这五个方面为100个国家编制测评标准"(2010)。尽管收集比较数据有一定的难度,该杂志宣布榜单结果是对各个国家在2008年至2009年期间综合表现的一个"抓拍"。在此排名中位列前四位的国家分别是芬兰、瑞士、瑞典、澳大利亚。列于后四位的国家是赞比亚、喀麦隆、尼日利亚、布基

---

① 透明国际组织:http://www.transparency.org/policy_research/surveys_indices/cpi

纳法索。美国排名第 11 位（《新闻周刊》2010 年 8 月 23 日至 30 日：32—33）。

民主治理问题

　　文献著作和大众媒体在对国家治理进行民主与非民主分类时倾向于将形式与实践都显著不同的体制归类于同一个描述性词汇之下。比如，西班牙、英国与荷兰的民主君主立宪制政体与美国和法国的民主总统制不同。非西方国家，如日本、中国、巴西、墨西哥、埃及、印度、南非与印度尼西亚的体制差异更大。多年来，民主一直承载着价值与设想，甚至成为掩盖其真实属性与价值的神话和意识形态。民主这个词是获得最广泛使用甚至于被滥用的一种治理特征。罗尔（Rohr，2000）指出，"自由民主制度在道德上是可以接受的——这种自以为是的断言不可能持久"。罗尔指出，这不仅不现实，"更为重要的是，这将是历史上帝国主义的一种形式，是对过去几个世纪中绝大多数人类如何组织其公民生活进行自以为是的判断。"这并不意味着一个人可以不支持独裁治理下的自由民主。这意味着自由民主的美德不能剥夺一个集权或威权体制的道德合法性（Rohr，2000）。

　　对民主政府进行定义的尝试遇到了许多障碍，并且很容易被种族与文化偏见的阴云所笼罩。对民主治理的一种常见描述如下："在现代世界中不存在没有民主的宪法"（Chapman，2000）。这包括涵盖风俗与惯例的成文和不成文的宪法。但是，查普曼认识到宪法和选举是治理的合法性因素，治理体制中存在许多虽然进行定期选举、存在宪法但是不忠于民主价值观的例子。进行全国大选且制定宪法并不是民主的充分指标，而且并不具备将一个国家定义为民主的资格。如果治理不能意识到其少数民族的特殊性、对少数民族进行压迫、实行公开的种族歧视或者是习惯性地忽视国际法律与公约，那么还能称之为民主治理吗？如果一种自称为穆斯林、犹太教或基督教国家治理的体制对本教派的信仰者提供政策便利的同时,却使持有不同信仰的公民处于劣势并歧视他们,那么这样一个治理体制能一直是民主的吗?

上述问题以及类似的问题会改变或明确绝对民主主义者的观点。可以肯定的是,宪法是说明治理系统主要结构与功能的基本文件,但是历史上存在着进行选举且拥有宪法的极权体制的大量例子。许多例子表明,那些力图以性别、宗教、种族、文化、门第为理由驱逐或排斥某些公民的治理体系如果不进行改革,实践中往往会发展为更严重的沙文主义、民族主义、极端主义。无论如何,如果宪法明确规定了根据法律所有公民自由平等,那么宪法确实可以增强治理体系的民主特性。虽然宪法在理论上保障平等的原则,但是宪法还应该保证通过自由、公正的选举产生真正的公民代表(Jreisat,2004)。

联合国开发计划署的总结认为"与以往相比,更多的国家正在建设民主治理",联合国开发计划署一直通过改革与发展更能响应普通民众需求的民主制度和程序的方式来推进民主。该行动还试图通过建立伙伴关系、共享方式来促进各层级的参与、担责与效率。"我们帮助国家巩固其选举与立法体系,改善司法和公共管理,并提高其为最急需的人们提供基本服务的能力。"[①]实际上,贫困、经济停滞、政治不稳定、混淆主次一直被归咎于无效、腐败的治理,对发展中社会而言尤为如此。同时,无效、腐败的治理也是可持续发展的障碍(Jreisat,2004;Donahue and Nye,2003;Werlin,2003)。与之相对地,正如罗泽尔(Rosell,1999)所言,一个社会在快速变化的世界背景下能否持续繁荣,将在很大程度上取决于该社会能否建立更加具有参与性和更高效的治理体系。

全球化

对全球化的定义主要立足于经济体、民族、文化和国家之间的联系、

---

① http://www.undp.org/governance/about.htm 2009 年 7 月 6 日存取。

一体化、相互依存和连通性方面。当然,某个国家所生产的商品与服务逐渐可以在世界上任何地方获得。国际旅游、金融、通讯与各种交流都非常简单、快速。然而,一直以来全球化的影响不仅受到了高度赞扬而且还招致了批评与不满。全球化具有多层次、多维度特征,其影响波及全世界,这使得为全球化定性变得尤为复杂。下文将述及不同视角的全球化概念。

以经济为基础的全球化

这一视角以经济因素为大前提,如自由贸易、银行、投资、劳动力、资本与资本的转移等。这里特指促进国家经济、融入国际经济的全球资本主义。自20世纪80年代起,受到所谓的"新自由主义"或"华盛顿共识"的推动,以及国际货币基金组织与世界银行政策的批准和强化,经济全球化获得了特定的恶名或影响。全球化被视为一个资本累计的持续过程,这个过程存在了很长时间,直到最近才由于技术的原因得以强化(Farazmand,1999)。

正如上面所指出的,新自由主义经济视角推进了如下公共政策,包括"私有化、减少经济法规、福利回落、降低公共产品支出、加强财政纪律、支持资本自由流动、严格控制隶属工会的工人、税收减免与不受限制的货币回流"(Falk,1999)。事实上,近年来这些惯例使全球化具备了一些为公众所熟知的特征。拥护这种新自由主义学说不可避免地导致了在全球范围内对贸易优势、投资和跨境资本自由流动的争夺。最终,在这样一个竞争环境下有赢家就有输家。过去,跨国公司和工业国经济实体一直都是全球化的主要受益者。

克服贸易与投资壁垒之后,经济推动力也显示出了极大的灵活性和适应性。越来越多的美国公司在世界各地设有办事处和工厂。外包意味着公司突破组织或国家的界限,对外寻求曾经由自己的公司雇员所制造的产品或提供的服务。"公司可以外包技术服务、客户服务、税务服务、法律服务、会计服务、员工福利沟通、制造与营销"(Locker and Kienzler,2008)。美国公司在海外做生意已经有很长一段时间了,但像目前这样海外业务占据许多大公司一半以上销售额的情况还是此前所没有的。

此外,之前的工会、地方保护与贸易保护主义者现在已经成为全球化的重要力量。加拿大渥太华的一项公告(2007年4月中旬)"为全球经济指出一个激进的新方向。美国钢铁工人……与英国的两个最大的协会……进行合并谈判,目的是创建不但是第一个跨大西洋而且是第一个真正的跨国贸易联盟"(Myerson,2007)。这项渥太华公告为始于20世纪90年代的劳动力适应资本的全球化转型开辟了新的天地。其他协会,如美国通讯业工人协会一直在与欧洲和其他地区的类似协会进行交涉。由于钢铁生产已成为一项全球事业,该工会与巴西、南非、澳大利亚、墨西哥、德国与英国的采矿与制造业工会形成了联盟(Myerson,2007)。由于这些协会受雇于全球性或跨国公司,这在某种程度上对协会之间的联盟起到了推动作用。

全球化的影响不是单向的。目前,劳动法与劳动迁移是西方国家的热点问题,事实上这与某些国家就全球化作出的承诺相矛盾。《商业周刊》(2007年6月4日)上一篇以劳动力转移为主题的文章,标题表达了这样一种讽刺意味:"全球化与移民改革:没有劳动力的自由流动,我们是否可以拥有自由流动的商品与资本?"这本商业杂志如是问道。现今,许多欧洲国家、美国、阿拉伯世界国家正在全力解决这个问题。"一种世界观似乎可以拆除用以分隔国家的围墙,其他世界观又把墙筑了起来。"(《商业周刊》2007年6月4日)。的确,由于亚洲国家劳动力成本低廉,企业出于增加利润的目的将工作外包至这些国家,这使美国和欧洲的就业机会逐渐减少,从而产生了社会问题。西方雇佣工人承受着巨大的压力,因为他们总是面临着工作被外包的威胁。企业在其他国家所建立的工厂与其国内的工厂拥有同样精良的装备,然后将技术、产品质量和管理模式一并转移到其他国家。在过去几年里为大众媒体所提及的其他影响包括：全球化导致了传染病入侵、社会退化、企业权力过度，此外，对于接收端国家而言，对国外企业放任不管可能会再次导致一种形式微妙且复杂的殖民。

以信息技术为基础的全球化

技术创新的吸引力与近期电子工具和产品在全球范围的普及，凸显了当前信息与通讯技术（ICT）的成就对全球化发展的推动作用。这些进展促成了一场改变关系、促进全球互联的"信息革命"。信息与通讯技术的效用和累积效应不仅是普遍的，而且是切实的。事实上，市场营销、金融、信息传播以及公共与企业管理方式的许多变化都一直被归功于信息与通讯技术。

在政府机关、特别是在管理公共组织方面应用信息技术，缩短了距离、节省了时间、提高了产出、增加了跨境自由度，并且克服了文化、政治与体制障碍。"信息技术正在改变我们所处世界的方方面面，其影响不但深刻而且多样化"（Rahm，1999）。互联网、电子邮件、网页、传真机、打印机、视频会议与许多其他工具深刻地改变了信息的流动与传播，显著地增强了全球通信。现代科技一个特别值得注意的效果是"向知识经济、更深层次全球一体化的转变，一种人类与环境关系的变化"（Michalski, Miller and Stevens, 2001）。总之，便利的信息交流推动了知识社会以及全球互动发生根本性的变化。

由于公共管理一直强调性能、基准和测评结果，组织战略目标的实现越来越依赖于信息来源与信息技术（Klingner，2009）。然而，信息体系的协调和制度化同时还迫使组织机构面临特殊的挑战：(1) 选择对于组织机构而言最相关、最经济的基数；(2) 依靠技术所收集与传输的数据的质量和相关性；(3) 将管理视野扩展到传统界限之外的跨组织、跨文化的互联性。

全球化展望

当人们以广角镜头来审视全球化的过程,一幅全景图出现了,镜头聚焦于"不断加强的相互间的依存度"(Keohane and Nye,2000)。尽管电子创新巩固了日益增强的相互依存,但是相互依存当然不是由这些过程所产生或创造的。在这一分析中,全球化不仅局限于经济与技术方面。环境问题、人权、教育、安全、道德,随便提起几项政策,都似乎超越了距离、文化和国界的局限。同时,全球化的根源非常古老(Farazmand,1999)。例如,号称"日不落"的大英帝国曾经支配别国,在受到第二次世界大战和殖民地独立斗争的冲击后,该体系土崩瓦解。

如今,有效的全球化是通过国际合作而不是单方面的强权或皇权来实现的。跨国组织(如联合国、世界贸易组织(WTO)、北美自由贸易协定(NAFTA)以及世界银行)影响力的增加,是对民族国家在经济学及其他领域的严峻挑战。同样,区域性联合组织,如欧盟、美洲国家组织(OAS)、阿拉伯国家联盟、非洲国家联盟以及其他组织都需要对治理的传统角色进行深刻的调整(Pierre,2000)。技术创新模糊了组织与国家的界线,并且不断探索与全球化时代相适应的新的、更现实的治理形式。即使任何一个中央政府仍具有较大的权力和责任,并被民事和军事服务所推动,资本的全球化也已经对领土主权和中央统治造成了破坏。"发展以学习为基础的治理与决策体制"(Rosell,1999)使更多的人可以参与到能够跨界、有效运营的制度中,社会才能够在一个相互联系且快速变化的世界中取得成功。

在任何社会制度中,知识和教育都是变革的最可靠源泉。这不仅因为"知识就是力量",还因为在实践中社会学与科学知识的产生和应用协助决策制定者与管理者利用社会组织来实现经济增长(Mahon and McBride,2009)。一个能够创建、合成、合法化以及传播有用知识的组织能够在国家和全球治理中发挥重要作用。然而,与处理信息相比,信息社会的概念更加复杂——它也是许多能够对社会带来改变的质的因素与量的因素相互影响与作用的最终结果。

要想提高公共组织与民间组织的效率和效能,信息与知识是必不可少的。但是必须降低信息技术使用中的负面影响以防侵犯公民的隐私权。例如,在美国,公众通过强烈抗议向立法者施加压力,力争"保护消费者远离黑心运营商和商业化的胡作非为"(Dunham,2003)。消费者要求立法者对垃圾邮件系统、妨碍家庭时间的电话销售以及买卖消费者财务数据且经常侵犯民众隐私的信贷公司加以约束(Dunham,2003)。新技术节省时间,但信息过载已经成为一个问题。员工面对所能获取的大量信息而不知所措,特别是当电子邮件与营销信息的数量庞大,或者安全与隐私受到威胁的时候(Locker and Kienzler,2008)。

不过,不断深化的全球依存度将国家间的关系提高至一个前所未有的水平——"全球互联渗透在当代社会的方方面面,从文化到犯罪,从金融到精神"(Crocker,2002)。米卡斯基、米勒和史蒂文(Michalski,Miller and Steven,2001)在对经济合作与发展组织(OECD)国家就21世纪治理进行的未来研究中声称,技术突破和以市场为导向的经济转型一直是各市场力量之间关系扩展与深化的强大力量。他们认为全球经济受到三次强大变革的影响,并且在未来将持续发展、创造财富:"向知识经济的转型是更深层次的全球一体化,而且是人类与社会关系的一次转变。"从这一角度出发,公共决策制定与执行的规则和行为也将会有所改变。

必须指出,全球化的趋势并不是沿着线性路径发展的,其发展趋势不断增强,不断加速。如大卫·克拉克(David Crocker)所称,全球化的狂热信徒或称"超级全球化者"所立足的全球化现象是一个历史上前所未有的强有力的过程,这无疑会归结为一个联系更加密切、组织更多层面的世界(Crocker,2002)。另一方面,怀疑主义者认为区域贸易集团可能成为全球化的替代品。2009年的全球经济和金融危机被描述为"二战后最严重的一次全球经济衰退;这是全球化现阶段第一次严重的全球经济衰退"(Stiglitz,2009)。这场危机已成为对全球经济一体化、跨境金融投资与跨国企业权力的真正挑战。同时,经济危机强调了这样一个事实——"全球化不仅使好东西更容易跨越国界;坏的东西也是如此"(Stiglitz,2009)。全球化的消极后果之一是不能共享繁荣,发达国家与发展中国家之间的财富与经济增长差距并未缩小;并且在许多情况下这一差距反而增大了。

总之,全球化是一个不争的现实。但是,完全公平的全球化仍然是一种幻想。一些机构,如世界贸易组织已经开始部署一些避免贸易战的重要措施;联合国机构与国际办公室也搭建框架以防对其进行滥用,还将用已知方法进行的经济、政治和社会的合法互动合理化(Rosell,1999)。然而,世界未能从2008年~2009年金融灾难中幸免。现在,我们重申治理在修复经济创伤、保护公众利益、恢复监管功能方面的作用。无论是狂热信徒还是怀疑论者,近期的美国政策一直在进行调整,其全球姿态更加合作,而且在解决全球问题时强调对话、外交与多边主义。更加活跃、有序、合作的全球体系是当前的一项官方政策,正如奥巴马总统最近所声明的:

> 我们每个人都只不过是这个世界的匆匆过客。但问题是,在这短暂的时间内,我们究竟是要互相对立,还是要为了一个共同目标而不懈努力?我们要为子孙后代创造更美好的未来,使全人类的尊严都得到尊重。

显而易见,许多国家似乎无法掌握全球化时代的游戏规则。要想成为一个平等的参与者而不仅仅是一个全球新秩序的被动承受者,有效的治理是维护利益的条件之一。当前研究治理的学者正在努力将比较政治学和比较政治理论的外延从很少涉及欧洲和美国文化边界之外的传统、地方文化现状中解脱出来。传统学者对机构改革和西方民主模式之外的政治思想状况也不太感兴趣(Macridis and Brown,1990)。因此,关于发展中社会的治理信息多半是对失败的描述,或来自观察者的主观倾向。

全球化与公共管理

全球间的相互依存需要对传统的假设、主张和公共管理原则进行重新审视。"在大多数国家,全球化对公共管理的多个方面产生了影响,并且约束了各国政府独立行事的能力"(Schiavo-Campo and McFerson,2008)。比较公共行政、新公共管理和近代的国际公共管理本质上都试图对现有的设想进行评估,并寻找、应用最佳的实践。在不同的文化、经济与政治环境下,如何将恰当的组织结构与流程制度化?改善全球公共管理能力方面的论述并没有解决这一问题。组织结构与流程在多大程度上取决于文化?我们知道得不准确。我们也不知道在组织所嵌入的环境中,文化习俗与标准怎样影响组织及其员工的行为准则。由于改革举措的成功与否在很大程度上取决于所提出的改革与政治领袖的偏好和优先顺序是否一致,公共管理者需要"在实施管理与变革过程中运用政治技巧"(Milner and Joyce,2005)。实际上,虽然改革面临着内外部的压力,许多国家在建立有效治理和管理的制度框架之前要走的路还很长。以下结论源自公共管理方面多年来的实践与著作:

- 国家的治理者和管理者必须负责制定改革策略。他们具有权威与责任、了解各自的工作、掌握资源并为最终结果负责。
- 对上世纪人类管理经验的比较分析证实了许多管理概念与实践的功效与价值,比如问责、透明、事实管理、道德观念、绩效考核、参与式管理与能力建构。如何发展这些概念并将其融合至改革策略则是治理的责任。
- 治理与管理的实践需要不断对结构和程序进行调整,从而根据社会的需要制定政策、提供服务。全球背景下的良性治理和有效管理并不是按照等级赋予或任命的；而是根据社会不断变化的需求而逐渐演化、调整、完善，还要借鉴已获得的知识与经验。

■ 绩效是一个公共机构最合理、可靠的指标。国家，特别是发展中国家，不能通过有效改革来实现适度经济增长、提高责任性与开放程度、构建政治与行政机构能力，以及发展公民社会基础，这已经大大削弱了民众对国家和领导层的信心与信任。尽管众所周知，市场不是、也不能替代公共政策，但是上述失误仍然为市场取代备受指责的公共机构提供了基础。

■ 由于向社会提供基本的服务，公共管理的运作背景是多方面的。作为一个行业，它包括领导、机构、管理、政治和文化。对这些不同领域进行整合与利用来实现共同目标并非易事。治理的规则和程序在实践中并不是中立的，而且可以扭曲治理体系的结果。因此，独立评估、审计、调查、立法监督与类似手段是负责任的治理的固有特性。治理在分析概念层面与实践流程层面存在的差异，使治理的形式与公共权威的实践相分离。

■ 现代国家为适应公共管理的传统体系而受到的压力造成了对该领域的前提、原则和未来发展方向的频繁评定。唐纳德·柯林纳（Donald Klingner）建议，如果美国公共行政人员今后能有效地反馈重建国家的国际声誉的要求，那么公共管理"应该按照满足特定标准的方式进行全球发展：以数据为导向、以绩效为目标、可持续、利用聪明的作法"（2009）。一种新的全球形式是"现在越来越多的政治决策由全球机构而不是个别国家制定"（Welch and Wong，1998）。这一近期技术发展与其他环境挑战之外的新形势迫使公共管理对其许多设想与实践进行审视和重新评定，以便能有效地应对这些内部与外部现实。

近期，在由全球化必要性引起的公共管理变革的趋势与前景方面，我们可以对所吸取的教训进行归纳。许多变革仍处于需要在更大范围内被接受和确认的过程之中。作为一个研究领域,公共管理处于对更高的需求与要求进行回应的转型阶段。这些都是已经做出或亟待做出的重要调整。

通过协商与合作制定的决策

国家治理与国际组织已经"比以往任何时候都更依赖于通过多边谈判来达成决策",这是全球化和区域一体化对欧洲、亚洲、美洲和阿拉伯世界国家所带来的影响(Metcalfe and Metcalfe,2002)。一个国家的决策越来越多地影响到其他国家。并且,一些国家的应变和反馈是另一些国家进行决策时的参考。这便是公共政策在许多领域越来越依赖于协商的原因,其影响力也超越了国家的界限。全球相互依存是经济和金融、环境、旅游、国防、安全与卫生保健领域的现实情况。由于经济一体化的增强以及国家金融、政治、社会与文化生活相互交织,全球化趋势强调有效沟通的必要性(Thomas,1999;Kettl,2000)。新形势要求,国家之间按照游戏规则进行维护自身利益的自由互动。

谈判同样也是一个需要能力和技巧的管理过程,以便达成共识、联合行动。能力的提升需要"抛开旧的态度、过于简单化的假设和僵化的谈判过程模式"(Metcalfe and Metcalfe,2002)。在公共管理中,协作性公共管理(collaborative public management)从协作管理(collaborative management)领域日益增多的研究和新兴的协作组织机构与流程中获得推力(McGuire,2006)。国家机构和当地政府以及国家之间越来越依赖于通过谈判和达成共识来解决存在的问题和政治事项,这是无可争议的事实。对于一个旨在进行领土扩张的国家来说,他们可能不会接受谈判,他们宁可以帝国的权威来压制挑战而非说服和达成协议。这种谈判立场当然不能完全回答社会中权力分配的问题。

然而,尽管起点不同,所有社会都经历了权力关系的深刻变化。集权所受到的挑战无处不在。专制、独裁政权已经被民主价值观、竞争、新的通信手段、教育和广泛的全球互动的力量所削弱(OECD,2001)。因此,治理的特点和行使权力的方式已经被大大改变。随着公共管理与政治领域的学生和从业者对变革和变革原因的深入了解,管理的行为和方式正在逐渐改变。最终,治理将逐渐融入一种更为人性化的内部与外部环境之中。

使传统、分级、法律的结构适应分散式、扁平化、更强调协作的管理模式并不容易。许多国家治理显然遭遇了失败,私营部门在国家发展中发挥了更大的作用,这一趋势推动公共官员的责任从"管理"经济活动向"促进"经济活动而转变(Kaboolian,1998)。新自由主义的全球化激起了对公共官僚制的持续抨击,也引发了对传统管理系统的再次质疑,质疑其未能推进可行而有活力的方案(Jreisat,2001)。尽管公共行政领域存在各种潮流和时尚,人们越来越强调提高传统行政的知识、技能和态度而不是使用诸如"重塑"治理或"新公共管理"之类的替代概念,这些概念被评价"非常模糊"(Considine and Lewis,2003)。

强调合作、质量、团队建设、网络化、动机、绩效考核、问责制、道德标准与员工许可的程序和体制已经削弱或破坏了层级制的"命令和控制"模式。这些概念为现代治理的转型做出了巨大的贡献。虽然这些新兴的组织变革与管理变革的应用并不一致,但是我们可以在全球范围内发现其对发展与制度学习产生的许多影响。

绩效文化

与以往相比,治理更加关注其政策与行为的结果。对绩效进行评估是一种注重实效管理的通用的组织与管理文化。"全世界的政府通过管理改革从公共部门中挤出额外的效率"(Kettl,1997)。绩效评估是一种管理工具,用于监控、报告规划与政策结果,以及确保公职官员的责任感。构建良性治理所使用的其他方式包括绩效审核、管理审核、外部评价与独立的常规检查。然而,绩效预算一直是绩效评估所采用的最直观、最广泛的方式。

想要在绩效考核实践中追求高效,就要在使用这一工具的过程中对管理提出适应能力、合作与创造力等要求。近年来,公共管理一直通过强调新管理能力的性能和发展来扭转其陷入等级制"命令与控制"模式、造成僵化教条的倾向。新公共管理(NPM)运动是一种努力应对全球化所引起的特定需求和变化的运动。但是,新公共管理所受到的来自学术领域的批评不可谓不尖锐。在对新公共管理的许多批评中,有一种观点针对其仍然以工具合理性(instrumental rationality)为基础,认为其最终将腐蚀代议制治理(representative governance)的基本价值观及其对公共服务的践行。实际上,并不是全球化对公共管理的所有影响都已被按照其意义和重要性进行分类(Lynn,2001;Riccucci,2001),但是管理必须具备适应性这一点是毋庸置疑的。

领导力的角色

公共管理教育长期以来为应对全球背景下提高领导力的个性化需求做出了重要贡献。由于组织领导者需要履行许多重要职能,这对治理而言至关重要。领导者负责沟通、协调并且需要对人权和多样性保持敏感。同时,领导者参与解决冲突、跨文化沟通、缔结合约以及提供问题解决方式,这些都超出了公共服务的传统概念。除技术能力之外,一位领导者必须具有敏锐的政治嗅觉,并且需要善于在维护最高标准完整性的前提下达成共识。对领导力的研究提供了许多视角与理论:特质分析法、权变理论、情境分析法、变革型领导、行为研究法等等。所有管理的系统模型包括一些提高领导能力的机制:选择、聘用、培训、与机构团队合作。这些发展程序的改善和强化对在高度复杂、竞争激烈的国际环境下发展、贯彻组织和社会的战略目标而言极为重要。[①] 在很长一段时间

[①] 公共管理与财政联合国计划(第十五届会议)专家组未发表的报告第3页,2000年5月12日。

里,一个全面的、以技能为基础的领导模式一直为研究者所关注(Northouse,2004)。简言之,相对于领导人是谁而言,"技能分析法"更关注领导者能完成什么。也就是"能够使用个人的知识和能力来完成一系列的目标或目的的能力"(Northouse,2004)。

电子政务

假设所有国家"一直在执行重大举措,开发互联网的巨大潜力,以便实现改进和完善管理程序这一显而易见的目的",这一假设并非空穴来风(UNDPP-ASPA,2002)。广义而言,电子政务指的是公共部门使用的各种信息和通信技术。更具体的视角将电子政务定义为"使用互联网和全球网络为市民提供政府信息和服务"(UNDPP-ASPA,2002)。在联合国公共管理部门与美国公共行政学会(UNDPP-ASPA,2002)就公共管理联合发表的一份报告中,被列为"高级电子政务能力"的国家有美国、澳大利亚、韩国、新西兰、挪威、加拿大、英国、法国;"中级电子政务能力"的国家有波兰、委内瑞拉、俄罗斯、沙特阿拉伯、土耳其;"低级电子政务能力"的国家包括亚美尼亚、南非、古巴、牙买加;"电子政务能力不足"的国家包括喀麦隆、加纳、泰国、坦桑尼亚。同一份对世界信息技术依赖程度进行比较的 UN-ASPA 报告类似地发现,联合国成员国的电子政务档案处于截然不同的发展阶段。对电子政务所处阶段的描述如下:

- 新兴:建立了官方在线网站。
- 增强:政府网站增加,动态信息增多。
- 互动:用户可以下载表格、官方邮件并且通过网络进行互动。
- 交易:用户可以在线为购买服务及其他网上交易付款。
- 无缝:跨越行政界限且全面整合的电子商务。

因此,与能力研究有关的一个引人注目的问题是,在信息技术条件下,何种环境因素能提升社会的能力?答案显而易见,即要与表征高级电子政务能力的要素相关联,如财富、政府政策、使用权、培训机会、全面教育等;反之亦然(比如,缺乏这些因素则会导致赤字)。另一个与能力应用相关的重要问题是:在多大程度上,信息技术被公共管理者用于联系公民以及改善公共服务、提升绩效?虽然各个国家的答案不同,但是毫无疑问,最近几年已经取得了巨大的全球性进展。在澳大利亚、比利时、加拿大、韩国、美国、英国、新西兰等国家,使用电子政府提供公共服务的水平已经达到了新的高度。通信技术提高了政府开放文化的程度,并且缓解了中央集权制官僚制的传统性僵化。

在使用电子政务过程中,对其真实性和可行性的强调十分重要。全球国家的相互依存使人们对知识型、信息化或以数据为基础的公共政策决策重新产生了兴趣。所谓的信息革命增强了所有国家对数据的依赖,这在几年前几乎是不可能的。与此同时,在本地和全球范围内使用、产生、维持、转换、传播信息的知识型社会中,以数据为基础的管理正在蓬勃发展。信息使管理能力与专业知识的整体质量得以提高。可以肯定,信息通信技术(ICT)促进了信息的使用,但对研究和发展进行投资、奖学金的盛行以及有效的素质教育是发展知识型社会的基础。

最后,设定 ICT 标准可以对国家创新和竞争能力以及政府高效履行国家安全、灾害应对、电子健康管理的能力施加长期的公共政策影响。设定标准的方法是监管和决策,如确定用户在互联网上的隐私权限(DeNardis,2010)。基于这些可能的政策影响,政府在推动遵守透明度原则、成本效率与互操作性,以及提高开放的技术标准方面存在既得利益。政府坚持贯彻信息与通信技术标准化的各种可能性(发展、监管、提供资金、采用)都需要互操作性框架与电子政务基础设施所用的具体的信息技术标准,并最终通过提高开放标准的采购政策发挥市场的影响力、提供高效的电子政务功能(DeNardis,2010)。

研究文献较少涉及的一个重要维度是,使用电子技术犯罪、欺诈、身份盗用、危害国家安全的负面影响。这是这一新形势的缺点。网络战争不再局限于理论。事实证明,恶意软件和罪恶的创造力不仅对个人使用信息技术构成威胁,而且对制造工厂、能源、水供应、银行系统可能造成严重的破坏,更不用说核电站、军事目标与国家电脑系统了。这一挑战是全球性的,并且可能很快需要制定通用标准予以约束。

比较视角

全球化背景符合学习、实践公共管理跨文化比较方法的基本任务和前提。为了应对新的全球形势,公共管理必须更有效地利用西方和非西方系统比较视角,用于归纳概括与探索最佳实践。对进行比较研究的研究人员而言,主要挑战是"解决目的和方法问题"(Lynn,1998)。对未来的比较分析必须具有开放性,以便吸收研究和应用的自主模式与本地模式,以及西方概念与模式的精华(Jreisat,2002;Henderson,1995;Welch and Wong,1998)。合理构建、执行的比较研究可以为竞争解释性框架、跨越时间、空间、文化、机构与环境的测试模型提供必要的评估(Lynn,1998)。根据与实践的相关程度、与公共管理主要领域的联系,以此为标准解决各种未定事项。从多元文化经验的角度定义常见管理模式可以提高适用性、调和陈旧的"机构划分",并可以提高在不断变化的背景下对新需求的响应程度。

结 论

作为治理的战略合作伙伴,公共管理必须具备全套的、准确的治理知识,包括资产、能力与优先级。作为现代社会的一种至关重要的结构——事实上在所有社会、所有时期都是如此——治理已经吸引了大量的研究和分析,同时也产生了谬误和意识形态的扭曲。正因如此,本书试图通过描绘、定义、对比的方式更清晰地剖析治理的组成成分。治理的水平与公共管理的水平是密不可分的。

经济、技术、教育与政治的戏剧性变化增强了当今世界所有国家间的相互依存和相互关联。这是全球化影响当今生活的许多方面的表现。当然,全球化影响着在其背景下的治理和公共管理。全球化已经成为现代经济与政治的本质。在全球化方面存在大量的讨论、分析和预测,而对适应与调整方式的寻找也一直在持续。最主要的是,全球化带来利益与效益的同时也带来了风险和危机。公共政策的选择更加明确,而且效益与风险两方面的压力都要求公职人员具备新的能力与知识。

因此,培养处理治理问题的批判性思维和创造性分析等特定能力显得十分迫切。这些挑战要求公职人员通过真正的经验学习获得完备、精确的知识而不是依靠僵化的先入为主的意识形态。如果以公开的、经验主义的和广泛参与的态度对待公共事务,便会涌现出好的解决方案。批判性思维包括在分析中质疑假设和利用创造性、多学科视角的技能。公共行政改革必须全面,并应扎根于一种多维视角的文化,具有融合的开阔视野,而不是割裂知识与信息。在公共管理中,学习与实践、概念与应用之间能够相互促进。

第二章　比较公共管理

> 如果只了解自己,那么便是一无所知。
>
> ——伍德罗·威尔逊(Woodrow Wilson)

导　论

比较行政学(以下简称"CPA")研究的是跨机构、国家和文化边界的行政机构、程序与行为。CPA 是一种调查与分析方法,致力于比较不同管理系统与子系统的属性和性能,研究处于决策位置的个人或群体如何产生关于公共管理的知识并加以理解。比较法可以识别出异同点并对成功的实践加以强调,从而扩大了提高公共机构效能的备选策略的选择范围。

公共管理的背景(环境)包括通过不同方式和渠道向管理活动施加重要影响的各种外部因素。外部因素包括社会价值观、法律规范、政治、国际/全球协议、文化以及经济模式。这些不同的外部因素集中作用于公共管理,对促进或抑制公共管理的系统特征和效能具有相当大的影响。然而,在民主治理中政治环境"决定了公共服务的范围与目的;提供这些服务时政治环境决定所应用的价值观念……并且,政治环境是区别公共行政与公共管理或其他管理的最重要因素"(Chapman,2000)。这些公共行政的外部因素常常被松散地集纳在环境、背景甚至文化等类似术语中(Almond and Verba,1989)。

比较法有力地推动了公共行政领域的发展,它通过比较进行人类学习和发现。CPA试图通过关注跨越机构与文化边界的行政结构、功能、行为、性能而推进行政知识、提高管理概念与实践的可靠性与适用性。正如班尼斯特(Bannister,2007)指出的"将自己的表现与他人的表现进行比较的人类欲望似乎是我们内心固有的成分。"比较法普遍应用于我们的语言表达和正式判断中,其普遍程度比我们通常所承认的还要高。我们经常与自己前几年的表现、和其他人、其他机构比较,我们比较成本、基准,并对跨行政辖区及国界的相似职责和活动进行比较。

一直以来,CPA致力于研究和发现管理行为的模式与规律,不断产生新的知识与见解,不断确认和完善现有信息。无论比较研究是否发现了新知识、是否对现有信息进行了验证,其结果都使公共行政学者和实践者能够更好地挑选、采用最有价值的实践。"比较法是分析研究的核心内容,以至于任何科学方法很难不是比较性的"(Collier,1991)。同样,社会科学家认为比较法是"人文科学和自然科学的方法论的核心"(Almond等人,2000)。作为科学的调查程序的一项要求,自伍德罗·威尔逊(Woodrow Wilson)1887年发表其著名的文章后,比较法在公共行政研究中被频繁地提及、强调。几十年后,达尔(Dahl,1947)被广泛引用的观点仍然具有现实意义。该观点认为,只要公共行政的研究不是比较性质的,"公共行政的科学主张"便是一种空洞的声音。达尔认为,美国、英国或法国的公共管理科学的发展是可行的。但是他也如此问道:是否存在独立于特定国家背景的、广义原则上的"公共行政的科学"?

针对机构与组织的比较研究,将理性探究的范围扩大至传统的、狭隘的倾向之外,也加深了对全球影响的了解。对治理的各方面的可信的比较,再也不能被排斥其他文化的实践所局限了,其原因包括:(1)全球化和区域一体化在欧洲、美洲和世界其他地方的影响表明,许多决策通过所涉及国家的多边谈判和协议制定而成。另外,大量的国际组织不断地制定规则和政策,淡化了单一民族国家不受约束的权力概念。(2)对其他社会管理实践的审视使我们看到了超越个人经历之外的更广泛的行政行为和选择可能。将伍德罗·威尔逊的话重新措辞一下:如果我们只研究自己,那么我们便只了解自己,从而孤立于这个相互联系的世界。CPA学者在其进化的不同阶段投入了相当精力来向陌生的非西方国家以及他们改造其管理体系的愿望进行学习。

通过关注行政事务工作的模式和行动履行体系的特征,比较研究扩充了影响行政绩效强弱的相关知识。通过成功的实践和失败的实践,比较研究积累了许多知识。因此,行政改革和能力建设是比较研究中的主要关注点也就不足为奇了。学习最佳实践是对最佳组织结构和程序的认可和应用的支持。在许多国家,无论其改革计划对于提高公共机构效能的实施结果如何,这些计划的内容在很大程度上是以跨文化比较调查得出的经验教训为基础的(Manning and Parison,2004)。解释性研究对学术的发展至关重要,同时它也可以帮助从业者扩大选择范围、提升观察与学习能力,并且提高效率。当然,通过比较跨国界、跨机构的经验,从业者对影响自身的机构、政治流程有了更深的理解。

关键的外在影响

公共行政被其所处环境中重大的正式及非正式影响所支配。由于公共行政越来越多地受到这些外部变量的影响,研究发现,如果研究成果立足于多个环境或多个国家的实践,那么其公共管理会更加可靠。分析个案的时候,可以仅比较少数案例,以便评估假定或验证结论。假如在分析中系统地采用众多案例,其研究成果将比在无限范围内统计数据、操纵变量的统计法或实验法更富有成效。通过比较一系列行政事务和问题,研究人员能够提供更详细的情况描述、更清晰的变量定义,并且可以更加专注于该主题及其最重要的方面(Pollitt and Bouckaert,2004；Manning and Parison,2004)。

信息通信技术(ICT)发生着持续的戏剧性变化,从而引入了许多几年前还无法使用的管理研究与学习工具。这些通信和信息收集的先进工具使跨文化学习过程更容易、更易于管理。多年来,许多发展中国家一直尝试根据机构需求进行各种形式的培训,以便让其公务人员学习知识和技能。其中有一种学习形式是发达国家与发展中国家管理者之间的会晤,参加美国、欧洲国家或发展中国家所召开的各种研讨会和培训活动,讨论并了解多种情况下的行政问题与解决方式。新的信息技术的应用促使行政管理的成功案例与失败案例得以持续、全面地流通。

要培养比较方法优势必须面对构建框架这一不变的内容,所构建的框架可以对不同发展水平国家的行政体系进行系统比较。一个被广泛接受的框架必须通过实用性检测。具体来说,用于比较研究的框架必须体现以下特征:

- 综合当前比较行政相关知识的能力
- 平衡该领域内的概念性与实际性问题
- 强调与公共服务管理有关的常量和变量因素
- 解释当地情况的变化

在单一国家内,针对公共管理与私营企业管理的比较研究其学术生产力仍在持续发展,与此同时,基于跨文化层面的研究则要少得多。造成跨文化研究结果较少的原因有很多,比如可行性、语言障碍、经费、现有经验数据缺乏以及许多国家的不尽如人意的透明度。然而,对环境制约研究不断增长的兴趣引起了人们对许多组织行为与关系的重新审视,特别是那些与政治、社会因素有关的制约。例如,我们被告知"已经进行了许多跨国比较分析研究……其中一些研究表明,无论技术水平如何,不同文化背景下的结构是不相同的"(Roberts and Grabowski,1996)。

通过对比国际经验而得出的概念审视是机构重组举措的主要指导来源。

目前,比较和发展行政学正在经历重大调整以应对全球化的挑战。比较行政学(CPA)必须提供当地真实情况的实用知识。跨文化研究产生的管理知识,特别是与降低成本、提高公共服务质量和管理国家发展有关的知识,必须体现出对管理运营维度更深层次的了解。随着对赖安(Ryan,1994)所提出的"反狭隘、反民族中心主义驱动"的认同度日益提高,比较行政学需要构建管理应用和实践的可靠模型,这一模型需要通过全球范围的有效的描述性和经验性比较而构建。不同的比较管理研究角度可以确保相关性更大、应用更广泛。以下两种阐述强调了比较法内在的适应性,以及对其说明性解释与描述性概括的不断探求。这些观点不主张对比较管理进行"重塑",并且不能代表所有的努力,但这些观点是对比较分析进行重新定向与发展的认真尝试:

1. 直接背景的主导地位。这一观点的主要前提是提高行政职能与应对当下政治与行政背景的理解相关联。在对12个发达国家(澳大利亚、比利时、加拿大、芬兰、法国、德国、意大利、荷兰、新西兰、瑞典、英国和美国)管理改革的比较研究中,波利特(Pollitt)和包柯尔特(Bouckaert,2004)"非常强调现有的政治和行政系统的特点对管理变化过程的影响"。他们指出这些政治管理体系展现了"现有的地形,即改革者必须走遍的地形……不同的国家展示出不同的地形特征,由此也为希望进行改革的人们提供了不同的挑战"(2004)。同样,曼宁和帕里松(2004)通过分析14个国家的公共行政改革经验,试图找出可以减少公共支出、提高对政策的响应能力、提升政府的雇主形象并且改进服务的改革举措。这14个国家大部分与波利特和包柯尔特所研究的国家相重叠,增加了巴西、智利、韩国和俄罗斯联邦。这两项研究都没有涉及非洲和阿拉伯国家。波利特和包柯尔特(2004)所应用的改革模型利用比较思想来构建其模型的"关键特征":

- 国家机构,包括体制
- 中央执行政府的性质,包括政治制度类型
- 功能要素,包括政治领袖和高级公务员之间的关系
- 主导性的行政文化
- 渠道多样性,理念可以通过此多样性渠道促进公共管理改革

2. 全球化者或世界主义者的观点促进了比较行政学对不断增长的全球需求和不断加强的国际必要性的适应。里格斯(1991)指出,我们世界的全球化"迫使我们重新思考我们称之为公共管理的背景"。随着全球化进程对地理距离的大大缩短及对经济依赖关系的加深,公共行政不可能不受到影响。克林纳(Klingner,2009)总结道,尽管早期比较管理、开发管理,和"新公共管理"有所贡献,公共管理的未来在于"国际范围内有目的的实践",为其所谓的"千年目标"服务。"这种公共管理在本质上具有目标性、以数据驱动、以绩效为导向并支持聪明实践"(Klingner,2009)。"管理人员要把世界看成一个庞大的组织矩阵,从这个结构中可以寻找到经济发展和环境问题的解决方案"(Ryan,1994)。

无论行政改革的决定因素是以国家为背景(Pollitt and Bouckaert,2004;Manning and Parison,2004)还是以全球相互依存(Klingner,2009;Farazmand,1999;Ryan,1994;Riggs,1991)为基础,缺少任何一个方面便不能做好比较分析,不仅如此,比较分析将继续依赖这两个方面。内部现实与外部依存孰重孰轻是一个只能凭经验解决的问题。以若干案例或全球进程为基础的比较管理方法论应该增强结果的可靠性并改善绩效评估。包括全球管理实践在内的多个案例的具体信息(定性的和定量的)使学者和实践者更有信心去搜集证据、核实信息、评估管理措施和行为的影响(Jreisat,2005)。

此外,旨在加强机构能力的有效的改革战略必须认识且领会到行政部门绩效的重要性,并牢记必须支持政治领导层的任何改革策略。尽管

通常而言许多国家公务员制度存在基本知识不足的情况,但是公务员制度扮演着重要的角色(Bekke, Perry, and Toonen, 1996)。据克林纳(Klingner)和纳尔班迪安(Nalbandian)所称,公共人事管理至少已在四个方面得到了广泛的研究:(1)公共机构的人力资源管理职能;(2)公共工作分配所履行的程序;(3)基本社会价值观之间的互动往往在什么人获得公共工作和公共工作是如何分配的方面产生矛盾;以及(4)公共人事管理是人事制度,是在人员功能实现过程中表达这些抽象价值的法律、法规、机构和程序(1998)。

为了实现目标以及填补知识空白,比较研究必须在各种坏境下实施并界定什么是成功的实践。20世纪80年代,美国、英国、加拿大和澳大利亚的保守领导由于社会中的许多问题而对公共服务进行指责。行政机构被指责为"臃肿、昂贵、反应迟钝,是一个故意抗拒变革并在很大程度上无法应对新挑战的产物"(Peters and Savoie, 1994)。这些国家政治领导人采取的纠正措施主要是削减行政机构、将其许多功能私有化,并且将高级行政人员的任命政治化,以便加强政治控制。这些政策的既定目的是向政府运作中引入竞争力、"非官僚化"系统,并重组治理(Peters and Savoie, 1994)。最终,这些措施并没有带来预期的结果。相反,公共政策和日常公共服务的实施变得更加糟糕。结论是:"政治领导层不但误诊了病人,而且用错了药"(Peters and Savoie, 1994)。而后,这些国家的许多行政机构在政治领导人更迭后被撤销或调整。

对跨越国界的研究和多元文化经验分析的学习会使公共管理从目前的"制度种族划分(institutional ethnicities)"中解脱出来,并推进涵盖所有国家的宝贵的学习过程。然而,在管理的宏观层面,影响传统公共服务效能的整体特征往往与比较政治学相重合(Rowat, 1988)。比较政治学一直专注于对少数西方国家和几个发展中国家政治体制的反思(Heady, 2001)。第二次世界大战以来许多发展中国家的出现提出了管理与国家建设的事务和问题,而这些要么被西方比较政治学学者所忽视,要么对他们来说是陌生的领域。

国家发展的特色管理

比较公共行政一直处于社会科学的前沿,在第二次世界大战后致力于参与和研究发展中国家的行政与实践问题。对于这一概念的重视使得相关概念和应用得到特殊的整合与优化,并随之发生演变。随后,比较行政学被称之为发展行政学。"'发展行政学'这一术语在20世纪50年代被人们用来指代公共管理的某些方面与某些变化,而它们正是为改善社会和经济条件而实施的政策、项目和规划所必需的"(Cant,1979)。从帝国统治下获得独立使得人们产生了强烈的愿望,他们要求改善生活水平、改变过去殖民时代的不平等和不公正,并且要求通过规划、融资与管理公共企业大量投资指导社会与经济发展(Esman,1988)。私营部门的弱势增加了新近独立的国家的行政工作量。因此,对现有政权而言,最根本与最迫切的任务就是满足人民主动参与并支持经济与社会发展的愿望(Esman,1974;Cant,1979)。

发展中国家很快发现,经典的管理理念和方法最适于管理下列公共服务:即具有明确目标、采用简单的方法、并具有可预测的、具体的成果,如修建道路和其他公共工程项目、征收赋税、提供标准化服务以及维护法律和秩序。西方公共行政规则的理性关注点,如伊斯曼(Esman,1974)所指出的,强调成文的规则、先例、可预测性、一致性、公平、常规、效率和技术。西方行政的概念化将管理非政治化,不再强调计划结果,并且将公共管理的使命转变为渐进地获得效率。"倡导社会变革将公共服务引领至西方经典行政理论所没有涉及的不同类型的关系之中"(Esman,1974)。

虽然发展中国家的政府面临着本国人民对公共服务的强烈需求,这些新殖民化的制度并不具有安全的政治基础,也没有必要的管理和专业技能。他们所处的发展中的管理体系迫切需要程序性的保证、管理的灵活性和创造性的领导能力,以及种种被现行僵化的官僚等级体系所限制的特征。"经济增长和政治发展往往会产生社会、经济、地区和民族之间的矛盾,矛盾产生的速度比管理冲突的方法和机构产生的速度要快"(Esman,1974)。

发展行政学承诺持续关注项目的制定、评价和实施以实现国家社会经济发展的目标。强调这种发展的国家利用以下两种主要工具使其管理和体系得以胜任新的责任:

1. 通过教育和培训增加和培养合适的劳动力,将人力资源转化为具备必要技能、态度并致力于国家发展的公共服务。许多国家设计、举办了涉及大量公共管理者与员工的内部和外部的培训。所制定的发展计划包括建设高等院校、专门学校和致力于教育和研究的培训机构,以及发展管理的咨询服务。许多新兴国家与国外顾问签订合同,使后者为其提供咨询和技术服务。

2. 中央计划被采纳为合理化发展政策的工具。第二次世界大战之后的20年里,政府资助的国家发展计划被视为扩大经济、提高社会公平与正义、实现福利国家的关键手段。凯恩斯主义经济学为福利国家和混合经济体提供了背景,保证了大政府与自由、福利和效率的兼容。发展中国家的公共政策包含国家赞助发展项目、经济投资以及管理各种公共企业的概念。凯恩斯主义经济学的优势和现代化范式的统治"强化了大政府概念和发展行政学的道德与知识产业特性"(Esman,1988)。

不过,中央计划的整体结果在很大程度上令人失望。总之,中央计划缺乏透明度和执行程序的个性并且具有诸多缺点,如项目投入力度小、管理僵化教条、缺乏官僚体制外的公民与私营机构参与,以及缺乏所计划项目的信息和专门的知识。这些问题和不足的积累导致了与预想计划的严重偏离。项目制定、分析和管理的正式要求在实施的过程中发生了改变(Rondinelli,1982)。中央政府与部门所分配的主要发展任务未能重新调整或加强现有或新创建的用于管理发展计划与项目的结构。他们主持的计划仅仅在惨淡的经营下获得了微弱的成效。

如今,比较和发展行政学偶尔一起出现在《比较与发展行政手册》中(Farazmand,2001)。其他人可能经常将这两个术语并列出现在文献中,暗示一种特定的实践性或概念性的关联。然而,到20世纪80年代末,虽然发展行政视角表现出了对知识、技能与价值的迫切且引人注目的需求,但是发展行政学很少受到学术界的关注。新公共管理是为最小化政府管制、最大化私有制所提供的一种选择。此外,"双边和多边的捐助机构曾试图转变为被发达国家不同时期所采用的基于发展背景的理论与实践"(Bertucci,2008)。

在新兴国家早期,行政系统方面的有限的知识主要来自于对新独立国家的比较行政研究,如印度、巴基斯坦、埃及和泰国。可以肯定,这方面的知识在内容和相关性方面都不充分,然而比较行政学本身也处在概念上相衔接的萌芽阶段。比较思想早期对发展中国家管理问题的强调导致:(1)迫使许多国家将行政改革列在行动纲领的首位;(2)认识到机构要有能力成为发展政策的基础;以及(3)打破狭隘的模式,逐步共享经验并具备治理的国际视野。因此,在早年的比较运动中,提高行政能力的传统做法都集中在创造一种可以定义且支持管理改进的工具上了,这不足为奇(Riggs,1964)。

随后,发展行政学聚焦于是否把制度构建作为在新兴国家发展行政能力的确定路径的问题上。美国国际开发署在教育、培训以及国际间努力倡导并推动了可行的、胜任的、创新的机构的建立以引领发展。获得国际开发署顾问支持和资金援助的机构包括国家规划理事会或董事会、公共行政学院,以发展为导向的大学院校和研究机构。外籍顾问紧随其后,还向发展中国家的公务人员兜售各种"以发展为导向的培训计划"。

20 世纪 60 年代的人们似乎对制度构建框架有较大的期望。匹兹堡、密歇根、印第安纳和雪城等大学的如弗雷德·里格斯(Fred Riggs)、米尔顿·伊斯曼(Milton Esman)、威廉·西芬(William Siffin)等学者为其发展做出了显著的贡献。他们通过以下三个范畴的变量对制度进行描述和分析:

■ 一种范畴:试图通过对五种主要变量即领导力、学说、计划、资源和结构的检查和衡量来解释组织行为。

■ 另一种范畴:涉及制度和社会相关部门之间所存在的联系或相互依存关系的变量:促进联系、功能联系、规范联系与扩散联系。

■ 交易的概念,是指机构和与之交互的其他社会组织之间的商品和劳务、力量、影响的交换。从寻求支持以克服阻碍,至交换资源以传输规范与价值观,这些交易的内容差异很大(Jreisat,1975)。

尽管存在变数,机构分析凸显了假设和目标之间的相似性,以及对从业者的吸引力。此外,早期的制度分析受到了许多知识分子、顾问和外国援助技术人员的支持。然而,日益增强的全球相互依存要求,比较行政和发展行政恢复、更新其最初的前提和概念,以应对经济、技术、管理、旅游和文化价值的变化。所有国家的政治边界正面临可自由访问和能够进行必要调整的有效管理的压力。

民族文化问题是对比较管理分析的另一种概念和实践的挑战。有多少组织管理的变化是由民族文化的属性所造成的?研究结果经常从文化对管理的态度、信念和行为影响角度来表达(Graves,1972;Hofstede,1980),而忽视其他组织变量是否存在影响。一种可能出现的矛盾是,"无论是单一文化研究还是比较研究,民族和文化都被当作同义词来使用,人们按照国界对文化群体进行区分"(Adler, Doktorand Redding, 1986)。在许多缺乏文化同质性的发展中国家,要将民族和文化概念相等同存在显而易见的困难。这些国家的边界经常由于政治原因或军事征服而被殖民统治者任意划分,这在非洲、中东和印度次大陆非常多见。

尽管忽略掉变数和复杂性,对管理的比较文化研究仍然没有就文化对公共管理影响的重要程度和影响的范围大小达成任何共识。文化对组织与管理影响的衡量方法仍然十分基本,且往往是矛盾的。一种观点认为,文化决定管理实践,因为文化是"集体的思维程序,可以区分不同的人类群体"(Hofstede,1980)。另一种与之相左的观点推断,与其他意外因素(如技术发展、与其他组织相互依存、市场考虑与政治背景类型)相比,组织变化对文化的依赖性较小(Child and Tayeb,1983)。比如,人类行为与心理的跨文化研究不足以解释"人们在其自身文化群体与外来文化群体中的行为方式不同"这一发现。

尽管如此,比较观点的一个基本前提是组织和管理的功能模式是可以确定的,并可在系统间转换。出于这一原因,比较公共行政一直在不计地点与时间的整个人类经验中寻找发展规律和重要实践。正如里格斯(1991)所认为的,学者们再也不能将其理论立足于"无与伦比"的美国经验并将比较行政学限制在对"外国"政府的研究之中。本质而言,产生可靠的管理知识和发展可信的行政原则的程序性质相当。比较研究继续推动跨文化研究跨越国界,并对国家内部出现的"制度种族"多元文化经验进行研究。

相关性需求

比较研究已经进行了几百年,进行了大量比较调查,得出了粗疏的结论。大多跨国比较研究是跨学科的(Deutsch,1987)。也许亚里士多德是这种比较法最突出的早期使用者,他将柏拉图式的抽象方法与具体案例的研究相结合。亚里士多德派其助手去地中海周围收集了128个城邦的宪法。其成果便是亚里士多德的《政治学》,这部宝贵的理论书籍历经几个世纪,由此产生了许多重要的交叉学科的研究结论(Deutsch,

1987)。

虽然比较行政学专业的学生们可能会觉得这个专业是后二战时代的产物,实际上对公共管理的比较学定位的强烈需求可以追溯到更早的时候。伍德罗·威尔逊(Woodrow Wilson)那篇著名的文章反复强调比较法是构建发展行政学理论的基础,该文章通常被称为公共管理作为一个研究领域的开山之作。威尔逊认为,通过比较发现公共管理的规律和原理是可能的且确实可取的。1887年,威尔逊写道:"在政治的全部领域似乎没有比在行政领域内使用历史比较法更安全的了"(Wilson in Shafritz and Hyde,1997)。

系统的比较公共行政的大量涌现是相当近期的事情,这与殖民主义的垮台有一定的联系。将管理与政治利益相联系的学者在早期研究阶段曾经独领风潮。1953年,在美国公共行政学会(American Society for Public Administration)成立比较行政小组(GAG)之前,美国政治学会(American Political Science Association)下设了一个比较管理委员会。在20世纪60年代,GAG扩大其活动范围,吸纳了超过500名成员,其中包括大学教师、学生、管理顾问以及向发展中国家提供技术援助的工作人员。随后,GAG被合并为ASPA(美国公共行政学会)的第一部,后来被命名为国际比较行政管理局(SICA)。弗雷德·W.里格斯(Fred W. Riggs)在其草创期向GAG提供知识和组织领导。他对小组进行管理,吸纳了更多的成员,并著有为比较研究指明了新方向的重要著作。其他投身于早期比较事业的重要人员包括德怀特·沃尔多(Dwight Waldo)、米尔顿·伊斯曼(Milton Esman)、费雷尔·海迪(Ferrel Heady)、弗兰克·舍伍德(Frank Sherwood)、拉尔夫·布莱班迪(Ralph Braibanti)、约翰·蒙哥马利(John Montgomery)、威廉·西芬(William Siffin)等。

1961年4月,ASPA年会的一篇报告中,弗雷德·里格斯指明了公共行政比较研究的三个新趋势:(1)从规范研究法向实证研究法转变的趋势;(2)从个案研究(个性化案例)向普遍规律研究(寻求能够明确阐述和测试命题的研究)的转变;以及(3)从以非生态为主、向以生态学为基础的比较研究转变(Heady,1962)。另一个观点试图阐明早期的"关注度和优先度"问题,该问题被费雷尔·海迪(1962)称为对比较公共管理的"激励的关注",具体为:

- 寻找理论和行政改革实践
- 推动比较政治学研究中比较行政学的发展
- 大陆行政法传统学者的兴趣
- 对公共管理所存在的长期问题在比较基础上进行强化分析

在殖民秩序终止、冷战时期结束之后,对民主价值观、经济发展、国际合作和平均主义等条件和因素的不断强调导致了对公共管理国际化兴趣的增长。随着通信技术的进步,这些目标和价值观日益成为当前比较公共管理与治理的核心信仰。所面临的挑战是,以行政背景(文化、政治、经济甚至历史发展)为焦点的学术生产力并未与组织内部适当的洞察力和运营相匹配。发展中社会的组织运营尤为如此,这些社会中仍不存在组织与管理绩效方面充分的比较信息。长期以来,许多发展中国家的公共机构在缺乏支持决策程序的事实和信息的情况下运转,尤其是在预算分配和管理公务员制度改革方面。更糟的是,透明度不足使得人们很难确定公共政策的受益者与非受益者,或者确定政府行为应承担多大的责任。

更多相关的比较管理研究服务于一个关键的需求。比较研究相关度与综合度的提高继续依赖于在不忽略研究对象的具体性和特殊性的情况下,从已建立的特定事实总量中进行概括的能力(Jreisat,1997)。这个问题部分是由于作为经验基础的个案分析经常是早期比较知识的主要来源。从制度运营属性的薄弱基础中进行推断存在明显的风险和挑战:证据规则(ruled of evidence)是否能确保从眼前的情况下得出一般性结论?如何确保特殊(操作系统)和一般(研究范围)之间存在互补且清晰的关系？在这两方面中，仅关注一方面而排斥另一方面无异于是在维持已困扰许多咨询报告以及学术性比较的分散性和不相关性。

情境分析(contextual analysis)将比较公共行政与比较政治之间的重要关系推向研究的前沿。比较政治在其早期的智慧成果中推进、表述了比较行政。随后，各群体的组织利益引发了对个性化体系的追求。比较政治以政治体制为关注焦点，就像后者仅包括政治目标和程序一样。而比较行政将政治视为不可忽视的一种影响，且政治跟行政有本质区别，被视为一种延伸到金融、科技、社会和政治领域的跨学科领域。

比较政治承认政治制度是"一套体系，如议会、官僚制和法院，制定并实施其内部群体的社会的或集体的目标"（Almond 等人，2000）。但比较政治学者的讨论经常将官僚或公共管理视作与治理不沾边而非"前沿"课题。相反，比较行政法研究不断尝试使用政治秩序对重要环节进行定义，并通过实验性证据说明使用政治背景确定关系的条件与变量。

20世纪70年代末，跨文化研究在大学教学及研究方面以及公共和商业管理课程中占据着重要的地位。尽管《比较行政》(Journal of Comparative Administration)改版为《行政与社会》(Administration and Society)以寻求更广阔的领域和更大的读者群，但是其他期刊仍然欢迎以比较和发展为内容的文章。《公共行政与发展》(Public Administration and Development)，《行政科学国际评论》(International Review of Administrative Science)，《国际公共行政》(the International Journal of Public Administration)，和《国际公共管理》(the International Public Management Journal)等都是受欢迎的公共管理期刊。马克·赫德尔斯顿(Mark Huddleston,1984)对所挑选出的628篇比较公共行政出版物进行了说明，并且得出结论：那些敲响比较法丧钟的人们误读了现状。

然而，在过去20年中比较行政学似乎已经失去了上世纪60年代和70年代的发展势头。21世纪伊始，比较和发展行政学继续寻找新的关注点和视野。人们开出了很多复兴"处方"。一种方法支持重新审视对象、评估研究方法并对公共管理主要领域的联系进行评估。其他观点提出与实践相关性的问题,以及更好地与前人的研究成果相结合的必要性。不出所料,观点与结论的差异很大。一些学者宣布了比较管理学的终结,原因是它缺乏"明确特性"并且仍"模糊不清"(Henry,2001;Van Wart and Cayer,1990)。然而,正如阿博贝克(Aberback)和罗克曼(Rockman,1988)所指出的,"比较研究……将我们推至一种概念性自我认知和清晰水平,而这在公共管理非比较研究中很少出现。"诚然,比较行政学可能并没有展现其全部的潜力;但它仍然是一种提高公共行政可行性和实用性的显著方式。

全球化背景下的比较管理

跨国行政分析与日益普遍的全球化现象有关。当前的公共行政正处于人类重组、重塑当代社会的努力之中。的确,全球化并不是新近才出现的,但其强度、复杂程度以及对人类社会的影响日渐显著。全球化的某些方面早在人类社会通过旅行和贸易以及战争、征服和统治进行经济和社会利益交换时便开始了。全球化和治理的新现状要求公共管理实践调整并提高其科研、教学、培训和职业承诺。如今,比较研究正在认真寻找可以有效跨越组织和国家界限,并满足如安全、环境、移民、科技、医疗保健、金融和经济等全球领域需求的管理理念、政策和实践。因此,对不同方法和实践效用的关键评估与比较是必不可少的,这样才能将最有效的方式整合至公共管理的教育与实践中。

此外,全球化代表"国家经济、金融、社会和文化生活的日益一体化"(Thomas,1999)。全球化是由市场力量、跨国公司的建立所推动,抑或仅仅是信息科学技术革命的副产品?人们的观点出现了分歧。不过,全球化对公共管理领域的影响是毋庸置疑的。当前,真正重要的是能够准确地评估后果、明确公共事务管理的具体影响,并策划应对新背景的行动与调整方案。然而,人们很快发现,由于要素的叠加复合和重点的不断转移,全球化的评估结果难以实现。对现代全球化益处的完整评估可能相当冗长并且难以衡量其是否终结。尽管如此,支持者还是列出了以下影响:

- 在全球范围内,市场经济崛起,并创造了就业机会、促进了资金和投资的转移,使得消费者可以购买到之前买不到的产品。
- 价值观中立和普遍传播的科技发明在不需要强制措施的情况下促进并加速了相互依存的发展进程。
- 新的通信技术,特别是互联网,使信息可以免费地提供给曾受保护且封闭的社会。
- 各国之间的日益相互依存促进了国家和政府间互利共赢的合作努力。

然而,与之相对的观点则认为,全球化是包括跨国公司在内的大国殖民伎俩,其目的是延续这些国家在世界各地的统治。游行示威者有时候通过暴力的方式来表达对全球经济后果的批评和反对,从西雅图和魁北克(加拿大),到欧洲的布拉格和达沃斯,在举行国际会议期间都发生了游行示威。此外,2001年世界经济论坛举办的对全球化的年度庆祝活动竟然变成全球化批评家的讨论会。反对者们嘲笑年会"精英荟萃",却都是全球资本主义所不可接受的面孔。一些发展中国家提出,指责贸易规则的不公平、工业化国家的进口壁垒,以及缺乏援助和资本流动,使发展中国家不能获得全球化的潜在利益。① 在达沃斯,巴西农业部长批评工业国家的农产品补贴破坏了竞争。印度抱怨其被要求在2001年4月前取消所有的进口限制,但是发达国家对纺织品进口的限制直到2005年才得以解除。"南方国家"并不是在寻求施舍,印度财政部长公开宣

---

① Buerkle,Tom,and Alan Friedman.《国际先驱论坛报》,2001年1月27日。

布:"我们是在争取平等的机会。"①2001年4月21日于加拿大魁北克市召开的美洲峰会上,国家元首们称,自由贸易是缓解半球贫困和不平等的最佳途径。但批评者和抗议者认为,自由贸易应使所有公民而不仅是企业受益。超过三万名自由贸易的反对者,其中许多是工会成员、积极分子、人权倡导者和环保主义者,抗议全球化使矛盾激化,甚至破坏了其他人的生活。②

具体地讲,全球化的批评者重申了以下意见:

■ 技术的飞跃发展、共产主义的失败以及东亚一些令人瞩目的经济成就推动了全球资本主义的发展,但这并没有惠及每个人。信息技术的益处并没有得到广泛的认同。到20世纪末,支持这一观点的统计数据显示,88%的全球互联网用户生活在工业化国家,只有0.3%的用户生活在世界上最贫穷的国家。③

■ 在一些发展中国家,"跨国公司导致了对劳动力、环境以及人权的侵犯"④,而且对这些社会所造成的损害远远大于其所带来的益处。因此,在后冷战时期许多发展中社会密切关注与跨国公司的无节制行为相关联的全球化的发展,这也不足为奇。

■ 贫穷的国家发现,全球资本主义扰乱了他们的生活和社会。然而,他们一直无法如工业国家在几十年前那样制定保障措施和法规来保护他们的环境和工人。

■ 全球资本主义和自由贸易不但开始了普通货物的自由贸易,而且刺激了金钱的自由贸易。对于小国而言,这往往会对经济造成破坏,甚至使经济受到金融投机风潮的挟持,2008~2009年金融危机便证实了这一点。

---

① 《圣彼得堡时报》,2001年4月22日。
② 《圣彼得堡时报》,2001年4月22日。
③ 据德国经济发展与合作部长Heide Wieczorek-Zeul在联合国首脑会议上的发言(2000年6月)。
④ 《商业周刊》,2000年9月6日,第74页。

■ 一些工业发达地区(欧洲、日本和美国)的主导地位在当前全球资本主义经济中得以延续。全球1000家最大的公司当中,美国和欧洲的公司占了75%以上。这1000家大企业的所有者没有非洲、阿拉伯或拉美国家。

因此,公共管理正在一个不同的全球背景下运作。这一全球背景仍在不断演变,但同时也产生了新的艰难挑战。实际情况看起来并不像是旧体系正在消逝、新体系正在形成。相反,这种变化正在进行中,并且有望深刻地改变事物的秩序。在这个过渡的全球模式下,比较行政的学习者发现,与讨论最终兴起的新全球体系相比,对正在进行的改变进行讨论反而更加容易。但是,目前还不清楚全球化是如何影响公共组织的表现的。可以确定的是,全球化带来了新的机遇并且也为公共行政带来了所需处理的压力和困惑。考虑以下几点:

1. 私营部门能够在国家发展中发挥更大作用的趋势导致了新经济形势下公共行政的责任从商品和服务的生产与管理转变为促进和规范经济行为。因此,公共行政必须在发展其人力资源的新能力与技能的同时重新调整其与社会政治和经济部门的关系。公共管理者需要具有调解、管理冲突、缔结合约以及制定和执行法律和监管框架方面的能力。由于无法应对日常公共服务的义务和责任,发展中国家的大多数行政体系都没有对全球化所暗含的新的责任做好充分的准备。

2. 全球化似乎鼓励并加快了中央集权的传统官僚制向一种削弱中央集权且更加强调组织间合作管理的管理模式的转变。不断变化的全球局势改变了人们对治理的期望,并且要求管理人员在处理公共事务中具备更专业的价值观。

3. 当前和未来管理的一个决定性方面是更强调高度重视绩效的组织文化。以结果为导向的组织文化需要灵活性、适应性、合作和创造力等管理技能。在新的全球背景下,目标的绩效和成就是成功的管理所不可缺少的因素。

4. 对新的管理模式和组织绩效文化的强调重新关注领导层的作用。因此,重新审视行政与政治领袖招聘方法和技能发展已成为一种必然。这里所涉及的不止是"企业家精神"。由于当今的领导者工作在一个复杂且更具竞争性的全球环境中,对其他制度与文化的知识、技能和态度的强调已变得相当明显。现代组织提出了适应价值原则与管理能力原则的民主规范和雇佣条件,涉及谈判、调停、人权、多样性、平等、问题解决技巧等方面。在联合国公共行政计划发起的一项研究中,"与未来管理人员最相关的能力"包括以下的能力和技能:诚信、远见、政策分析能力、判断和决策能力、人员授权、绩效管理、建立信任和责任。

这些挑战表明,行政改革是对社会新需求的普遍反映。为了加快这种改革,特别是在发展中国家,人员培训和人员发展一直是弥补当前现状和预期条件之间差距的不可或缺的方法。因此,实践中已经使用了多种培训方法,包括各级教育、在职培训、辅导、指导、远程教学等许多量身定制的培训活动。然而,对许多发展中国家的评估表明,咨询报告及其所建议的培训方案都不足以产生理想的转变结果。

公共管理者不再需要表现得非常杰出或正确。企业高管很早便开始就简单事实处理不同的文化和跨文化交际:为了销售产品、管理国际公司,或在跨国公司所在的工作地点工作,需要尽可能多地了解该国家。比如,麦当劳餐厅遍布100多个国家,且美国之外的餐厅占其收入的66%(Locker and Kienzler,2008)。因此,许多私营企业的管理者都具有多元文化的经验。但公共管理者们却并非如此,除非他们是在美国驻外办事机构。

简而言之,全球化对公共行政具有相当大的影响。全球化改变了行政的背景,并且需要重新审核公共管理变革、应用信息、采用新技术以及实施新管理模式的能力。全球背景对权力和权威进行了分散而不是集中。它改变了决策的结构模式,要求管理者学习如何应对网络,如何在跨组织与多元文化的背景下进行谈判,藉此来改变他们的行为方式。过去,全球化与政府精简和许多传统职能的私有化政策有关。如今,在聘用公共管理者、培养员工技能和维持具有竞争性的管理层领导力等方面,侧重点已经有所不同。但是,评估全球化对公共行政管理的影响与假定一个普适的"新范式"的方式不同。以1991年津巴布韦政府的公务员制度改革为例,马威马(Mavima)和查克尔里安(Chackerian)指出,"这些全球规范和标准的采用和实施受到与该国独特历史相关的地方制度的限制"(2002)。他们的结论是,从概念上讲他们的"发现挑战了全球一体化和公共行政卓越的简单观念。"对实践而言,这项研究强调"改革措施取得国际标准、规范和地方机构共同支持的必要性"(Mavima and Chackerian,2002)。

只有通过对几种情况进行系统的比较分析,公共行政才能权威性地对这些关注点予以回应。当今的全球化扩大了比较行政研究的领域,并再次肯定了其研究主题的作用。诚然,许多发展中国家实现可持续发展的失败经历似乎使人们对行政的作用以及那些没有实现的假设都产生了怀疑。薄弱的机构能力因表现不佳已受到指责。但是,还有许多其他因素解释了为什么变革进展缓慢,如缺乏法治与民主观念、不以价值为标准聘用高级管理者,以及预算和公共财政政策的失败。尽管比较管理运动被誉为是对全球影响力重要性的开创性认同,并且试图引起人们对发展举措的更大兴趣,但是这些目标的实现过程根本没有做到有条不紊或始终如一。

各国政策成就和行政变革的努力仍在继续,但结果仍然是各不相同。尽管如此,大多数改革方案似乎都包含了以下这些共同的目标:

- 确保公共管理的责任。
- 测量并评估管理系统的效能。
- 开发人力资源,特别是通过确保人事政策有效遵守考绩制度,以及通过对公务人员的培训与教育使其适应新的全球现实。

■ 制定审计和评估的可靠措施以发扬公共服务道德标准并且使用审查、裁定不端行为的方式与腐败作斗争。

■ 在公众事务管理中，以可靠信息为基础、依靠更有效的技术，施行成本削减措施并培养需求导向意识。

■ 在整个公共服务中执行质量标准，也能明确地激励、授权管理，并推进市民友好型公共服务。

比较法的传承

尽管存在反对意见，比较行政学的传承对行政理论与实践的贡献最为显著。比较研究增强了我们对公共行政在现代社会中的作用的认识，并且强调了行政与其他治理维度之间关系的重要性。比较管理的一个重要贡献是它对构建行政能力与改革公共管理的集中关注。学术研究和比较行政研究促使该领域脱离其狭隘的民族中心主义观点，进入更广泛的全球视野。以下章节将对比较研究的成果及其相关的实践结果进行阐述。

行政管理类型构建

所谓类型构建（typology）是以所研究体制的一些基本标准或显著特点为依据，对大量政治与行政数据进行分类的尝试。这种做法在行政或政治领域并不新鲜。事实上，学界最有名且经常被讨论的是马克斯·韦伯（Max Weber）的理想模型，此模型将某些现实的元素融入与其逻辑上相一致的概念中。韦伯利用这些广义的政体类型——"权力系统"来将社会理解为一种合乎法律规律的研究对象。从历史的角度，韦伯指出了三种类型的权力系统，每种系统都有人员配置与雇佣的独特模式：传统模式、魅力模式和法律理性模式（参见第三章）。

行政制度类型学一直受到比较政治学早期著作的影响，这些著作对众多国家的大量变量所涉及的数据进行整理、分类(Banks and Textor,1963;Taylor and Hudson,1983)。若干类型学和分类法一直设想着眼于新兴国家在后独立时期所适用的治理模式进行探索。班克斯(Banks)和泰克斯特(Textor,1963)所编著的《跨政体调查》包含了 115 个民族国家,并将这些国家按照面积、大小、人口、都市化、国民生产总值、识字率、新闻自由、宗教结构、政治现代化和官僚主义特点等 57 种特征进行分类。

米尔顿·伊斯曼(Milton Esman)的分类方案主要聚焦于新兴国家如何创造并有效部署一系列能够成功践行社会经济发展责任的工具。伊斯曼类型学包括五种对公共行政具有显著影响的政权形式:(1) 保守的寡头政治;(2) 独裁军事改革者;(3) 有竞争力的利益导向型政党制度;(4) 占主导地位的群众性政党制度(Esman,1966)。同样,默尔·范塞德(Merle Fainsod,1963)提出了一种侧重于官僚和政治权威之间关系的类型学。由此,他确定了五种不同的类型:(1) 统治者主导的官僚政治;(2) 军事主导的官僚政治;(3) 执政的官僚政治;(4) 代议制官僚政治;以及(5)政党国家官僚政治。最初,这些类型以及随之而来的跨国比较分析促进了对各种选择以及各选择最大价值的思考。

毫无疑问,类型学服务于数据收集和有效分析的目的。作为分析结构,它们为研究提供框架,从一种或多种类型中提取其特征,并将这些描述性、解释性特征及关联度组织起来。但类型学也有其局限性。它们可能歪曲事实或者建立一种重要性与现实世界不同的理想化模型。任何试图组织海量数据的分类系统,为了将不完全一样的数据集合起来以建立通则,最终都舍弃了一些详细的信息。尽管如此,分类对于进行定义、强调异同以及发展解释性概念和通则是必要的。

定义功能形态

比较行政学对重大行政功能的跨国比较贡献不小。相关例证之一是亚伦·韦达夫斯基(Aaron Wildavsky,1985)的《预算:预算过程的比较理论》。他开门见山地运用比较法对富裕国家(英国、法国、日本和美国)和贫穷国家所特有的预算行为的主导变量(能够描述其类型)进行了研究。同样,A.普列姆昌德(A. Premchand)与杰西·伯克海德(Jesse Burkhead,1984)的研究《比较国际预算与财政》对13个发达国家与发展中国家的金融管理与预算进行了比较。为开发行政管理改革模型,波利特(Pollitt)和包柯尔特(Bouckaert,2004)采用比较思想建立了他们模型中的"主要功能",并将其用于评估12个国家的行政管理改革工作。在期刊文章中可以找到许多比较著作:比如艾伦·希克(Allen Schick,1990)将5个工业国家的预算结果进行了比较。R. J. 斯蒂尔曼(R. J. Stillman)则尝试对欧洲行政体系进行一个更全面的审视。

早期对行政功能所做的比较研究中,处于不同发展阶段和过程的行政体系引起了研究者的兴趣。贝克(Bekke)、佩里(Perry)和图嫩(Toonen,1996:vii)指出,行政体系在全世界扮演着至关重要的角色,但是我们的公务员系统的基础知识仍不充分。这些作者确定许多行政体系的理论与实证研究可以追溯至20世纪60年代的比较行政运动。实际上行政体系如何运行或如何管理其他特定的行政结构——这方面的比较知识要么难以获得,要么便还是试验性的。这表明后人很少延续或跟进早期比较学学者的研究活动。

语言与术语

定义明确的术语对任何知识领域的科学进步都是不可或缺的,同时也可以使含义易于理解。尽管多年来公共行政学取得了一定的进展,但是仍存在术语的模糊与混淆,比如,发展行政、发展管理、比较行政与比较管理。虽然比较公共行政和比较公共管理往往被替代使用,但是这两个术语之间存在微妙的差别。行政使人联想起制度关联和全面性。术语管理经常被用来强调这一领域的"应用和实践的性质"(Baker,1994)。

行政贴近政治或经济,并作为具有独立内部与外部维度的一个领域与政治或经济相互作用。而管理令人联想到被视为政府的组成部分的方法和技巧。这两者的区别不明确,但或多或少地,行政表示研究领域、学术认证与专业组织,而管理主要指的是操作流程。

基于管理更新鲜、更有效而行政过时、落伍(Lane,2000)的前提,管理与行政之间存在差异的说法曾流行一时,但最终因这一判断不可持久、没有必要而遭抛弃。选择公共管理这一术语反映政府正接受市场或私营公司的方式,而使用行政则表示低效(Chandler,2000)、过时的程序——这一观点同样也是不可接受的。里格斯(1998)认为,对发展管理的重视表明其与企业管理存在相似之处,而对后者而言政治被认为是无关紧要的。里格斯称这一关注"让我们在学校和公共管理部门中认为我们具有某种普遍适用的、有价值的而且可以在很多治理体系中实施的专业知识"(1998)。

知识生成

在认识论意义上,比较行政学最持久的影响是它对当时不为大多数学者和文献所知(特别是在西方)的行政体系做出了"知识生成"的贡献。比较行政学丰富了理论建设,提高了对行政职能的全面了解,并且扩展了行政研究的范围、增加了许多之前被忽略的新兴国家。正如上面所述,比较观点被称为拓展"发展管理"领域的重要力量,并且始终以管理和管理背景之间的关系为关注点(Riggs,1989)。不过,其所面临的紧迫问题是,为什么比较研究的学术生产力近年来有所下降?对此常见的解释是比较视角无法克服其概念上的发散性,不能提高其自身的实用性或保证用于实地调研的资金。这些因素本身足以中止20世纪60年代知识发展的势头。现今,凯科特(Kickert)和斯蒂尔曼(Stillman,1996)指出,比较行政理论已经过时了,需要注入新的见解和经验信息以应对21世纪的现实。

其他可以间接解释上述形势的影响因素,或许应包括国际事件。在后越战时期,美国政府和基金会历经了一段时间的自我反省,对其他国家事务的兴趣减弱。因此,对其他社会的科研经费也相应减少了,尤其是与发展中国家相关的经费。此外,苏联共产主义制度的崩溃及其官僚制度大厦未能实现所承诺的愿景,使人们重新开始关注这个国家所处的无处不在的彻底的失败。公共部门及其内部构造所发生的真实或假设的失控导致了整顿;许多功能被转移至市场。公民与其政府之间关系的政治性扭曲打破了传统的"公共服务"观念,带来其幻灭。这一切都强化了以精简和私有化来对政府(尤其是在管理方面)的作用进行限制的趋势。

使这一命题重新获得学术关注的尝试有限,当然也有少数例外,如海迪的《公共行政管理:一种比较视角》(Public Administration:A Comparative Perspective 第六版),还有由 A·法拉兹曼德(A. Farazmand)编著的《比较与发展行政管理手册》(Handbook of Comparative and Development Administration 第二版,2001);由 D·罗华特(D. Rowat)编著的《发达民主国家的公共行政》(Public Administration in Developed Democracies,1990);由 R·贝克(R. Baker)编著的《比较公共管理》(Comparative Public Management,1994),由 J·A·钱德勒(J. A. Chandler)编著的《比较公共行政学》(Comparative Public Administration,2002);由 K·图马拉(K. Tummala)编著的《比较官僚体制》(Comparative Bureaucratic Systems,2003);由 E·欧腾友(E. Otenyo)和 N·S·利德(N. S. Lind)编著的《比较公共行政:必要读物》(Comparative Public Administration: the Essential Readings,2006);以及本书作者所编著的《比较公共行政和政策》(Comparative Public Administration and Policy,2002)。

除了海迪和吉瑞赛德的研究外,其他 6 部书籍的作者(法拉兹曼德、罗沃特、贝克、钱德勒、图马拉、欧腾友和林德)都阅读和参考了多个作者。专业期刊上发表的文章是比较行政学得以延续的主要来源。《公共行政与发展》《行政科学国际评论》《公共行政评论》《公共行政国际期刊》和《国际公共管理杂志》这些期刊定期发表与此主题相关的文章。

在应用方面,发展中国家似乎并没有执行国际顾问的指示或履行外援的计划。这些国家并没有忠实地逐步展开由西方设计的行政改革方案。尽管认真地付出了努力,研究人员发现行政改革越来越棘手。然而,这并不是说,任何社会变革都没有发生。在发展中社会,动态力量一直在发挥作用,改变着这些体制内生活的方方面面,而且往往这些发展的方式或趋势并不总是最佳状况。因此,如果要保持比较行政的相关性和可行性,就必须对这些国家所发生的事项进行描述和解释。未来所面临的挑战是如何利用广泛的人类经验推进理论知识和公共行政实践的发展,以增强必要的制度能力。比较公共行政研究将在此方面持续发挥关键作用。

结　论

当前的全球化趋势需要管理公共政策方面的跨国知识和信息。公共行政既没有充分地应对新的现实,也没有展示出对其进行管理的特殊能力。当前公共行政管理需要比较的、非民族主义的行政教育。由于种种原因,公共行政教育系统还没有对这一知识的缺乏作出有效的回应。在一个公共行政的未来研讨会上所作出的评论(作为《公共行政评论》的补充)非常具有参考性:"许多作者可以明确地指出国际化存在的问题和公共行政不断变化的环境,这不足为奇。但是谈到这些问题是一回事,改变现状却是另一回事"(O'Leary and Slyke,2010)。然而,对困难和挑战的认识并不足以成为缺乏进展的借口。

全球形势的相关性、响应性和适应性要求公共行政的研究和教育在兼顾全球经验的同时强调某些重要的方面。对公共行政必要条件的关注是个开端。专业的公共管理本质上要求在公共管理的某些关键方面取得进展,我将其称之为行政管理理论和实践的必要条件。这包括:(1)能胜任且有道德的领导层;(2)进行体制改革的决心;(3)适应并采纳其他国家良好管理实践的意愿和能力;以及,(4)在处理公共事务时依靠事实数据和现代化技术。要想扩大所有这些方面的知识基础,超越国界的局限,公共行政管理机构必须培养分享全部人类经验的比较方法。

为有效地利用比较法,学者和研究人员必须改变他们对公共行政管理主要领域的观点,并培养在知识创造过程中运用比较和对比的能力。跨文化比较需要通晓其他社会文化、历史和语言的学者和研究人员,从而发掘文化的固有特性,领会其制度化关系的重要意义。管理者不断将当前与过去的表现进行比较;他们对照标准和基准来衡量进展并确认取得成绩的时间和地点。通过比较,研究人员辨识出管理的常量和变量,凸显了变化的范围与顺序,确定了结构背后的影响力,并且感知到支持变革的力度(Thompson等人,1959)。通过比较,公共管理者能够更好地解释跨体制、跨国家的表现和变化。

研究必须在所有这一切之中获得各种制度和文化的更多实证性比较资料。另一种追踪改进情况的方法是引入适当的调查工具,比如,经验证可最终融入一个有意义的框架的中层概念。最后,为丰富其多样性,高等教育和实践培训体系需要将比较行政管理信息融入对学生的教育以及对从业人员的培训之中。信息通信技术(ICT)令人难以置信的变化有望彻底改变人们与全球范围内的其他经验与实践的接触。现今,学生通过上网参与比较行政管理研究生研讨会所获得的信息已经是超负荷的。教育所面临的挑战是为学生提供理论和实践指导,使其能够运用恰当的解释、综合、比较和分析方法归纳数据、提高认识并获得有意义的新知识。

第三章 官僚制

> 对良好政府的真正考验在于其进行良好行政的能力和倾向。
> ——亚历山大·汉密尔顿（Alexander Hamilton）

官僚制与比较分析

一个国家的管理系统或其国家官僚制指的是公共部门的机构、官署、单位、组织、部门或所任命的委员会。大型政府中的这些单位雇用成千上万甚至数百万的公职人员。他们提出、影响、解释并实施权威的政策、国家及其下属政治单元的法律。由于其组成部分和单位服务于国家的政策、目标，因此官僚制常被视为一个系统。虽然机构和类似单位构成了官僚制的子系统，但是每一个单位和组织本身也可以被认为是一个系统。将官僚制视为拥有许多子系统的一个大系统使分析人员可以对其资源、目标、公众需求的输入以及商品、服务与规范行为的产出进行定义与测评。将官僚制作为一个系统进行研究和分析强调了管理人员、办事机构及其所在环境之间的复杂职能关系。

比较研究对国家行政系统的关注使官僚制度成为分析的焦点。首要的是，需要指出国家行政体制的构想灵活地包含了对各种后续理论和实践的调整、扩展以及对官僚制度经典模式的适应。在这个宏观层面，我们可以对行政的整体特征及其统治的意义进行描述。对国家官僚制的仔细审查也有助于明确并界定其与政治秩序的重要关系。行政和政治制度之间的相互依存关系在很大程度上构建了官僚制的结构并对其功能进行了正式定义。因此，对比较国家官僚制度和比较政治的研究在许多方面发生重叠也就不足为奇了。

早期的比较研究专注于少数西方国家和零星几个发展中国家的政治机构属性和职能（Heady，2001）。后二战时代许多第三世界国家的涌现在管理和国家建设方面提出了新问题，而西方比较政治学者要么忽视要么不了解这些问题。如今，比较行政学的主要目的是，通过学习治理的核心机构以及适用于比较研究的单位的制度，提高对跨国的国家行政制度的认识和理解。因此，这才是真正意义上的跨国界，而不是仅仅局限于被挑选出的若干体制。通常，"官僚制"这一术语被用来表示国家管理，比如在经典概念及其随后的修改和改编中。一个国家的官僚制是其国家行政体系的现有形式和功能。官僚制在一个特定国家的作用是什么，以及它怎样发挥作用，回答这些问题不应该只是进行假设，而是需要进行实证调查和研究。

经典官僚模型

官僚制是一种特定的制度结构，20世纪初德国社会学家马克斯·韦伯（Max Weber，1864—1920）对其进行了命名和描述。经典的官僚理论与马克斯·韦伯的名字相关，这正如科学管理与弗雷德里克·泰勒（Frederick Taylor）的名字相关一样。虽然官僚制不属于韦伯的研究领域，但他对官僚制的简短讨论——以行政作用于法理权威体系的形式——成为该主题最受广泛认可的说法。韦伯（由格斯和米尔斯翻译，1946年）将官僚制的基本功能概述如下：

1. 通常由法律法规所约束的固定的官方管辖区。
2. 办公等级制度和分级授权水平意味着一个严格有序的上下级权力系统。
3. 现代办公管理以书面记录和文档(文件)为基础。
4. 管理通常以全面、内行的培训为先决条件。
5. 官方活动需要官员完整的工作能力(常任雇员)。
6. 管理遵循一般规则,这些规则稳定、详尽,而且是可以学会的。

该模型的核心元素是专业化、权威、客观、规则体系、书面记录以及择优(教育、培训和技能)录用的招聘流程。韦伯强调,官僚制的特征是可以概括、归纳的,这对所谓"西方文明和体系是独特而优越的"这一论断提出了挑战。通过强调早期西方官僚系统之间的相似性,以及西方官僚系统与其他当代文化之间的相似性,韦伯的官僚普遍性理论表明他不看重文化差异,而是强调对过程、合理性以及制度化需求的关注。然而,这在政治方面是一个完全不同的问题。权威体系决定了行政体制的基本性质。通过回顾历史和有效利用比较法,韦伯确定了权力体系的三种类型:

第一,法理型权力系统:官僚制按照精心制定的规则和程序运行。该系统的一个主要特点是,服从是建立在法律和客观秩序的基础上的。办公机构而非人员,才是权力的基础。这些办公机构按照等级制度设置,根据等级制度内的职位、胜任能力和专业知识水平支付员工薪酬。行使指挥权力的人员通常是上级,他们由法律认可的程序所任命或由选举产生,同时其自身也维护着法律秩序。服从命令的人员在法律上是平等的,都必须遵守法律(而不是执法人员)的规定(Bendix, 1962)。

第二,传统的权力系统:立足于"秩序神圣"的正统地位。所服从的不是已制定的秩序,而是依据传统与继承取得地位的执政人员。"这些服从主人命令的人在字面意义上是追随者或受统治者,他们出于个人对主人的忠诚或由来已久的虔诚而服从"(Bendix, 1962)。管理人员通常是从首领所喜欢的人以及完全忠诚于首领个人的亲信中挑选出来的。亲属关系、财富和家庭出身在管理人员的选择中起着重要的作用。因此,与法理型模式相比,传统行政系统的工作人员缺乏明确的能力范围、办公理性秩序以及通常是必要的技术培训。

第三,魅力型权力系统:是当权者超人品质的合法化。追随者不对领导者进行选举,他们的职责是识别领导魅力并对其作出回应。管理人员包括追随者和弟子,其遴选不是以规则为基础而是主要根据其政治忠诚度。为了延续统治,建立在其领导人风范基础上的体系必须将继承顺序常规化(Diamant,1962)。

韦伯意识到,在"现实世界"中存在这三种权力模式的混合体。然而,传统型、魅力型或法理型这三种体系中,通常有一种占主导地位。在过去60年中,韦伯的著作引起了美国和欧洲的社会科学家的格外关注。此前美国学者如赖特·米尔士(C. Wright Mills)、菲利普·塞尔兹尼克(Philip Selznick)、罗伯特·默顿(Robert Merton)、莱因哈德·本迪克斯(Reinhard Bendix)、彼得·布劳(Peter Blau)、阿尔文·古尔德纳(Alvin Gouldner)、泰尔考特·帕森(Talcot Parson)等都投入了大量的精力对韦伯的观点及其内涵进行分析、评鉴、扩展和检查。韦伯对美国社会学的影响深刻而持久;社会学家将韦伯视为"官僚系统研究的创始人"(Merton,1952)。韦伯的构想被认为是许多对官僚制理论和实证调查的本源。

确实,韦伯构建了一个逻辑合理且连贯的"理想"模型,而且永远不会在现实社会中被充分体现。但是,一个理想的概念能够帮助我们对当前现实进行系统地思考和评估。事实上,韦伯的理想官僚理论的某些方面存在于所有大型组织(公共或私人)之中。"官僚制的法理形式,"查尔斯·佩罗(Charles Perrow,1984)写道,"是已知的最有效的管理形式"。佩罗将官僚模式视为"优于我们已知的或近期及中期可能出现的所有其他模式。"事实上一直以来,几乎没有哪种行政管理模型所引起的辩论和争议与官僚体系这一主题一样多。相关著作一直聚焦于该主题,但并未解决所有的突出问题。因此,在本书中我只对选定的问题进行讨论,以呈现当代社会中官僚制的总体特征和相关问题。特别是,我希望能更好地了解官僚模型及其比较分析适用性。

官僚模型被证明在许多方面都是行政管理理论与实践的一种悖论。米歇尔·克罗齐耶(Michel Crozier)指出,韦伯之前对理想的官僚组织的精彩描述及其历史发展的提示性分析显然为积极的、价值中立的社会学分析铺平了道路。"然而,关于官僚主义的讨论仍然在相当大程度上充斥着意识形态的迷思与悲悯"(Crozier,1964)。

将韦伯的官僚模型仅作为提高行政管理效率和效益的工具来研究便忽略了其更重大的意义。布赖恩·弗莱(Brian Fry)称,韦伯的"特殊天赋""是把管理置于广阔的历史背景下、将西方世界官僚化的过程与合理化的进程相关联"(1989)。官僚模型强调技术技能、知识、价值、正义、正当程序以及现代管理中那些起到重要作用的价值观念。因此,韦伯成功地通过比较法跨越了空间和时间找到了规律和共同的主线。

官僚主义的评价与批判

尽管官僚制在现代社会中作用显著,其公众形象却很少是正面的。官僚主义已经抵御了来自外部的猛烈抨击和来自内部的信心危机(如果不是幻灭)的侵蚀。但是,即便是官僚制不被赏识甚至受到唾骂,它仍然是现代生活和各地治理的一种现实。"美国政府、社会及其公民现在依赖于复杂行政系统、流程和程序的庞大、互联的网络"(Stillman,1998)。对官僚主义的批评多种多样,其基本原理也各不相同。"政策、组织和政府官员都失败了——在地方层面是令人遗憾的,在全球范围是令人震惊的"(Hill and Lynn,2009)。与此同时,行政管理的成就和成功仍不胜枚举且引人注目。"事实上,政府各级部门的日常事务由致力于公共服务且能力值得称道的行政人员来执行。"(Hill and Lynn,2009)。在流行的观点和学术文献中,官僚制已与各种好的和坏的属性相联系。我们可以将对官僚主义的负面看法分为两类:

一类批评可以被称为"通俗观点",这一观点尖刻地将官僚制等同于效率低下、繁琐、冗长的形式、权力欲、控制欲、无能以及一系列类似的特征(Stillman,1998;Goodsell,1994)。在流行故事、以偏概全的新闻作品以及始终将官僚制视为现代社会的病灶的保守政治观点中往往可以见到官僚制的这种形象。此外,官僚主义是一只合适的替罪羊,政治领袖可以肆无忌惮地将公共政策的缺陷和失败归咎于官僚主义。这种指责很少以冷静的评价和分析为基础,往往是出于政治动机。① 批评通常基于个人信念、逸闻轶事、意识形态偏好、政治上的权宜之计或仅仅是追随趋势。这种负面的看法,即使被广为流传,也不是研究的核心问题。对官僚制的有用性分析必须以价值中立的方式,将官僚制作为一种表现可好可坏的结构来接纳,并且可以通过证据来确定。确定一个特定的官僚制的特征在本质上仍是一个实证性问题。

第二类批评依赖于官僚制的理论分析和实证评价及其在现代社会中的作用。这一类型的批评根植于归纳和演绎分析,并利用可靠的社会科学方法。在这些研究中人们发现,一些有影响力的论点实际上超出了官僚体制的结构或职能。这些讨论通常指出了更广泛的问题,特别是在社会影响与政治制度关系方面的问题。对官僚缺陷和病症的讨论主要可以分为以下四大类:

1. 权力问题
2. 政治发展和官僚主义的影响

---

① 《新闻周刊》2010年6月21日刊登的T. Yokota与Y. Nagaoka所著的题为"日本的非首相(Japan's Not-So-Prime Minister)"的报告如是说。他们称日本新任首相Naoto Kan"有墙头草的名声"。他曾抨击东京强大的官僚体系是"一群白痴"。但是当其在2010年6月宣誓就职首相时,他承诺要参考"他们的知识和技能"。

3. 变革与创新
4. "理想类型"概念

权力问题

官僚制是现代社会的一种强大的机构。其运行结果可以大大提高或降低国家进行有效治理的能力。马克斯·韦伯(Max Weber)自己也承认，成熟的官僚制占据压倒性地位。拉尔夫·胡默尔(Ralph Hummel)解释说，韦伯认为官僚制将"人的社会关系"转变为"控制关系"。"将与人类目的相关的规范和信念从其自身剥离，取而代之的是对技术手段(无论是管理还是生产)优越性的肯定(Hummel,1977)"。但韦伯多次表示，其模型是一种"理想类型"，不能单独存在，而是存在于具有各种特性的混合体中。然而，在实践中这种力量主要来源于专业知识，而专业知识可以通过官僚制工作人员的良好培训和卓越的技术技能得到提升(Gerth and Mills,1946)。高度专业化需要建立更高的权威性，以及在工作流程中取得协调。这一结构性表达的目的是获得更高的运行效率。但是官僚流程混合之后往往导致公共机构拥有过大的权力。究其原因取决于这种官僚权力的来源是不是公民的意愿。虽然官僚制对民意代表负责，权力赋予的方式却不通过代表，官僚制几乎总会出于意识形态的原因受到怀疑或被公开指控。

批评者认为，权力集中在官僚手中可能会破坏民主进程、削弱民主体制。所有正规的组织都存在效率和民主的问题。基于对三种类型的区分，布劳(Blau)和迈耶(Meyer,1971)说明如下：

■ 如果一个团体为了制造一种产品或赢得战争而成立，那么最重要的是考虑效率。

■ 如果一个团体为了寻找共同活动的内在满意度而成立，比如宗教崇拜，那么对效率的考虑则不甚相关。

- 最后,如果一个团体为了确定共同目标以及执行目标的过程(这是民主政府的职能)而成立,则必须防止包括效率在内的其他因素的考虑对意见的自由表达产生影响。

因此,布劳和迈耶认为,第一类机构(工业和服务业)一直会被官僚化,但第三类(公共决策)机构则不会。但是,作者的论述没有解决混合的问题。另外,对于决策机构而言,人们普遍认为(韦伯本人也对此表示认可)在民主制度中设定国家目标和政策是当选人而不是所任命官僚的职责。

虽然官僚和民主的问题并不是近期才出现的,但是随着时间的推移,针对这些问题的讨论在形式和实质上都发生了变化。一方面,早在20世纪40年代之前保守派就已经意识到,"我们急于求成的浮躁可能会导致我们选择了更为有效的方式达成了特定目的,但这一方式却与自由社会不相容"(Hayek,1944)。因此,官僚和民主不相容。这种思路顺应了历史研究法。在《通往奴役之路》(The Road to Serfdom)中,哈耶克(1944)认为,加强政府对经济的控制最终会导致全国范围的社会主义,即中央计划取代市场的作用。他举例称:1934年,德国、意大利、俄罗斯和日本均实行中央计划;十年后,这些国家都成了极权主义国家。这一牵强的结论是不堪一击的,原因有两点:第一,其他几个国家也采取了中央计划,甚至包括大量的社会主义措施,例如英国和印度,但这些国家并没有转化为极权主义国家。第二,计划和极权主义之间具有因果关系的论证是站不住脚的。

同样,近期多个针对国家的评论将官僚制的发展视为政府的入侵,认为这超出了他们"可接受"的范围和限定的边界。2008—2009年的金融风暴后,公共政策在美国和其他国家的经济中所起的作用日益扩大,这也被理论家和极端政治团体称之为社会主义和共产主义。虽然国家行动往往是削弱监管程序与滥用市场机制所产生的结果,需要国家干预,但是独断的监管程序和刺激经济的公共开支面临着严峻的负面反应,这与早期受到的攻击没有什么不同。

从激进的角度而言,官僚制也被认为是民主社会运作的障碍。对于激进的政治左派而言,官僚制是一种阻碍民主社会发展的问题。激进左派认为,规则、法规、等级制度、标准化与组织决策客观性、韦伯式官僚制的基本要素是独裁主义与个人压迫的表现。激进派的观点并不一致,甚至并不和谐。以下语句虽有些夸张但很能说明问题:

> 官僚系统本质上是一种等级体系……在所有官僚制中,权威建立在施行强权政治的能力之上。施行强权政治的职权由等级顶端的人员授予下属。在一个官僚体系中假定,必须有一个人或一个团体最终能够对系统的运作负责。官僚制度正好符合这一描述……斯大林系统:斯大林在等级顶端,其追随者在此体系之下(Megill, 1970)。

官僚主义与政治发展

这个命题也是"民主"Vs."官僚"讨论的衍生物。比较公共行政一直关注着政治权威和政治文化对行政效能的影响。20世纪60年代,学者之间运用比较法进行的重要辩论一直集中在权力、有效性和官僚政治等因素上。一个真正的官僚组织所培养出的能力可能会产生或加剧民主治理中的控制问题。这一关注似乎常常无疾而终,或者成为海迪所谓的"不平衡理论"的摘要和推论(Heady, 2001)。"不平衡理论"的著名的倡导者是弗雷德·W.里格斯(Fred W. Riggs),他一直坚持这一立场。也就是说,发展中国家的官僚权力和效率导致了政治发展的缺乏。里格斯认为官僚制包含统治阶级的利己主义;因此,官僚主义的主导地位对政治制度的未来产生了不利影响(Riggs, 2000)。里格斯论点的对立面多年来为许多作者所重申,其中包括费雷尔·海迪、米尔顿·伊斯曼、拉尔夫·布雷班迪(Ralph Braibanti)等人。

拉尔夫·布雷班迪所编纂的《政治与行政发展》(Political and Administrative Development，1969)吸引了政治和行政发展领域众多著名学者的关注，如卡尔·弗里德里希(Carl Friedrich)、乔瓦尼·萨托利(Giovanni Sartori)、马丁·兰道(Martin Landau)、哈罗德·拉斯韦尔(Giovanni Sartori)、弗雷德·里格斯(Fred Riggs)、约翰·蒙哥马利(John Montgomery)等。布雷班尼针对"不平衡理论"的观点明确提出可胜任的官僚制是国家发展的先决条件。因此，对行政结构的强化必须在不考虑政治进程的成熟程度的情况下继续进行。"尽管如此，"布雷班尼指出，"大众政治生活参与度提高的同时官僚制的发展也十分迅速，这产生了一定的压力，我们在此寻求提高其他机构能力的方法，以此刺激官僚制自我创新、弱化官僚自主权、加强政治发展协调性，并提高参与质量"(1969)。其中包含的信息是，行政能力的培养不应受到阻碍，而且不得以政治发展为代价。行政发展应维护政治发展，而不是对其进行妨碍。

尽管存在对立的主张，有效的政治制度和有效的行政系统往往是相辅相成的，而非竞争的零和游戏。无论实施的效率和水平如何，政治控制对行政管理的优先性是毋庸置疑的。例如，阿拉伯国家中的政治领导人非常严格地控制国家的一切权力，特别是控制公共资金和军事力量的权力。在现实中，国家的政治特性使行政程序具有这样的属性：高度集中、受制于裙带关系和政治庇护，且为培训不足且人浮于事的公职人员所累(Jreisat,1997)。在这种政治形式和程序下很难维持中性的专业管理。同样，行政改革的方案步履维艰，这主要是因为缺乏政治支持以及与政治体制价值观不协调。因此，许多发展中国家政治和行政制度的行为能力被削弱。

因此，比较研究受到的挑战是明确真正重要的政治秩序环节，无论这些环节是增强还是削弱了行政改革的机遇。其目标是通过组织层面的个案研究和中期主张所收集到的经验证据来定义条件和变量。政治权威和政治价值观不仅决定了行政管理变革的边界,而且塑造了官僚在管理国家事务时的行为态度,特别是对民众的态度。长久以来,改革的顾问和研究人员都关注于中央集权管理、专业技术能力、行政部门程序与官僚行为等方面的问题。虽然这些问题是任何体系的行政能力建设的重要组成部分,但是这些问题并不能掩盖重要的考虑因素,如政权的形式和行为。

在发展中国家,行政变革的问题与政治领导人的态度有关。政治权威对改革的支持受到什么限制?官僚制的哪些要素将会被改变?公共决策中允许民众参与的程度,以及如何处理不同的意见?谁是这一变革的受益方?除了研究政权形式以外,明确在何种条件下可以获得政权的支持非常重要。否则,可能浪费大量的预算和努力,而且最终所实施的改革与现有的政治权威不兼容,因此被施行的机会不大。

同样,有一个经常被提及的议题将"大政府"和掌握过度权力、可能威胁到公民自由生活的大而僵化的官僚制相等同。批评者认为,官僚制日渐成为制定政策的主人而不是公共政策的执行工具。那么,重要的问题是谁拥有控制权,以及基于怎样的理由?马克斯·韦伯的构想描述了三种权力体系(如前所述),其中各种权力体系都有其独特的基础。在传统型体制中,合法的权力通过对家族与财富的继承而获得。因此,如果政治秩序并不能代表公民,那么希望官僚制的代表来代表公民是不现实的。此外,这种体制并没有完全地官僚化(规则、工作人员的技术能力、等级责任,等等),其效率仍然非常低下。在魅力型体制中,权力的合法性与领导者的卓越品质相关联。因此,这并不代表领导者在支配政治或行政权力。在法理型体制下,权力的合法性源于对法律严密性的信仰与尊重(Gerth and Mills,1946)。例如,美国人习惯将其政治秩序描述为"法律体系",他们喜欢通过指出"这就是法律"来为许多公共政策进行终极辩护。

官僚制如何才能符合公民的观点、偏好和价值观?如果官僚制能够一直保持价值中立、服从当选的上级、并将其活动限制在对公开的法律和规则的执行上,那么官僚制所引起的争议将最终烟消云散。但是官僚制的大小、其施政连续性与专业知识、与公众沟通的有效渠道等,对支持官僚制的某些社会权力机构起着决定性的作用。这在政治与执行领导层变更频繁(比如,内阁或行政长官频繁辞职)的社会更为明显。官僚制在这些条件下的表现往往填补了政治真空所造成的空白,而不是为批评人士所指责的篡夺权力。

毫无疑问,就其执行效果而言,研究者更关心公众,而不是经常被夸大传播的官僚制是否对民主造成了阻碍的问题。查尔斯·古德塞尔(Charles Goodsell)在《为官僚辩护》(The Case for Bureaucracy,1994)中搜集了公众对公共官僚制意见的"刚性"数据,这些数据以伦纳德·怀特(Leonard White)于1929年进行的对20世纪90年代的民意调查为起点。他总结道,官僚制方面的"刚性"数据"压倒性地令人满意。""官僚制在起作用。持其他观点要么是无视证据,要么是认为我们正在完全为理性范式所愚弄,只有少数苛刻的理论家可以从这一骗局中脱身。"(Goodsell,1994)。

因此,出于意识形态和政治原因,民主社会对官僚专制主义的恐惧被放大。但是,这并不意味着是对完美状况的辩护。行政改革是公共政策的一个持久的目标,而强化监测和控制工具也是一项长期的挑战。一般来说,凌驾于官僚权力之上的控制和监督机制组合在治理的各个体系中的有效程度不同:

如果实施公平且适度,民选官员所掌握的"监督"权是一种通用的工具。"监督"是一种工具,为民选官员对官僚制性能进行检查、检测、认可以及评估提供渠道。几乎在所有存在民选的体系中(无论是国家治理还是地方治理)都有一种预算审批工具,这是民意代表的责任。未能履行其预算职责的政治体制往往增加了问题而不是控制了问题。如能正确行使,调查权以及民众代表所制定的法律也是监督的有效方法。

如果各种人事政策比如招聘、晋升、调动、培训均以决策价值和透明度为基础,那么往往会产生民主运作所必需的价值观。即便未通过公民投票当选,有人认为当今的官僚制代表着整个社会的各种经济和社会阶层,而并不是社会政治体内的任何异常或奇怪的植入物。美国官僚制比当选的美国参议员更能代表民众(这种论点并不牵强),而后者有时被称为"百万富翁俱乐部"。此外,许多国家已经在有意识地提高官僚制的代表性和公平性。弗雷德里克森(Frederickson,2000)承认美国取得了重大进展,他提出了社会公平作为公共行政"第三支柱"的理论,"其具有与公共管理所应遵守的价值或原则(如经济与效率)相同的地位"。此外,正如纳区密尔斯(Nachmias)和雷奥森布鲁姆(Reosenbloom,2000)所指出的,"30多年来,代表性的官僚体制概念已在公共管理和政治学领域占据了重要地位"。因此,官僚制的价值标准与偏好和公民的价值观与偏好是可以调和的。官僚制必须与其大环境相契合,而不应成为被无形力量植入治理体制内的被排斥的器官,这样才能成为一个更有效率的机构。

变革与创新

批评者认为官僚制是一个僵化的体系,无法进行变革,而且不能有所创新。传统的观点认为官僚制循规蹈矩、追求工作的标准化和程序化,所以导致了公共组织管理僵化、抵制变化。即使是在大多数情况下都合理的管理技能培训也可能导致严重的不适应,例如,应用新获得的技能反而引起更严重的标准化和僵化。

克罗泽(Crozier,1964)认为,官僚体系中的改变必须是普遍的且应涵盖整个组织。事实上,变革甚至可能会进一步增强体系的集中度,并保障体系的客观性。"由于必须经过长时间的延迟、必须达到相当的视野,而且必须克服很多阻力,官僚组织中的变革是一场带来切肤之痛的危机"(Crozier,1964)。各种各样的理论结构和衍生技术的逐步发展修正了早期狭隘的公共管理假设。的确,跨文化比较和随后出现的发展行政管理是其中有力的回应。早期的观点一直将发展管理视为社会发展的组成部分,它受到整体社会属性的深刻影响。换言之,虽然发展管理与传统管理的反常现象相脱离,但同时它也与新兴国家整体的变化和发展相联系。然而,在工业化国家,僵化的官僚制一味遵守规则和范例,不能有效应对社会需求和政治目标,其反应形式不同,提供的选择也不同:

■ 承诺组织设定形式是自由的,并承诺组织由相对主义者①领导创业,这样就带来了选择的可能,而不是既定的官僚层级结构。因此,那些在管理主义和自由市场中寻找答案的人们的真正预期和假定是,清除数十年来一直占据着管理学智慧成果重要地位的典型的官僚主义体制。团队建设、全面质量管理(TQM)、改造和重建被建议用作为管理模型的替代品或备选项。全面质量管理因其吸引人的属性受到了广泛的支持。这些重要的属性包括:以顾客为导向的质量、员工参与质量改进、基于事实和分析的不断改进与活动(Berman,1997)。大部分现代管理著作中的总体设想是,官僚模式的内在僵化与其他负面特征表明这一模式必须废弃,著作还推动了对更好的替代模式的寻找。

■ 政治动机使政治领袖不断逃避问责:包括财政赤字、招致巨额公共债务以及脱离社会福利政策一线的责任。这些政治态度使官僚制成为转移公民不满或将政策失败合理化的替罪羊。"大政府"站在这一阵营,尽管公职人员占公民人数的比例出现了下降趋势。日益严重的贫困、持续上升的犯罪率与不断恶化的社会条件都与官僚制管理不善或行政表现不佳相关。很少会有政治领袖将政策与专业公共管理支持的缺乏视为治理问题的影响因素。证据面前,政客们总能游刃有余地回避

---

① 编注:相对主义者认同真理不是唯一的,而是因地制宜的。

问题。

有一项推进改革的建议是将公共管理与官僚制分离。"'官僚典范'是一种根深蒂固且狭隘的思维方式,通常可归因于公共管理的传统思想"(Lynn,2001)。在将上述两者分离的尝试中,林恩(Lynn,2001)建议,"对这些思想的审慎阅读揭示,'官僚典范'在最好的情况下是一副讽刺画,而在最坏的情况下则是对传统思想的明显曲解,传统思想相对于新的、客户导向的管理主义及其变体而言更加尊重法律、政治、公民与价值观念。"有趣的是,似乎正是这种讽刺画与一定程度的曲解的混合体为奥斯本(Osborne)和加布勒(Gaebler,1992)证明"政府再造"的官僚制特性提供了描述背景。传统的公共管理为"一种公共部门治理的新方式,即契约主义"所取代(Lane,2000)是一种不太精确但仍贬低官僚制的论断。

常见的假设是,以标准化与制定规则和程序为中心的官僚制倾向于变为一种阻碍有效治理的僵化、一成不变、缺乏创造性的体系。然而,引发这一趋势的条件则很少被意识到。此外,缺乏管理公共或私人组织的规则和标准可能会带来更多危害,这一事实也遭到了误读。那么,问题在于对规则和标准的过度依赖,社会学家将"以规则为目的而非手段"的做法称为"仪式主义"。由此,以下概念之间具有密切的联系:(1)遵守规章制度是管理所有类型的组织所遇到的一种普遍现象。规则是确保负责任的行为、防止混乱的工具。(2)惩罚员工失误、加剧岗位不同层级之间的不信任,以及决策权集中在组织最高层少数人手中的组织文化往往造成过度遵守规则的结果。(3)过度遵守可能造成整体管理不称职,员工使用规则来掩盖其智力和判断能力的缺乏。

长此以往,公职人员的责任感和对公民需求与要求的回应度被推到辩论的台前。但是,责任感涉及各种各样的关系、各类激励措施、控制程度与行为期望(Romzek,1997)。组织理论在这方面面临着真正的两难境地。为了提高行政反应度和有效性,批评家和改革者试图撤销管制、废除层层规则、条例与约束。这同时也意味着权力分散，低层级人员拥有更多的自由裁量权和灵活度。问题是，由此产生的结果可能是失去控制甚至是责任感的丧失。如罗姆泽克（Romzek，1997）所指出的，这些趋势相当于在两种极端之间摇晃的钟摆：一种极端是控制、繁文缛节和僵化，另一种是更大的自由裁量权和灵活性。近期对消除繁文缛节、简化程序、以客户服务为导向、从事创业管理与其他相似的管理行为的呼吁，正是钟摆向官僚僵化相反方向的摆动。

在失业率较高的社会，因为担心失去工作、害怕无约束的政治和行政权力，公职人员通过服从与规避风险来寻求安全感。"遵守规则"通常意味着最大限度地减少犯错误的机会，免受惩罚。在这种情况下，改变组织文化、赋予员工权力、培训和人员发展等措施通常对于补救部分弊端、激发创造性和变革大有帮助。为解决五角大楼中昂贵的官僚经费问题，国防部长罗伯特·盖茨指出，对阿富汗警犬队的简单指令必须在多个高级总部进行审查与评估后方可部署到战区。国防部长接着说道，"你能相信对一个人员和一只狗的决定需要五个四星级总部才能决策吗？"（Jaffe，2010）

"理想型"概念

理想或完美的官僚制永远不会出现。然而，理想型理论结构可以提供有益的分析，如指导研究、指定关系以及明确基本特征。评论家认为，把条件理想化与系统研究中的测试与查证背道而驰，因此不能被提升至科学知识的地位。这是对典型官僚模式的主要的批评。赞同此观点并不应该意味着接受相关的衍生问题：一个纯粹的模型被视为另类或仅仅是畸变。事实上，组织和管理的真实世界往往与理想型概念相近。确定这种变化是比较分析在寻求有效的行政管理措施过程中的主要责任。

在工作当中，行政人员始终具有一定的自由裁量权，可以在一定范围内调整形式和程序以实现他们的目标。当然,这一自由裁量权或范围可能被狭义或广义地定义,这取决于许多行政与情境因素。例如,切斯特·巴纳德(Chester Barnard)发表《行政机关的作用》(The Functions of the Executive)后,随着管理人际关系学派的出现,管理著作已经接受了非正式组织与正式组织经常共存的观点。与官僚制作为纯形式的形象形成对照的是,相当多的证据表明为了保持其所谓的效率,官僚模型允许应用过程存在偏差以及具有灵活性。的确,非正式关系与非官方实践往往有助于有效运转(Blau and Meyer, 1971)。而且,正如迪亚曼特(Diamant, 1962)所指出的,"许多对韦伯式官僚理想模型的误解是由于未能将管理人员和组织类型与适当形式的机构相联系。"迪亚曼特强调,韦伯毫不怀疑地认为,在一个特定的政治体制中最理性的管理人员类型将随着社会需求与合法权威的接受度而变化。

总之,尽管存在着抹黑官僚制、将其与不同的负面形象相联系的倾向,在分析中以官僚制为中心仍然是最重要的。反官僚主义的情绪和针对这一主题的众多谬见与曲解往往妨碍了客观评估(Goodsell, 1994)。负面的形象已经被内化,特别是在美国文化之中,其他地区的程度较轻,因此难以对这一问题均衡考虑。对官僚主义的消极观念是一种误导,而且对公共行政管理学学生而言是令人沮丧的。消极的观点似乎汇集了韦伯官僚制构想的机能障碍与意想不到的后果,好比制造了一个稻草人而不是为组织与管理问题提供切实的分析。这就好比张冠李戴,把因失败和政治腐败而产生的对治理的越来越强烈的不信任误导至对官僚制与公务人员的指责。"对政府信任和信心的削弱引起了对公务员的猛烈攻击,人们甚至开始质疑公务员以及对其提供指导的控制系统的动机"(Perry and Hondeghem, 2008)。这些观念恰恰损害了分析法的全部优势,而且干扰了对官僚制作为现代社会执行治理基本功能的重要角色的公正评判。

猛烈的批判的另一个强大来源是商业媒体,而商业媒体并不是完全没有私心的,并非完全出于对公众利益的考虑。私有化通常为私人利润创造了新机会;但是如果公共管理表现良好,那么则很难实现私有化。因此,虽然私有化并不一定能改善公共服务,但是总有荒谬的观点认为,私营部门的效率是不切实际的甚至是做作的。实际上,政府也绝对不会容忍私营部门激励体系的浪费和高成本。试想一下,政府与私营部门进行攀比,像迪士尼公司首席执行官那样向美国国防部长或其他什么政府官员支付等额薪水,或者像近100家大型公司那样,每年向其高管发放价值1200多万美元的巨额津贴。① 公共部门既不能向公司管理人员提供额外的福利,也不能判定其巨大失败付出了多少代价,正如储蓄与贷款协会、钢铁行业、安然公司、美国国际集团以及其他被国外竞争对手所取代的、或是卷入大型欺诈计划的、或是管理不善的企业。

  在最后的分析中,韦伯式的官僚模型是一种几乎不会存在于实践中的理想模型。另一方面,自马克思·韦伯将其框架公之于众后,公共行政管理已发生了巨大的改变和修正。如今,公共管理是一个包含框架集群的跨学科领域;各个框架的内容都来自于不同的知识来源。无论是在人力资源、预算还是整个组织的管理中,公共管理经常运用行为科学、经济学、社会学、政治学、会计学、人类学的概念为其目标服务。正如沃尔多(Waldo,1984)和许多其他学者一再表明的,经典管理框架中所假设的政治和行政的分离被认为是不恰当且不现实的。管理的理论和方法已经与涉及人的动机、激励措施与人类发展需要的行为概念相适应。公共行政机构所切实遵守的法律避免了从性别、种族、民族、宗教或年龄出发的歧视。公共行政负责管理国际协定,并不断发起增强全球联系的行

---

① 据《商业周刊》1999年4月19日的报道,1998年迪士尼首席执行官总共获得5.756亿美元,而且,在迪士尼有超过70%的雇员薪水只比最低工资略高。每年商业杂志都会刊出这些数据,并展示其持续增长趋势。2010年《今日美国》(2月2日)刊登了2009年前25位薪酬最高的公司首席执行官的名字。他们每年的个人薪资在500万美元至5000万美元之间。

动。相互作用和相互调整的案例清单可能相当冗长。目前的许多活动无法被韦伯所构建的官僚模型所预见或涉及。问题的关键是,在现代公共管理中使用国家官僚制这一术语无异于韦伯式构想。因为经典官僚模型的某些特征存在于所有组织中,官僚这一术语仍在使用中,但其含义保持价值中立。

无论如何,作为一个研究领域,公共管理所面临的一个"大问题"是如何在适应日益加剧的全球化的同时保持真正的跨学科地位。在某种程度上,公共管理应该自由适应任何领域的知识见解,并受其影响,这可能增强公共管理的功能并改进其行动流程。正如弗兰克·汤普森(Frank Thompson)所指出的,"作为一个学术领域,公共管理的健全性取决于它以平衡、综合与协同的方式汇集多学科贡献的能力"(1999)。同时,不断地有指责认为,公共管理等同于"较差的方法论"、"科学基础薄弱"、"不存在理论建设的惯例",并且受到"学术价值低的名声"的影响(Thompson,1999;Lynn,1996;Kettle,1999)。也许,这些负面评价部分原因在于某些大学教育和培养出的平庸之才,以及被调至公共管理学科却对公共管理知之甚少的学者。后者一般都受过政治学或经济学相关领域的培训,但主要出于就业市场的考虑而将其职业生涯调整至公共管理。这些学者继续期待着专业度、交叉学科领域中的纪律清晰度和确定的概念,然而在公共管理领域,相对与折衷的概念占绝对优势,这令他们难以忍受。当然,不能以学科标准来评价公共管理的贡献、承诺和潜力。公共管理在实质上与多个学科相关联。此外,公共管理的终极价值在于塑造政府结构和有效地管理其职能。当然,我们同意"公共管理作为一种领域的发展需要摆脱其仅在一个狭隘领域且作用有限这一声誉的阴影"(Thompson,1999)。社会科学的哪个领域不能从这一建议中获益呢?当然,这是另一个完全不同的问题了。

公共行政的终极考验,特别是在比较方面,与其培育概念和实践的能力是分不开的,这一能力在公共机构的运行中取得了大量可量化或可定性的改进。通过以下方式可以圆满地实现这个目标：(1)持续改进和应用有关的管理理论；以及(2)通过系统地检测管理实践来确定产生实质性影响的配套措施，从而使我们能够知道"真正起作用的是什么"。事实上，正如唐纳德·凯特尔(Donald Kettl)所指出的，公共管理确实对公职人员具有重要影响。"公共管理具有丰富的理论，以及对政府管理的公共属性进行分析的悠久传统，这是在公共改革辩论中所严重缺失的环节"(Kettl,1999)。

结　论

当前，官僚制在很大程度上经历了深刻的调整以适应其环境。此外，国家官僚制(行政体系)内部各组织的实践和应用能力也各不相同。在过去的几十年中人类行为知识的进步引起了对韦伯的经典构想的修改。新的方式(如人际关系学派、团队建设与全面质量管理)导致了管理理念与实践的改变，这一影响已得到了深刻地体现。比较行政学对新形势下官僚制的关注以下列因素为基础：

1. 官僚提供了一个通过现实方式关注行政体制的框架。相对于试图管理重要的抽象模型、追求重要的目标、与较低的操作适用性相融合而言，对官僚体系进行观察、调查与评估则更加实际。这与批评家所假设的所有比较公共管理研究都专注于抽象大模型且不遗余力地适应该模型的观点形成了对比。国家官僚制被偶然地选择成为分析单位，不是出于其最终的价值，而是出于比较行政学最适度的分析水平。

2. 官僚制是一种普遍的制度，尽管官僚制的能力和成就各不相同，但是它几乎存在于所有国家。很难想象不具备官僚制的国家治理能够为提供公共服务、乃至制定和执行政策(这一领域更加宽泛)带来必要的见解和知识。因此，我们往往可以通过研究不同环境中的官僚制而获得更多的信息，因为机构是可见的、机构的结构和活动是有形的、机构成员是可识别的、机构目标是可定义的、绩效水平是可衡量的(Heady,2001)。

3. 国家官僚制的研究适合单一案例研究法和多案例分析与比较法。可以肯定的是,官僚制是一个可大可小的机构,而这取决于国家的大小和政府的类型。但是官僚制一直是研究与分析的可管理单元。因此,以官僚制作为分析单元意味着在一个或多个国家内产出"中层假说"(middle-range hypotheses)的能力得到了提高。

4. 官僚制所招致的大部分诟病要么是被放大的罪责,要么是不当行为的后果。一个基本的问题是,官僚制是否真正对政治发展产生了阻碍。虽然官僚制可以积累过多的权力,通常,它仍然服从于政治秩序。官僚权力来自于它的首要属性,比如专业知识与任期连续性。但是,一个有效的政治制度可以通过监督的方式来确定官僚体系是否出现偏差、保持绩效程序可靠,并不断促进管理的改善,从而抵消任何过度官僚的不利影响。发展行政学规定了一些可以更好地为国家发展目标服务的特征,以克服发展中国家官僚制的一些传统缺陷。比较学者似乎对发展行政学独特的结构与功能抱有信心,认为其不受传统官僚的僵化和抵制改变的影响。但即使是这样构想出的发展行政学也不能脱离其政治背景。

5. 国家官僚制在公共政策人际关系网和财产分配网内运作。官僚制仅仅是治理的一部分,而治理却是一种涉及许多结构与功能的包容性概念。在相互作用的复杂过程中,各种立法、行政和司法权都保持自主,但也分享责任和权力。因此,应在对治理的更广泛的理解中来看待国家官僚制的运作。对所有机构和决策程序及其结果的均衡考虑是对比分析有效实施所必不可少的。根据官僚制经典模型的规定,官僚主义的正常运作不能脱离其法理型政治环境、或称法律至上的公民社会。

无可否认,无能的公共机构往往由腐败与独裁的领导人所控制,并且一直是困扰着大批发展中国家的无数经济、政治、行政和社会问题的根源。在许多情况下,建立和落实公共政策的过程——这是治理程序的主要动力——看起来几乎无法操作。在此情况下,治理失败或不足的案例记录相当冗长。政治领袖经常放弃可以唤起公民信心和信任的机会,拒绝建立可靠的领导层更替办法。他们不能推进制度性的(而不是以个人为基础的)可持续且公平的政治和经济政策。在拉丁美洲、亚洲和非洲,治理事务和问题具有十分显著的相似性:领导层更替问题、发展政策效果欠佳问题,以及文明社会中公民缺乏法律赋权的问题。

最后,不断发展的复杂的全球形势要求所有国家遵守游戏规则,或参与分配预期的利益,并将任何潜在的负面影响最小化。如不能发展强有力并具备道德感的国家官僚制制度,则这一参与将不会见成效。可以肯定的是,发展中国家确实对游戏规则不满,但他们对全球化本身并不反对。作为平等的参与者,而不是一个新的帝国资本主义(imperialist capitalism)的服从者,这些国家必须认识到良好的治理与自由市场同等重要。此外,为储备具有全球竞争力的行政人员和组织,唐纳德·克林纳(Donald Klingner)指出,"管理多元化、多学科、多组织工作团队的能力至关重要"(2009)。在多样化全球背景下,有效的治理、顺畅运行的法律体系和监管流程、有合法可信的政治权威提供支持——这些因素对专业的官僚制的表现都非常重要。不仅如此,团队建设、交流和开发合作系统正日益成为全球化行政管理的核心要素。

此回顾章节试图表达关于官僚制这一话题的观点的复杂性和多样性。许多对官僚制的评估都针对其功能障碍,而不是着眼于其广泛的特征和客观的作用。这并不是忽视官僚制模型的功能障碍和不可预料的后果,而是要说明这一点既不是刻意的也不是不可避免的。当然,在我们能够设计出更合理的研究模式之前,秉持价值中立的态度运用官僚模式,可以使其成为一种功能框架。与此同时,一边以比较分析法考察自身的局限性,一边思考如何兑现其研究承诺,针对官僚体制的比较研究提出了更多的问题和挑战。这些问题和担忧大多只能通过更多的实证研究和田野调查才能得以解决。比较研究法的有效应用是解决许多紧迫的现实问题与忧虑的最可行的途径,因为它是发展公共行政管理理论与实践的必由之路。

第四章　比较研究与方法

> 比较对所有人类思维而言都是必要的……它是人文科学和自然科学方法论的核心。
>
> ——阿尔蒙德等

导　论

我们对公共管理的许多了解都是经由研究者、观察者和实践者而达成了共识，这是不言自明的。行政管理知识在很大程度上是经验性的、不断演进的，很少以偶然且戏剧性的发现为基础。这些共识从观察、继承传统（人们处理事务的一贯方式）、专家意见以及就这个问题的总体描述和说明性数据发展而来。从上述不同来源所产生的行政管理信息通过分析、定性和定量工具进行整合从而产生模型、规律和结论，并对现有的设想与主张予以确认、修改或废除。建立一般性且有效的研究策略需要使用以下的基本问题解决法：

1. 明确目标。我们想通过比较了解什么？
2. 比较的意义与相关性。为什么我们想了解这些？

3. 与目标有关的现有知识。我们已经了解了什么？
4. 实现目标的方法和过程。我们需要了解什么工具？

研究项目的开展需要对影响研究设计的上述问题以及相类似的问题进行纯熟的考虑,这些问题包括:案例选择、描述性数据、解释性说明、适当方式的选择以及如何有效获得应用所需的信息。一般来说,应在着手比较分析与确定基准之前便实施上述措施。最后,比较研究以如下形式定义其研究结果,包括一般模式、相似性和差异点。从概念上讲,比较行政管理研究成果的表现形式和风格是多样的:描述性、规定性、规范性、具体与可量化的结果。

通过使用随着时间而沉淀下来的广泛的人类经验,比较公共行政产生了大量治理体系方面的管理知识和信息。这些信息被很好地应用在许多国家内部的行政机构能力建设之中。不仅如此,大部分比较研究的成果和惯例已经被对发展中国家的单边或多边援助所采用。此外,比较思想丰富了公共管理的教学和培训。如果没有这一基础,便不可能进行切合实际的概括,也不可能使比较研究的发展呈现跨系统发展的趋势。但是,有效的框架是应对各种研究挑战的必要工具,这些挑战包括"如何识别与体系内相比跨体系变数更大的情况"(Aberback and Rockman,1988)。

最初的研究策略往往将非西方的体系与西方的体系相对比。结果,许多最常见的已知概念以及在比较学中所经常使用的变量都成为这种探索的产物。不少众所周知的变量已经渗透至早期的比较思想中,并经常用来强调社会制度和政治制度之间的差异,如集体主义和个人主义(collective-individualistic),分化的和一体的(differentiated-undifferentiated),普及的和局限的(diffused-specific),普遍性和特殊性(universalistic-particularistic),以及民主的、非民主的或半民主的(democratic-undemocratic or semi-democratic)①。许多建议方案直接或间接地假设,实现现代化便是向西方体系持续靠拢。那么,频繁地以西方的制度为基准,并且经常将现代化与西方化相等同,也就不足为奇了。

上述二元论为日益凸显的有效治理和全球相互依存提供的信息和实践相关性是有限的。并不是说要抹杀这些理论的贡献,只因为其互相矛盾或缺乏根据。人们的不满源于这些概念以先入为主的方式、过分理性主义、一成不变,并且对管理日常行政事物而言适用性有限。除了操作性缺陷外,如朱利安·莱特(Julian Laite,1988)所指出的,这些概念假定了一种与西方体系发展相似的非线性发展轨迹的存在。这种将发展视为向普遍性和分化状态行进的观点忽略了"第三世界国家所遭遇的社会制度的范围和变化"(Laite,1988)。此外,有人认为(Wiarda,1991),西方国家发展的时机、顺序和阶段可能无法被当前的发展中国家所复制。全球范围的许多变化,如城市化、现代信息技术、贸易和资本的畅通转移,导致了这一现实结果。

不管这些相反相成的变量曾经多么具有暗示性或描述性,它们既没有对重要的行政特点进行衡量,也没有为内部或外部发生的组织变革提供指引。假定现代化在根本上是面向"西方"的运动,也就是假定了与西方体系相似且具备特定结构和功能的体系是唯一有成效的体系。只有当我们了解需要什么样的信息以及出于何种目的,我们才能摆脱先入为主的思想和理念,才能具备检测数据本身的价值的能力。

---

① 塔尔科特·帕森斯(Talcott Parsons)对这些变量进行了较早的描述。他确定了五种必须二选一的"模式变量"的对立概念:情感作用与情感中性、自我取向与集体取向、普遍主义与特殊主义、归属与成就,以及扩散性与特异性。帕森斯、T. 和 E. A. 希尔斯主编的《行动的一般理论》(Toward a General Theory of Action 哈佛大学出版社,1959 年)。许多以下研究也以这些变量为中心:阿尔蒙德(Almond)、G. 与 J. 科尔曼(J. Coleman)主编的《发展地区的政治》(Politics in Developing Areas 普林斯顿大学出版社,1960 年);里格斯,F. W. 的《发展中社会的管理》(Administration in Developing Societies 霍顿米夫林出版公司,1964 年);和霍夫斯泰德(Hofstede),G. 所著的《文化后果:与工作相关的价值观的国际差异》(Culture's Consequences: International Differences in Work-Related Values,赛奇出版社,1980 年)。

不同的研究目的需要不同的信息,其特点可归纳如下:

1. 描述性信息。在基础层面,比较研究需要描述性信息以定义关系、选定关键因素、扩大覆盖范围以及提升分析准确度。描述性信息实事求是地反映情况。跨文化分析往往将研究者引至其所不熟悉的领域;因此,对描述性信息的需求是不可避免的。当我们要确定哪些要素、因素、联系、过程和影响是相关的,以及哪种信息是必需而且可以取得的,规范问题可能会影响选择结果。"世界上没有无价值的选择"(Bell,2010)。如果没有价值判断,那么对管理或人类活动的任何其他方面进行分析都非常困难——我们经常用来研究治理的语言和概念,如民主、自由和安全本身就始终负载着价值(Bell,2010)。令人信服的描述需要对事实及其影响进行解释、评价与评估。这一可评估程度是对观察者个人认识、判断能力和道德标准的最佳测试。巴兹雷(Barzelay,2001)所称的"以案例为导向的比较研究"一直是比较管理中的一项基础工作。很多在20世纪50年代和60年代兴起的为发展铺平道路的比较行政学方法都以案例分析为形式。这些案例为专家提供了许多国家行政系统的描述性信息,从而扩展了知识面并引出了更广阔的调查范围。

2. 理论上精确的解释性与分析性信息立足于准确的描述性数据以便对趋势和模式进行比较、联系、解释和识别。这是一项重要的研究功能,因为它也明确了政策选择。这一步如果做得好可以增强对研究中所使用的概念和框架的信心。解释性信息解答某些因素在不同案例中有所变化的问题、发现某些行政行为的原因及后果,或者对所使用的程序、结构的基本原理以及所调查体系与单位的功能进行解释与说明。为了充分满足有关需求,研究者必须具有与此问题相关的概念和实践知识,并应具有合理判断的能力。

3. 规定性和规范性概念假设已经了解某些选项和替代选项,并开始执行选择与建议的任务。虽然规范性属于价值范畴,但是规范化和理论化总是包含描述性的经验假设。在对事件、问题、缺陷、成就做出描述和分析后,结论和建议浮出水面,这时就可以制定完整的解决方案了。解决方案将分析推进至改变与得出结论的阶段。改善服务、实现更高的工作效率和效益、调整组织结构、开发人力资源、鼓励参与式管理等,都是比较研究在规定和规范阶段的行为举例。规范的概念本质上是假定对需要改变的现状有所了解的规范性命题。为保证有效性,规定和建议不能被局限在方式或工具的可操作性上,而是必须着眼于大局,关注其对治理体系的重大影响以及对公共决策最终结果的影响。

一般情况下,许多公共管理和社会科学学者将学术仅仅作为定量的结果或定性的探索,他们的思维定式已经挑起了经验主义阵营与规范性信徒之间的许多奇怪的、自我挫败的论战。其学术著作中存在着许多使用复杂统计工具所进行的、且对理论或实践知识没有任何重大贡献的研究。同样,大量的定性分析停滞在简单的、离题的命题上,这些命题几乎不具备知识含金量,而且对丰富行政管理相关知识也没有重大贡献。罗伯特·贝恩(Robert Behn,1995)说的对,"遗憾的是,对方法论的尊崇并不能使其努力成为科学。"他指出,科学家并不从数据和方法入手。科学家们从具有重大意义的问题着手。

良好的定性研究和相关的定量分析充实了比较公共行政管理知识。为了有效地应对真正的需求,必要时,比较行政学著作将继续依靠描述性、解释性、分析性和规范性概念与分析。尽管如此,对比研究策略的主要目的是丰富学科知识、定义一般模式,并确定适用于多种情况下的聪明实践,检验被明确宣称的特异性是否确实存在。对普遍性规律的探求受到政治和文化约束,常常要被迫进行调整。虽然使比较行政从公共行政这一较大领域(实际上所有的社会科学也是同样的)的自我中心趋势中摆脱出来并非易事,但是有必要强调如下观察结果:

- 就比较公共管理部分或完全消亡而进行的学术争论只是徒劳的智力游戏。只要存在公共管理,比较法都将成为其组成部分,而且比较法将是理论与实践发展所不可或缺的。

■ 作为一个真实存在的调查领域,比较管理法具有其自身的理论基础和研究方法。无论是在不同系统之间还是在系统内部进行比较,分析的概念基础和方法选择均取决于分析单元和比较目的。

■ 对行政管理的跨文化研究强调了情境的重要性,它是区分不同体制所带来的强大影响的源泉,正如它是激发体制变革的源泉。识别和评估其对公共管理的影响是比较法的目标之一。

■ 比较研究不能被局限于多种情况通用的唯一一种技术或研究方法。文献著作阐明了在治理范畴内跨多个体系内识别和说明管理模式和结果所使用的不同方法。利用多元方法或自己制定的单一方法,经验法相对规范法,都是难以避免的二分法,但是总之这必须被视为是公共管理和社会科学领域所特有的。比较法不会因认同任何缜密的分类方式而受益,无论这些方式是科学的、合理的、定量的,抑或是规定的、规范的、定性的还是负载价值的。以上这些观点,尽管其专业程度各异,都可以在比较学学术文献中找到。诺尔玛·里库齐(Norma Riccucci,2001)的判断是正确的,"公共行政管理与公共管理中存在着许多没有将自身导向实证研究的主题和事项;但是其他学科却可以。"

那么,实用的研究需要详细的准备和规划、明确的目的以及对所需要的信息与获取此类信息所使用的方式是否适当进行评估。在着手一个重要的比较研究项目之前,对任何方式或框架的潜力和局限性评估与了解都是至关重要的。选择结果不是孤立的决策,而是对众多因素深思熟虑的结果,包括分析单位、环境影响、目标,以及对替代比较方法的熟悉度。

分析单元

作为一个研究领域,公共政策管理不断调整理论和实践以适应不断变化的关系与目标。同样,社会制度的一般规律几乎不可能诞生于偶发的试验;相反,其演进是日积月累的。进展的每个阶段都以前一阶段为基础。行政管理研究的框架或模型提供的是一个共同的基础、一个起飞点,以及一个指引研究方向的路线图,尽管这种模型会不时地受到挑战。虽然新的研究框架似乎更普及或更时尚,但是许多早期的框架仍然具有生命力。那么,我们该如何在各种理论和模型中进行选择,假如没有大量学者、从业者和顾问已经作出了过渡到新观点(新模型、新范式)的主导决定,我们就没有一个合理的理由。

忽略所调查案例的具体性和独特性而将其一般化处理最终会造成缺陷,强调这一点是很必要的。为了保持特殊和一般之间相辅相成的关系,一般化必须是一组经过证实确定无误的特定事实的总和。为了得到一般规律,有必要考察下列所有重要事实,以便判定改革的成果,包括研究某个职位及其所承担的责任、研究其如何制定决策、描述其所遇到的障碍,以及探索各种相关的结构和行为元素。只有对具体事实进行这样的分析后,才能定义总体形式和流程,并给出改革的可靠建议(方案)。

在最后的分析中,是否采用某种框架取决于其是否能够契合公共行政管理的本质做出基本假设,以及证据规则能否导向开创性的研究。以发展的眼光看待管理表明,公共管理中的明显矛盾并不总是这一领域"本质的"或"遗传的"现象。通常,公共管理被用来服务于那些在特定历史事变后成立的国家的伪政权,比如在非洲或中东地区曾经发生过。在许多国家,组织与管理的概念和应用出现之前,几乎没有经过设计或计划,而是在对应急管理措施的迫切需求下应运而生的。例如,美国早期的行政经验是公共管理动态激增的一项生动例证,它为了应对新的国家政治和经济需要而产生,并发展成为一个独特的美国组织和管理体系。尽管美国经验是一个成功案例,在早期它与许多发展中国家在独立的曙光中所经历的并非完全不同。

行政管理研究中的一个首要的步骤是确定(至少是暂时地)研究的

分析单元。调查与比较是否关注以下几点,将产生不同的影响:(1)个人和团体的行为和表现,(2)组织及其能力,或(3)国家官僚制(包括政府的全部行政部门)的整体特征和表现。

毫无疑问,我在这项工作中必须依赖的研究单元和层次是国家官僚制。然而,其他存在已久的比较研究传统,特别是国家内部和跨组织的比较,多年来丰富了管理的理论与实践。有意义的比较常常在国家内部、相同文化的层面上展开。个人、组织或其他比单一民族国家更小的结构已被广泛用作分析单元。在一些著作中,组织、角色(经理)和人类行为构成了比较研究的"分析积木"(Aberback and Rockman,1988)。

对政治组织或跨政治边界组织的研究可以是综合的、包容的。在同一个社会中,针对城市、区域、地区和各类公共机构的管理实践比较已经完成了。在学术文献中,将一种行政功能与另一种进行对比的文章已经过分丰富了,包括执法、预算、招聘、评估与培训等。这一类比较往往发生在同一政治环境下不同组织之间。在美国,地方政府比较绩效测评联合体(Local Government Comparative Performance Measurement Consortium)是全国各郡、市在几个关键性服务输出领域获取、报告对比数据的一种尝试(Kopczynski and Lombardo,1999)。国际郡/市管理协会(ICMA)绩效评估中心专门帮助地方政府衡量、比较和改善其所提供的市政服务。"ICMA 的比较绩效评估计划目前帮助约 130 个美国和加拿大的郡和市收集、分析、应用绩效信息。"[①]

比较组织分析一直将根本性变革实施前后的组织特征和绩效进行对比,以确定变化的范围和结果。地方政府也经常将其目前的表现与之前报告期间的表现进行对比。系统比较法谨慎地在各个时间段上界定不同的行政管理程序,以便在行政问题与历史背景之间建立相关性。事实上,历史观能够在解释基本的管理发展问题的同时关注更宽泛领域内

---

① ICMA 绩效测评中心网页。

的课题。

将组织作为分析单元为如下观点增加了可信度——最有意义的行政行为一般发生在正式的组织背景下。组织协调和促进个人的努力,将它们转换成可以实现或服务于目标的、超越任何个人能力的持续的集体行动。从方法论的角度而言,由于具有持久且可衡量的特性,组织是进行对比分析的绝佳单元。通常情况下,组织具有特定的目的、具体的结构、可测定的边界、既定的惯例和技术、明确的沟通渠道以及中央协调系统(March and Simon,1958)。如果不能认识到组织依托于一个更大的体系——环境——而存在,那么就不能对组织产生清醒的认识。环境向组织输入资源和技术,同时依赖组织输出商品与服务等产品。

大约 50 年前,詹姆斯·汤普森(James Thompson)和他的同事明确提出了一个对公共行政理论发展至关重要的问题。他们指出,管理占主导地位的学校所设置的课程和研究项目以这样一种假设为基础:管理的各个领域(公共、商业、军事、医院、非营利性组织等)依赖于独特的要素,在各个领域具有不同等级和种类的常量与变量。那些认为在任何情况下管理都基本相同的人们对这一观点提出了质疑。他们提出了一系列的抽象模型以及行政、管理、组织、决策与沟通理论对这一概念进行了阐释(1959)。汤普森和他的同事(1959)认为,"比较法似乎是最有希望解决这一问题的方法"。此外,他们指出,文化维度"对我们理解管理而言是必不可少的",但"管理的比较研究不能仅仅局限于对文化的比较"(Thompson 等人,1959)。

不过,比较法必须与公共行政更广泛领域的两种基本局限性进行对抗:第一种是缺乏对其概念效用进行评估的可靠工具。管理专业的学生在棘手的反常现象面前无一例外都需要依靠本人的经验和他人有根据的判断。第二种限制涉及不情愿(或因缺乏专业资格)跨越北美和欧洲的文化边界来进行真正的比较研究。真正的跨文化比较通常需要文化、语言、历史、规范和价值观以及所需研究体系的行政机构和程序方面的知识。

因此,对特定分析单元的选择是显而易见的。各个备选方案都擅长解决某些特定问题,但在处理其他问题时便相形见绌。比如,从比较组织的角度入手,可以有力地服务于比较分析的众多目标。它可以建立在与组织及其结构、行为和表现有关的理论与应用知识的坚实基础之上。此外,组织分析还提供了语言、变量、验证的标准、系统收集的数据以及经过严格测试的方法。但是,在此层面上却很难获得经验主义的跨文化研究结果。对一项跨越文化界限的比较组织研究进行管理可能花费不菲而且并非易事。此外,这样的实地调研如果与调查对象所处环境的专业知识相结合,可能会更加有效率。

换一种作法,只要复杂的计算与规范配合得好,以个人和团体的行为因素为研究焦点可能会带来巨大的回报。在这个具体的微观管理问题层面上,对相关和当前形势的关注是实现最终的研究目的所必不可少的。其实,无论比较行政管理研究所关注的焦点是什么,它最终必须为理论整合与实践相关性的需求与要求服务。要满足这些标准,必须将概念框架可靠地应用于实际的管理流程及其对组织绩效的影响之中。

最后,在定义所使用的变量或变量组时,比较行政管理的概念框架受到了相当大的关注。到目前为止,人们发现,主要因变量如组织结构、领导能力和权力、内部程序和目标存在较高的一致性。环境是自变量。环境影响被细分成涵盖政治、社会、经济和文化要素的变量或变量组。为了达到本研究的目的,出于前一章所述的种种原因,国家官僚制是首选的分析单元。对各国官僚制的比较也与组织分析以及过去百年间和组织管理有关的既有知识财富是一致的。

研究背景(环境)

比较公共行政在跨文化分析领域留下了最持久的知识印记。由于研究背景是系统影响和变化的基本来源,所以它也是行政系统变化和不确定性的一个来源。公共行政的发展在本质上和整个社会的制度建设(哲学、政治、技术和经济)相关。可以肯定,这种演进的不同阶段已经产生了一些矛盾,但是其总体推力展示了基本原理之间更强的连续性和连贯性,比最近公认的相对论概念产物更优越。因此,不能孤立地分析行政行为。它必须被看成是整体的一部分,与其历史、社会、经济和政治环境相联系。由于管理和管理研究背景之间的这些重要联系,一个成功的研究策略需要明确可以确定关键组织属性的以下三组特殊关系:

- 社会背景与行政的联系。
- 政治环境与行政的联系。
- 内部操作系统对全面管理的影响。

社会背景

对环境关系的具体描述对解决行政变革相关问题而言具有决定性的意义,特别是文化所扮演的角色,在组织管理研究中获得越来越多的认可(Harris and Moran, 1987; Schein, 1985; Peters and Waterman, 1982)。但是文化仍然没有确切的定义——"从跨越四分之三个世纪的人类学家著作中收集到了超过150个文化的定义"(Foster, 1962)。即便如此,文化唤起了很长一段时间内社会群体之间对价值观和互动模式的共享。文化包括社会成员世代相传的、塑造其行为的语言、宗教、习惯、道德、习俗与法律(Adler, 1986)。

在公共管理中,民族文化大致是指影响管理实践的所有模糊不清、难以确定的因素(Goodsell, 1994)。然而,尽管存在明显的重叠,民族文化不能对等于组织文化(Jreisat, 1997)。50多年前,里格斯(1961)建议在人类学家的帮助下通过鼓励以文化为基础的调查来研究公共管理的"社会生态学"。现今,"对一个组织所处的独特环境的理解是成功识别存在的问题以及制定适用于任何环境的策略的起点"(Yates,1991)。

尽管文化环境对行政行为的影响几乎获得了普遍认同,但有关这两者之间关系的信息仍然是初级的、不完善的。通过回顾 22 项以文化为自变量对国家管理实践差别进行阐述的比较管理研究,人们发现这些研究大多将文化当作"国家"的意思(Nath,1988)。近期,许多强化文化的尝试试图孤立文化维度或将文化对行政的影响与其他环境因素的影响相区分(Nath,1988)。为了解文化对行政惯例的决定程度,格特·霍夫斯泰德(Gert Hofstede,1980)使用四个维度来对国家进行描述与分类:集体主义和个人主义、权力差距、不确定性规避,以及男性和女性。霍夫斯泰德通过一项对来自 50 个国家 116,000 名人员的调查,设定了研究标尺,建立了对上述四个维度进行处理和回应的范围(1980,1984):

■ 集体主义体制中,倾向于人际关系紧密的社会结构,在这种结构中个人可以依靠他们的亲属、宗族或朋友来照顾他们,这与个人必须依靠自己的松散型社会结构形成对比。集体主义体制中,公共行政管理方面的学术文献常常产生负面影响,从而导致了特殊形式的决策、对徇私枉法的委婉说法以及公共组织中的裙带关系。

■ 权力差距的维度指的是机构和组织对权力的认可度,以及社会对所发生的不平等现象的处理方式。生活在权力差距较大的社会中的人比生活在权力差距较小的社会的人更容易接受等级秩序,而后者往往追求平等、探究权力不平等的理由。

■ 具有很强不确定性规避特征的社会遵守信仰和行为的严格规范,而且难以容忍离经叛道的人员和思想。这将影响人们建立机构和组织的方式,以及国家官僚制内部的创新能力。

■ 男性维度依据社会对功绩、英雄主义、魄力和物质成就的偏好而衡量。与之相反的女性维度则代表对关系、谦虚、照顾弱者与生活质量的偏好。性别对任何一个文化维度的偏好所产生的影响是显著的,特别是对招聘、团队活力、团队建设、沟通,以及管理的其他流程而言。

虽然我并不质疑霍夫斯泰德所提出的四个维度的有效性,但是我确实对他的假设和结论提出了质疑。他将文化视为"任何环境下人们的共同心理程序"(Hofstede,1980)。这种观念导致了一种文化决定论,其中管理决策成为他们文化前因的必然后果。此外,由于文化是很难改变的,除非改革后的结构存在于当前文化模式中,否则行政改革注定会失败(Farazmand,2001,Jreisat,2001)。

当然,社会由众多的个人组成,而个人行为范式受到文化因素的约束,文化因素又被社会所规范和认可。通过社会化,这些行为范式成为塑造个性结构的重要因素。这些观点是人类学和心理学中的基本概念。然而,假定个人受到其文化的"程序指令"就是否定人类个性的动态特性与发展、增长以及变化的过程。个人有学习、养成新习惯、忘记旧习惯、认识新形势,以及形成应对行为的能力(Linton,1945)。即使在高度一体化的文化环境中,个人也仍然保留着独立思考与感知的鲜明特点和能力。如果没有这种可验证的概念基础,将不可能出现行政管理改革;外界技术援助的培训和发展也是徒劳。每一种文化都塑造了各自行政和组织的规范和流程,因此,"知识和实践的跨界转移是不可能的"——这一理论否认了一些基本的人性特点,如学习和发展,因此遭到了摒弃。受当代技术突破影响的信息革命,对所有人类活动中知识普遍性概念的有效性进行了强有力的评判。

针对文化是"区别不同人类群体成员的集体思维程序"的观念及其影响,人们提出了许多问题(Hofstede,1980)。文化塑造了我们看待自己与看待别人的方式,并且转化为许多各不相同的态度和行为。文化对个人态度和行为,以及对机构与广大社会的间接影响最难予以证明或评估。但是,我们必须要警惕刻板印象。对文化作用结果的正确评估需要对文化及其影响赋予价值与意义层面的衡量标准和程序(Gross and Rayner,1985)。

投资开发合适的研究方法,能够促进对社会系统运行特性的描绘和编码,从而界定哪些是阻碍行政管理现代化的因素,而哪些是加快现代化步伐的因素。在此过程中,研究人员必须警惕不必要地破坏社会传统价值观的倾向,比如预判社会传统观念内在地与变革相抵触,或较其他价值观逊色。西方文化本身,常常被形容为现代文化,实际上是传统和现代价值观与信仰的整合。传统社会中的社会经济转型不能通过摧毁由其所确定的文化和传统来实现。相反地,转型本身必须是一个合成的过程,这颇类似于阿尔蒙德(Almond)和韦尔巴(Verba,1965)所指的一种自然发生的"第三种文化,既不传统,也不现代,但兼有这两者的性质"。由于这一合成的过程根据许多社会和特定条件的变化而相应地变化,因此并不简单。

政治背景:政府类型

比较行政管理研究要应对行政和政治秩序(政府类型)之间关系的问题。政治秩序对公共行政发展的影响已得到了公认,但还没有得到充分的明确,所以还不具备显著的操作价值。政治文化对行政行为的影响也许是文献著作中获得最广泛认可的一点(Almond and Verba,1989 and 1965; Fitzpatrick and Hero,1988; Kincaid,1980; Johnson,1976)。在他们开创性的"公民文化"研究中,阿尔蒙德和韦尔巴(1965)以政治取向的形式来对政治文化进行定义,政治取向即对政治制度及其组成部分(包括官僚主义)的态度,以及对这一体系中自身角色的态度。从这个角度来看,政治文化指的是可以解释环境以及内部结构和行为的一组变量。

然而,治理的类型比政治文化的影响力更为广泛。前者所包含的变量有:集权与分权、公民对公共政策制定的参与,以及领导权的合法性与继任方式的整体概念。乔治·索伦森(George Sorensen,1990)指出,一些美国现代化的理论家(W. W. Rostow; Karl Deutch; Daniel Lerner 等人)深信经济发展将与民主发展齐头并进(此处的民主指的是竞争性政治、任命领导过程中公众参与和公民自由的程度)。在对第三世界国家的6个案例进行审视后,索伦森得出结论:相较于仅对经济发展产生的影响,民主对社会福利和经济发展平等性产生的正面影响更大,比如在哥斯达黎加与印度。然而,独裁统治对经济增长的积极影响比对民主的影响更大,比如军政府管制下的巴西。独裁统治也可能涉及沉重的人力和社会成本。蒙博托·塞塞·塞科(Mobutu Sese Seko)统治下的扎伊尔是一个与索伦森的假设相悖的例子,那里的独裁统治导致了经济的负增长、福利水平的下降,以及人力成本和社会成本的增加。随着政治形式的常量与变量的引入,如民主与半民主、独裁与半独裁,分析会变得更为复杂(Sorensen,1990)。

因此,由于政治影响的重要性,比较公共管理无法逃避对政体与行政程序之间关系假设进行系统阐述的责任。许多关键问题仍没有令人满意的答案:参与性民主政府是否是行政改革的先决条件?是否可以在独裁统治之下进行包括参与管理流程在内的实质性行政改革?这些问题的核心是确定行政和政治之间的联系。在整体影响方面,其中某些联系更加重要。

"政治环境决定自由民主制中公共服务的范围与目标"(Chapman,2000)。公共管理与政治环境的关系在公共预算的制定、批准和执行中得到了最恰当的体现。在内奥米·凯顿(Naomi Caiden)为威尔德韦斯(Wildavsky)的著作《预算过程的政治学》(The Politics of the Budgetary Process)所作的序言中对这一关系进行了如下阐述:"预算不仅对于专家而言是一个技术范畴,同时也是政治学的一种重要表现形式。对亚伦(Aaron)威尔德韦斯而言,预算就是政治"(Caiden,2001)。政治与行政的关系会推进或阻碍行政管理的发展。必须通过从案例研究与中层(middle-range)研究所获得的经验证据来定义条件和变量,以确定关系的内容。

许多发展中国家的经验资料表明,政治权威和政治价值观不仅确定了一般行政裁定和行为的界限,同时也形成了官僚主义对公民的态度。"在现代民主国家,对公共问责制的强调不仅是公共服务部门工作的一种基本特征,而且是政治环境的要素之一"(Chapman,2000)。这也是公共行政和企业管理之间的差异;公共服务的责任包括有效、负责地满足政治环境所规定的价值观的要求(Chapman,2000)。如果政府的三个分支之间缺乏有效制衡,则很难实现治理的问责制。

对发展中国家的研究绘制了变革/改革的建议/计划的高品质蓝图。问题是,即使这些建议被正式确定并批准实施,也极少可以真正贯彻实施。许多国家的改革力度评估结果一般,而且其执行过程受到"方法与改革目标不协调"的影响(Jreisat,1988)。这些不协调源于官僚主义的传统局限,这种局限包括在形式上而非实质上复制西方行政体系的合理性,以及低估了传统价值观对公共管理的影响。总之,政治背景与其一系列的障碍一直是改革成功实施的"真正凶手",这包括过度控制、道德标准的不稳定,以及对统治者与其政权如何延续的过度关注甚至痴迷。

内部运营系统

内部运营系统是管理的核心。即使与外部环境相区别,内部运营系统也受到外部环境的深远影响。积累经营管理系统领域足够多的比较信息是提高分析概念性与实证相关性所必不可少的。对与基本功能(如公务员录用、预算编制、培训、监督和公共项目评价)性能相关的结构和行为进行评价是比较分析的一项基本任务。对权力分散、公务员问责制、改革与腐败的看法也是描述系统、定义其机构能力的决定因素。运营系统确实十分重要。内部运营系统应对财政、发展和公共服务问责的能力是研究人员寻找现实与相关比较信息的重要手段。

例如,组织的内部政治很少体现在组织管理方面的著作文献中。这种政治是对权力的非正式行使,超出了实施权威的界线,往往被那些企图在组织中为所欲为的人所热衷。组织政治可以使用合法或非法的方法，以实现积极或消极的目的。消极的政治体现为弗伦奇(French)和贝尔(Bell,1995)所描述的极度追求自身利益和控制他人的欲望，以及从输赢的角度看待大多数情况的倾向。消极政治经常使用的主要战术涉及秘密、惊喜、隐蔽性的议程和欺骗。另一方面，旨在实现积极目的的均衡政治是对自我利益和他人福祉的追求。那些践行积极政治的人，试图开放性地解决问题，并采取重要且有影响力的措施(French and Bell,1995)。消极的内部政治虽然微妙、诡秘而且很少被公开谈及，但却具有普遍的影响。倾向理性主义的管理观点往往忽略组织内所发生的重要却微妙的事件。事实上，我们对所有国家管理系统(从大学到警察局)的实践研究表明，与最流行理论的预期相比，正在发生的现实更加个性化、主观化。

这个问题并不局限于正式权威所附带的合法权力，如经理或主管对下属的权力。这种权力(权威)允许经理和主管根据既定程序来奖励或惩罚员工。领导者或管理者可以凭借个人专业知识方面的能力与人际关系技巧的运用来支持其个人的合法权力。个人力量在组织中的阴暗面指的是当其成为一种牟取私利、不诚实、权力自肥和背叛组织目标与宗旨的手段时。这类权力通常秘密地、非正式地、通过联盟和拉帮结派来发展，往往借助于有相似倾向的组织成员的关系。因此，与组织中的高层领导或政治领袖有直接私人情谊的个人往往可以巩固其非正式权力。任人唯亲和个人显达使个人和群体具有相似的动机，从而拉帮结派，以及将决策结果调整至对其有利的方面。无论是私人组织还是公共组织，在发达国家还是发展中国家，这都是组织管理腐败的根源之一。比较研究必须应对这一问题。虽然这些权力不容易被探究或观察，但是它们对改革结果具有至关重要的影响。

对内部政治的恐惧是大多数员工抗拒改变的最主要原因。例如，人们普遍认为，只有缺乏政治权力的个人才会被财政削减措施所波及，或者被裁员。管理者可能会通过强调专业管理和道德标准以及有意识地增强员工之间的信任而降低这种观点的影响。使员工确信管理层致力于公平、公正和集体利益，可能会缓解员工对不公平实践和隐蔽性政治目的的焦虑。

当前，几乎在所有国家，公共管理必须应对预算削减、税收不足、预算赤字与公众对较高税收的抵制。因此，在这一新形势下，对公共组织的管理有望用较少的资源实现较大的目标。通常情况下，公共组织管理必须说明其对明确的、可衡量的结果的贡献。公共部门衰退和紧缩的新风气是对正常增长模式的彻底改变。虽然正处于应用新技术和裁员的过程中，但是公共组织还肩负着测评组织效能和解释成本合理性的责任。所有这些变化都强调了完成振兴机构这一任务需要高效的领导者。这一任务包括明确变革的需求、开拓新视野、动员成员参与改造组织的目标设定与实践。

要想使比较行政管理发挥重大的作用，必须强调塑造公共组织的内在动力以及将其管理专业化的要素。提高性能是基本的目标，同时也是最难以完成的任务。这个过程不可避免地需要制定指标和测评方法、收集数据，并在恒定的条件下分析和解释数据，以便确定目标的可实现程度。

不过，如下基本原理必须定期地提请公共管理的学习者注意：

- 公共管理是相互强化和充实的理论与实践。
- 核心管理力图符合社会价值观，而后者由其历史、文化、经济和政治所形成。
- 了解运营系统及其实际产生的管理绩效，了解绩效是什么以及如何产生的，这一点对于丰富应用管理学知识和描述改革的适当先决条件而言是必不可少的。

总之，文化的外部环境、治理的类型以及内部操作流程的属性对任何比较管理体系的尝试都是至关重要的。这三个维度的任一方面都是相关的,甚至在理解和实施行政体制改革方面具有决定性作用。考察政治和文化元素很重要,可以辨识对行政结构和功能的基本影响。内部运营的形式和方法对改革及改革起作用的方式具有决定性的影响。最终,比较分析可以通过反映行政变化战略、定义政治和文化的前提条件以及确定与成功或失败的行政改革相关的内部功能来提供有价值的服务。

研究方法

正确的比较方法提供可处理多样、广泛的信息以及辨识重要性的工具。为某些具体的原因指定恰当的比较方法,但它仍然只是服务于总体研究目标的一种手段。一种研究策略可能依靠多种途径或方法来实现研究的目的。凡是全面的研究战略都无一例外地发起了以下倡议:

- 反映并建立社会背景和管理之间的联系。
- 反映并定义与政治背景的联系。
- 了解系统的内部运作程序。
- 比较跨文化的异同。

政治和文化对行政行为有何影响以及怎样影响是个重要的研究课题。在确定影响行政效能的备选的政治联系之前,必须对这些备选项进行评估。虽然各种概念性构想曾试图界定对行政行为的政治和文化影响,但是一般而言比较公共行政一直不能非常成功地阐明这些问题。类似地,比较运动也没有产生获得普遍认同的变量定义,没有在不同的社会和政治背景下展开真正的、实质性的研究工作。这点几乎没有例外。①正是在行政系统与其背景的联系和关系中,我们才能够确定造成许多发

---

① 一个值得注意的特例是体制建设中大学间的联盟设计出框架并出资进行一些测试框架的研究,而这大多是对一些发展中国家进行研究的博士论文。匹兹堡大学、密歇根大学、雪城大学和印第安纳大学参加了这一联盟。但是这一联盟最终因缺乏领导与后续活动而逐渐消散。

展中国家尽管进行了反复的尝试但仍未取得重大行政改革成果的关键因素。

除可行性、实用性和关注实质的问题以外,一种相对可行的方法提供了将分散的知识汇聚、整合成为一个连贯、统一整体的机会。此外,所选择的方法必须能正确认识操作层面与系统性特征的相关性。只有认真反映这些不同的关系和影响力才能归纳出真实、可靠的结论。正如C. E·布莱克(C. E. Black,1966)所指出的,恰当的比较方法的另外两个目标是,(a)复杂素材的组织和分类,及(b)解释。第一个目标着重机构、环境和政治形式,而第二个目标则着重原因、职能和关系。而且,社会科学的理论和研究通过两种常用的理论构建方式:归纳法和演绎法而在本质上实现相互联系。

归纳法凭借实践经验和知识推导性地创造出概念构想。它利用广泛的数据和信息,构建出一种概括或一个规则。这种方法依据对实际情况和行为的描述性数据来完成理论概括。这一过程自具体意见发展至共同特征,然后,说明并解释这些特征。当然,这个过程为解释所观测单位之间的关系的普遍性发展作了准备。正如厄尔·芭比(Earl Babbie)所指出的,"归纳推理从特定发展到一般,从一组特定的观察发展为对在某种程度上代表所有给定事件秩序的模式的探索"(1998)。

演绎法同样凭借现有资料与细节、利用所给定的一般假设的逻辑必然结果而得出结论。无论是假设还是结论都不需要符合现实世界的情况,但它们有助于澄清逻辑关系,从而不但帮助研究者了解变量的实证巧合,而且也从关系中得出逻辑相关的推论(Riggs and Weidner,1963)。在演绎模式中,一项特定的事实由对一种概括的解释而得出;也就是说,其过程是从一般到特殊。通过以归纳模型与证据为基础的命题建立演绎推论是可行的。虽然演绎模型更多地被应用于自然科学之中,但是归纳法是公共组织理论的支柱。

演绎推理由一种模式发展而来,这种模式可能会在逻辑上或理论上对预期模式是否真正发生进行测定(Babbie,1998)。尽管推论的发展方向常与归纳的方向相反,但这两种不同的方法对可靠理论的发展都是有效的。这一关系可以进一步解释为:对治理的研究表明,游说者的活动往往集中于决策力量所在之处(通过归纳得出概括)。因此,通过推导,我们期待游说者聚集在一起,并试图影响美国国会(一个演绎的结论可能被演绎地或归纳地验证或检测)。

在说明比较行政的研究战略时,我们必须确定研究对象是否是一般程序或影响,亦或是某些国家的特殊经历。通过大幅限制变量的数量、对变量进行严格定义并且制定它们之间的明确关系可以对一般程序进行检查。然而,特殊经历则更适用于通过统计调查不能获得详细信息的案例研究。当然,我们需要各种方法和研究技术来增加结果的可信度。目前,我们更加强调相关性和更有说服力的概念性融合,在此背景下认真考虑以下的重要研究工具将对比较行政研究大有裨益:

1. 中等模型与大型模型
2. 案例分析
3. 采用"结构—功能"模型
4. 具备行为重点的模型

中等模型 Vs. 大型模型

相对于构建传统大模型的努力而言,跨系统的中层概念(middle-range concept)研究可以产生更加具体、更加可靠的调查结果。大型理论的效用似乎已经被用尽。中层理论(middle-range theory)不同于大型理论以及从经验上观察到的关系统计报表汇总。中层模型(middle-range model)是同时在几个行政方面应用证据、相互关联概念以及在构想假设中提供抽象与具体之间平衡的有效工具(Pinder and Moore,1980)。相比之下,批评者指责称,比较公共行政与构建大模型成为早期自主选择用于自我定义的综合理论或模型的一种"思维定势"(Golembiewski in Henry,2001)。

因此,通过使用提供具体的实用信息的中层研究技术,大幅提高了研究的相关性。对所研究单位系统性和制度性特征的特殊了解往往会证实这一说法。如果已经具备了足够的对中层的研究结果,那么就对国家官僚系统进行更实用的调查。只要国家官僚制仍然是大多数比较研究的主要关注点,那么通过中层概念产生的信息可以作为构建更加全面、准确的模型的基础材料。

可以肯定的是,针对组织水平的案例研究是对中层概念最有效的利用。比较组织分析为调查行政事务提供了重要且定义明确的变量。事实上,自20世纪60年代开始对行政知识最有意义的补充便一直处于组织水平,并且通过中层理论与实践的进步而发展(Jreisat,1997)。如果持此观点的研究未被谨慎实施,那么,其潜力可能会被如特异性、分散性证据需求以及结果支离破碎的风险而大大降低。

案例研究

案例研究法是与背景和变量有关的系统研究工具。首先,案例研究的目的是发现(而不是确认或检验)假说。案例研究法的方法论特征是特殊性、描述性、启发式、说明性和归纳性(Merriam,1988)。此外,案例研究法的内容和方法各不相同。最中肯的案例研究由观察与经验发展而来,但并不是所有的案例都以这样的观察为基础。"案例中的事实可能会聚焦于特定的理论,但是看似无关的材料也同样会被包括在内"(Buller and Schuler,2000)。通常情况下,案例被改造为各种经历的综合体。其他的案例可能被引申为假设或抽象的结构,而且可能并不能代表具体的现实。

以参与观察为基础的案例研究通过提高其相关性而使比较行政受益。对少量真实案例中可控制范围内的观察结果进行周密分析,是提高结果的可靠性与实用性的较好途径。此外,案例研究的全面性(聚焦于案例构成部分的情况除外)是在不牺牲特殊性和针对性的情况下通过其他方式很难达到的。较好的案例研究可以充当组织总结规律及确定重复主题的数据与资料的工具。比如,正确执行且合理制定的行政改革案例研究是与一系列关联因素有关的信息的宝贵来源。它们告知我们进度、实践与行为,以及环境影响(文化、政治与历史)。比较案例材料中可能发现的模式和规律被转化为总结经验、整合数据且综合得出结论的描述性分类特征。案例研究人员所收集的数据往往不可避免地被抽象分析。然而,如果出现这样的情况,最有可能是因为研究者要使所收集的信息互相关联,产生意义。从实际工作者的角度来看,提供丰富的细节非常有助于拓展案例解决问题的能力,以及提高将行政实践与其概念基础相联系的能力。

20世纪70年代,在德怀特·沃尔多(Dwight Waldo)的领导下,公共管理院校联合会(NASPAA)收到了来自美国教育办公室的一笔拨款,用以丰富公共行政研究生课程中课堂上所使用的案例材料。该项目导致本书的参考文献中包含多达250本以上的《公共政策与管理案例》。这些案例按照设置公共政策与管理方面课程的学校和教学单位的主要学科领域所对应的类别予以归类。案例所包含的主题有政治和制度分析、经济和公共财政、定量方法、伦理和道德问题、预算和财务管理、组织行为和人际关系、人事和一般管理(Waldo,1978)。

沃尔多的项目主要包括不同用途的个案研究。虽然比较不是编纂这些案例的主要目的,但是这些案例仍可以作为比较实践的有用材料。然而,由于这些案例主要是在美国背景下的观察结果,因此它们在跨文化分析中实用性有限。

结构——功能模型

为了履行其职责,政府需要专门的体系——机构和部门来制定和实施政策。这些行政结构通常被称为官僚制。国家政府还拥有其他重要的组成部分,如立法机关、司法机关和政治党派。各个行政结构履行特定的职责。但是一个行政结构在一国政府中履行某些职责并不意味着这个行政结构在所有政府中所履行的职责都是相同的,而且各个结构在不同体制中的能力水平和道德标准也各不相同。

结构被定义为一种社会制度标准特性的模式化活动和模式化行为(Riggs,1964)。所以,规律性和标准化是结构的特征。在官僚制中,决策制定的程序以及决策机构制定规章制度的方式是其结构的重要内容——正如由议会或国会制定法律能反映立法机构的结构特性。显然,结构并不包括一个组织内的成员所进行的一切行动;而是只包括那些与结构目标和宗旨相关的行动。

正式组织的结构,正如塞尔兹尼克(Selznick)所指出的,"代表为实现既定目标而采取的理性且有序的方式"(1948)。我们知道结构在复杂性、形式化程度、所承担的服务等其他方面存在差异。但相对于企业公司,政府中的组织结构具有更持久的影响力,因此,也表现出不同的活力以及与绩效的独特关系。问题的关键是,在推行公共政策时很少有公共管理者会真正做到"乱中求胜(thriving on chaos)"或坚持管理相对主义,而愿意冒着可能违背这些政策的法律风险的公共管理者更是少之又少。虽然高科技、投机性行业可能会受益于革命性的管理技术(如果他们没有在此过程中逐渐衰落的话),但相比之下,社会团体更适用于不同的行为规则、恪守不同职业道德,并服务于不同的预期目标(Jreisat,1997)。

功能是一个机构、办事处、部门或任何其他组织内成员的行动或行为的后果。行政单位的职能范围宽泛,从教育到维护公路交通秩序。虽然结构比较容易界定并经常被研究,但是最终履行单位的职能才是最为重要的。与之前任何时候相比,当今的公共管理已经重新关注行政行动和行为的性能和后果。许多国家,包括发达国家和发展中国家,它们的政治和行政领导一直要求政府单位实行以可持续性为导向的管理。事实上,许多人认为,这种关注也成为在概念和应用程序上的全局性转变,从而开辟了一种"新型公共管理"。

为了避免产生误解,我在此强调一种用以研究比较公共行政且同时考虑结构和功能的平衡方法。研究人员需要将结构与任何深入的跨文化分析中的合法目标相联系,这是最低的要求。许多结构给人留下的印象非常深刻,但是实际上它所具有的能力非常低。应综合考虑发展中国家的教育或公众健康部门、甚至是立法院的行政单位,尤其是其宏伟的建筑和庞大的人员。如果没有对其教育、公共卫生与立法的功能以及其满足社会需求的程度与费用成本进行评估的话,那么这一画面便是不完整的。对结构和功能进行评价仍然是一个非常具有挑战性的任务,只有少数比较研究充分完成了这一任务(Almond and Coleman,1960)。

对"结构—功能"分析的主要批评针对的是其保守的方法论。因为它对一定时间的机构进行描述,因此更侧重于现状;它所提供的是对现有状态的一幅快照。但是,我赞同阿尔蒙德及其同事对这一批评的回应:"要准确、全面地描述某个特定时刻的政治制度并不是要对其进行赞美或保护,而是要尽量理解这些政治制度"(Almond 等人,2000)。在公共管理中,机构的研究大都针对于寻求对其进行改变的各种方式和手段,目的是提高其性能并且能够更加适应市民的需求。在很大的程度上都是根据目标的实现程度而对比较公共管理所应用的框架进行评判。

行为聚焦

行政管理中人的因素是最为关键的,并且,在研究中也是最难以捉摸的。这一因素看不见,并且不像结构那般具体。行为视角有助于探索行政行为模式以及对塑造这样行为的原因和影响进行解释。这是管理理论和程序的微观层面,在冒险进入更大范围之前,以优先选择小规模现象即人的个性作为假定条件。

"为什么人们有这样的举止?"这一问题对于理解行政的要素极为重要。"传统上,心理学领域一直研究的是个体的人,是揭示典型人类的基本属性与普遍特征的尝试"(Nord and Fox,1996)。心理学主要知识一直是性格、动机、态度和学习。这些元素也一直是人际关系管理学派的核心组成部分(正如在下列著名学者的相关著作中所发现的一样,如伦西斯·利克特(Rensis Likert)、克里斯·阿吉里斯(Chris Argyris)、道格拉斯·麦格雷戈(Douglas McGregor),等等)。

心理学研究对人力资源管理的影响很大,特别是在动机、知觉、学习、工作满意度、态度和个性化需求等方面。然而,在对组织研究中与心理因素和进程有关的重大发展进行回顾后,W. R. 诺德(W. R. Nord)与S. 福克斯(S. Fox)断定,"重点已经从独立于环境之外对个人进行观察转变为考虑个人及其环境之间的相互作用"。近期,对环境关注的增加以及"对以个人角色为中心关注度的明显下降"(1996)已经燃起了对环境关系重新认识的热情,也因此强调了组织聚焦的重要性。因此,比较行为信息对处理环境与组织课题而言必不可少,尤其是处理人员与其关注点的课题,比如公务员制度改革、员工积极性与精神状态、工作态度或贪污腐败。

以组织内地位较高的成员(如高级经理)为焦点的比较行为分析在重要方面提供了有用的信息。例如,在对63名阿拉伯世界的高级公共管理人员进行的一项研究中,该作者得出结论,这些经理并不是"冒险家",而且他们的行为受到了对失误的恐惧的制约。高管们恐惧失误的一个诱因是他们工作在一个以控制为导向的体系中。因此,当权力体系高度集中并且参与式管理或政治的文化薄弱的情况下,管理者的风险承担能力与创造性将受到影响。所以,决定绩效的行政行动和行为往往由外部影响而塑造:政治、经济与社会。正因为有这样的联系,比较管理研究会继续与人类行为、不精确的观察和测量技术,以及无法控制的环境力量所提出的挑战作斗争。

结　论

选择、使用适当的比较研究方法是开放性的,具有许多可能。在强调灵活性、针对性和可积累的同时,我想补充以下几点:

1. 选择最富有成效的方式进行比较公共管理研究是一种不可避免的折衷过程。这一领域的学生必须能够并且愿意从多个备选项中进行选择,但是他们也必须具备与目标相关的全部知识以及熟知各个选择的潜能与限制。适用于所有场合的通用方式是不存在的。案例研究、中层模型、注重结构和功能或者一种行为取向……各种方式都提供了特定的方法和视角。应该根据问题的类型和该研究目标的性质来选择最适合的方法。但是,研究人员与分析人员要能认识到功能关系以及政治与行政体系不断进行相互作用,这一点非常重要。

2. 如果一种社会理论失去了适应性,则往往会从动态分析和查询的工具转变为一组静态的思想理念。但行政理论的内容不断根据新的数据或证据而被修改、调整以及重新整合。变化是公共组织理论和实践的一个突出特点,即便在理论未获得一致同意时也是如此。理论与概念有关,并且在这些概念获得可接受的证据和支持后会将后者与特定模式相联系。与所有的理论相似,公共管理理论不断被推翻、修改或改写。然而,尽管存在可变性,健全的理论作为组织数据、解释行为、预测事件或推测关系的工具仍然保持一定程度的有效性(Jreisat,1997)。

3. 社会理论受到科学规则、专业人士和专家的共识的约束。广义上讲,存在几种用于开发和接受显著概念性结构的方法。与另一种理论模型相比较,对一种理论模型的整体偏好是专家、逻辑力量以及实验性证据能否达成共识的问题。这种观点中所暗含的是对在社会科学中很难达到的科学的精确性和精密度观点的否定。如果理论公式是精确的,那么他们将永远可以被公开验证。因此,预测应没有问题(如在自然科学中,对环境的控制是可能的,而且材料的属性可以被精确地确定)。但是在社会科学的模型中不存在这种精确度要求,而且这也是不可实现的。因此,迈克尔·里德(Michael Reed,1996)将这一情况描述为"范式扩散"。

4. 管理理论和工艺不断地演变和发展,但是很少通过激进或革命性变化的方式。尽管存在传统意见、重塑管理的新理论和改革运动,对帮助公共管理者的更适当方法的不断探索很少能够挖掘出任何与激进思想相关的概念。重申灵活管理、劝诫"主动管理",或者"追求卓越"管理,不能继续被视为应对公共组织管理挑战的解决方案了。公共管理者也不能继续在倾向于抽象思维的知识分子所定义和讨论的后现代概念中找到太大的帮助。到目前为止,后现代主义的产物已包括话语结构主义、后结构主义、解构主义、后资本主义、批判理论等等。但是在组织管理方面,并没有出现显著的新观点。"如果后现代主义将为有用的社会分析提供一个坚实的基础,如果它有助于一种新组织理论的制定,"伯奎斯特(Bergquist)总结道,"那么它必须超越流行一时的状态并且在历史与先例的土壤中找到根基"(1996)。

5. 在传统方式的僵化与投机相对主义的不确定性之间,我们需要的是可以综合这些趋势的合法方式。这些方式,正如里德所指出的,"对基本原理的回归以及对间断性和多样性的过度颂扬都进行了质疑:无论是在相对主义浪潮中进行智力冲浪还是作壁上观,亦或是后退至正统理论的洞穴,这些都不是组织研究具有吸引力的未来"(Reed,1996)。不论未来管理视角的最终功能会是怎样,它们都需要解决现实和理论问题、在多样性中保持连续性,并且尽量减少公共管理学生在面临混乱和困惑被不必要地美化了的情况下所产生的挫败感。

打破文化约束的观点并以更广泛的应用为目标,比较公共行政研究人员能够更好地以与政策结果有效联系的数据和研究成果为基础来进行概括(Klingner,2009)。这一点可以在不牺牲检测环境的特异性和独特性的情况下实现。概括法以所汇集的、已确信的事实为基础。在这方面，人们必须小心处理转移到"现实世界"的问题并且避免数据的过度选择以及将复杂的行政关系过于简单化。方法论的工具（以及操纵大型数据的能力）在统计分析和电子数据处理中其技能水平得到了提高，但是这并非总会改进分析、提升结论。

在位于丹佛的科罗拉多大学公共事务学院，一组研究人员对2000年至2009年这10年间发表在权威杂志中的以国际比较公共行政（ICPA）为主题的研究文章进行了调查。他们关注到151篇以ICPA为中心的相关文章。他们发现：(1)文章最经常关注的主题是问责制、绩效评估、权力下放和预算；(2)绝大多数文章使用现有材料或二级资料；(2)所调查的151篇文章中所使用的方法和资料明显不同；(3)比较公共行政的文章以对欧洲、亚洲和北美的研究为主。毫无疑问，比较管理实地研究的要求很高、价格昂贵而且费时。这种研究需要具备多元化社会、文化和行政系统方面的知识。因此，大规模的比较研究的进行依赖于利用框架的能力。这里的框架并不是约束，而是能够归纳出成功或失败的经验或教训，并包含代表所研究单位内、外部特征变量的实验性证据。此外，持续进行的实质性比较实地研究要依靠一个团队的努力，在此引用巴兹雷（Barzelay）的比喻（1997）："知识构建更多地是一项团队运动而不是一群看似欣赏当代思想的贡献者"。在理想化世界，持久的比较研究需要具有长远的眼光，并且一定要对数据进行独立或单独的核实及确认。

第五章 比较公共政策

> 检验我们进步的标准,不在于我们为那些已然富裕的人增添了多少财富,而在于我们是否为那些穷困贫寒的人提供了充足的生活保障。
>
> ——F.D·罗斯福总统(F. D. Roosevelt)纪念馆铭文

公共政策与程序

根据环境和既定目标不同,政策具有很多含义。通常情况下,公共政策"包括政府制定的所有权威的公共决策",这也被称为政治制度的产物(Almond 等人,2000)。政策分析是对替代行动进行系统的检查,这些替代行动的目的是从备选方案中选择出一种来权衡需求。为了便于在几个备选政策中作出选择,可能使用复杂的定量、定性研究和评估方法来进行分析。从广义上讲,公共政策反映了政权的价值标准、相关机构的承诺,以及整个社会的视角。但更为直接的是,一项公开的政策是特定政治体系的产物,而这一政治体系可能会产生不同结果或影响。"各国政府为了制定政策而存在,但这一事实并不一定意味着一个特定社会的政策就是公民所要求或一直需要的"(Almond 等人,2000)。

虽然政策通常是分析和选择的最终结果,但是它也是导致最终结果的过程。政策的投入、过程和产出在整个概念化、授权、实施和评估的认可阶段都在不断发展、变化。无论是在医疗、教育、环保、交通运输或外交事务方面,政策都很少是一种停滞或不变的概念。由于相关需求和条件的变化或者政府官员的更替就职,政策也会相应地被确认、修订或修正。

针对探讨政策程序主要阶段的文献,人们存在相当一致的意见;尽管如此,人们发现政策这一术语的使用和含义仍然众说纷纭。马克·特纳(Mark Turner)和大卫·休姆(David Hulme,1997)确定了几个术语的应用,如一个研究领域、一个通用的表达式、一项具体的建议、一个政府的决定、一项正式授权、一种产物或结果、一种理论或模型以及一个过程。

将政策理解为"权威的公共决策"有所助益,但还不够充分。进一步的规范是必不可少的。在当代治理中,政策和管理处于一种最复杂的关系之中。从概念上讲,相对于政策制定,公共管理与政策执行的关系更为紧密。然而在现实中,这样的区分越来越模糊。正如莱恩(Lane,2000)所指出的:对公共部门的政策和管理之间进行明确的区分是不可能的。公共行政充分参与了公共政策过程的各个阶段。公共行政支持政策目标、参与其制定并且运用其资源以实现这些政策目标。理论与实践所面临的挑战是,如何把制定政策目标的各种功能因素、执行的决策手段以及用于监控和调节这些功能的指定规则整合在一起。

比较政策分析提高了对政策和管理之间重要关系的认识和了解。比较是识别模式、识别关键变量、描绘这些变量在不同系统中的变化程度以及确定相关应用程序所不可缺少的。政策比较所提供的洞察力是通过其他方式所不能实现的。人们常常指出比较政策与比较公共管理明显重合,这更好地整合与澄清了它们之间的关系。政策与管理之间的联系对有效的比较政策分析而言至关重要;未对行政因素进行考虑或说明的决策往往注定是徒劳无功的。尽管由于公共管理存在民族主义和狭隘的倾向,一些比较政策的研究人员声称,"比较法并不是公共行政研究传统的中心"(Antal,Dierkes,and Weiler,1987),但是组织和管理在政策进程中的中心地位是不可否认的。不过,公共管理是公共政策的应用方面,切断或忽略政策制定和政策管理功能之间的概念性和应用性联系是不现实的。

在对政策问题进行定义、将其纳入公共议程、对其进行分析、制定应对替代策略、执行以及结果评估的时候,行政问题与政策因素是分不开的(Reynolds,2001)。尽管在制定政策过程中的各个阶段都可能遇到各种问题和困难,但是真正的挑战往往来自实施阶段。由于缺乏实施的能力和资源,很多政策仍然仅仅是愿望和需求,而并没有转化为成就。在政策实施阶段有很多政策失误,特别是在一般情况下国家的行动能力有限的发展中国家。无论是在政策的制定、实施还是其影响评估阶段,各种类型的政治考虑都在起作用,增强或阻碍着过程中任一阶段的进展。

跨国比较政策分析拓宽了与世界有关的知识基础并且为制定更好的政策提供了指导。"不同国家往往采取不同的策略来处理类似的问题,这一事实代表了某种程度上的自然实验(natural experiment)"(Heidenheimer,Heclo,and Adams,1990)。因此,审慎的比较研究可以对这些或是生发于独特的环境、或是更适用于其他国家的结果进行检查和评估。最后,通过比较,我们可以学习正面的成果,避免重蹈覆辙。全球化的日益发展和各国联系的日益紧密是进行跨国政策比较的另一个理由。一个国家的问题、政策和事件会不断地影响到其他国家。因此,"我们需要知道其他国家如何处理问题,这不仅是为了学习应对这些问题的方式,也是为了对其他国家解决问题的策略可能会对我们自己的国情所造成的影响进行评估(Antal,Dierkes,and Weiler,1987)。"如果国家间相互学习借鉴以确定何种政策最能实现特定的目标,他们所进行的便是政策分析"(Adolino and Blake,2001)。

对比各国政府和公共机构的工作方式可以提高对一系列的政治背景以及不同政治环境对政府职责影响的认识。通过关注治理的常规职责和功能，比较分析提供了事业单位绩效有效性的表现，以及治理自身的整体竞争力。此外，实施阶段在很大程度上依赖于管理能力和充足的资金，而后者通常由确定行政结构与功能的政治决策所提供。因此，在概念上以及在分析中，政策研究仍然与政治和公共管理紧密相连。虽然比较公共政策分析有望提高对决策内容和过程的理解，但是它也为各政党（特别是那些反对党派）所提出的备用政策的选择提供了有价值的信息。比较，有助于一个或多个国家的决策制定者确定选择、成就、问题、限制以及解决方案的范围。

与预算周期相似，政策过程可以是分析政策以及对在各个阶段起作用的参与者和因素进行认定的一种有益方式。实际上，人们在验证政策的过程中发现了相当大的兼容性。

典型的政策过程可能会通过文献著作中所广泛引用的五个阶段的模型来进行描述（Adolino and Blake，2001）。政策过程的主要阶段是议程设置、衔接和制定、决策、执行和评估。

议程设置

议程设置可能比表面上看起来更加复杂。公民的需要和要求是无止境的。但政府既没有充分地回应所有公民，又没有足够的资源来满足所有公民的需求。那么，问题便是需求和要求清单中的哪一项应当被决策制定者予以关注并被纳入考虑的议程？同样，权威机构在将具体政策问题列入议程时通常所使用的工具和方法是什么？因此，议程的设置确定了决策者所处理的事项与问题，并且决定了制定决策时需要考虑的备选方案的选择规范。

对政策的议程设置产生影响的压力，来源不同，动机各异：来自组织内部，特殊利益集团的代表、共同利益的倡导者、试图连任的政治家或者捍卫某些价值标准且热心公益的活动家……所有这些人都试图根据自己的喜好和动机来影响政策的制定。这些人对政策产生影响的原因和方法也各不相同。当然,了解议程设置过程是了解影响公共政策方式的关键。"在政府做出政策选择之前,某种特定社会问题必须被视为已经引起了公众的关注,并且值得引起政策制定者的关注"(Peters,2007)。获得这种关注的方式包括对话、谈判和组织示威活动甚至是暴力抗议。这种事项必须具备一定的紧迫感才能被列入政府的政策议程。这种紧迫感也可能由自然灾害、暴乱、传染病或类似的大型活动而产生(Barzelay,2001)。

政策制定

政策制定是为"解决、减少或忽视问题"而采取的行动方案(Adolino and Blake,2001),并且需要对所提出的解决方案进行推动并评价。制定政治决策时,技术上的可行性并不代表政治上的可行性。通常情况下,轰轰烈烈的争论和竞争便发生在这个阶段,这不仅与要提出的备选方案有关,而且与问题的性质以及对问题的描述方式相关。典型地,参与这一过程并且试图影响结果的人员都是官僚阶级、立法者与立法委员会以及高级主管领导。但是,特殊利益集团、有组织的团体、游说者和大众媒体等隐蔽或公开力量也十分强大,均可能在做出实际决定之前扭转局势。

决策制定

决策是当"政府内部和外部的政治进程已经对很多潜在的政策选项进行了剔除,到了为制定新政策、修改现有政策,或者不采取任何新行动而作出决定的时刻"(Adolino and Blake,2001)。尽管存在一些区别,政策制定本质上也是一种决策制定。某些偶发性政治决策不拘泥于固定的结构并且具有深远的影响。在这种情况下,"并不存在处理问题的固定方法,这是因为之前没有出现过这一问题,或者是因为其复杂的性质和结构难以捉摸,或者是因为这一问题足够重要需要专门制定解决方案"(Simon,1960)。因此,在缺乏处理非结构化决策具体程序的情况下,需要大量的判断、直觉和创造力来应对新计划或新政策的要求。进行权威政策选择很少是例行公事。即使是试图使用一种合理的程序进行政策选择,决策者也常常会发现受到了各种限制:不完整的信息、时间的压力、有限的资源、工作人员不称职,还需要克服来自组织内部和外部对任何改变的抵触。

对政策备选方案的选择仅仅是政策制定过程中需要进行的几个选择之一。选出备选方案的决定可能并不能解释某个特定的策略如何被列入议程首位、曾考虑过哪些选择方案,或者某种方案如何被列于这些备选方案之中。此外,对备选政策的选择并不一定是对政策影响的解释。一般来说,制度分析有助于说明如何作出决定以及在这个过程中遇到了什么问题。预先设计的模型强调了最优选择,以及"应该"如何进行决策,这也可以通过数学公式来体现(Bazerman,1986)。

政策实施

政策执行是把政策付诸实施。它是对政策目的和目标的实现。政策实施的方式各不相同:从依赖公共机构到全部或部分依赖于商业市场与分包。无论如何,不管公共官僚制是否完全承担执行的责任还是通过市场私有化而将活动私有化,公共管理的行为能力是必需的。即使这一职责已被批准被外包或私有化,行政事业单位也应该具有执行政策或监管实施者(在这一职责被移交至私营部门时)的权力或能力,这是至关重要的。管理是一个复杂的范畴,包含涉及大量教育、培训与技能的复杂概念和方法。因此,政策执行的过程可能需要某种特定的管理知识和能力以及创造性的管理方法,以使实现政策目标。

行政事业单位及其工作人员都是提高政策效果质与量的关键因素。

公共管理中越来越多地运用绩效审计、提升报告技能，以及强制实施公共管理的更高道德、专业标准。团队建设、质量小组、全面质量管理及类似工具的应用提高了公共政策执行的有效性。虽然为了提高资源利用和公共服务交付成果之间的责任和联系，许多相关的管理职能都已经取得了显著的进步，但是很少有证据表明这种广泛的改革正在一些国家扎根或兴起。许多发展中国家仍然缺乏对公共政策过程进行有效管理所必需的体制框架：司法独立、新闻自由、可行的政治结构和民间团体。

政策评估

政策评估是对政策的结果和效果进行评价以确定这项政策是否符合现行法律，是否服务于特定目标。通常情况下，根据公平性与法律和宪法的规定依法对政策结果进行评判。此外，如果没有考虑政策所影响到的人员或者所针对人员的满意程度，那么对政策产出或结果的任何评估都会是不完整的。因此，对公共政策的评估可能涉及复杂的测量技能以确定政策实施的产出和结果的数量与质量。常用的政策评估方法是专业且独立的审计师所使用的财务和绩效审计，以及充当评审委员会性质的公正专家委员会所进行的检查。

20世纪90年代以来，公共管理理论和实践更加侧重于行政行为和服务的结果。公共组织花费了大量的精力和资源来努力改进设定目标、制定指标、收集和评估数据，以及推动变革的程序。1993年，美国通过了《政府绩效与成果法》，呼吁"至1999年以前，改善对跨联邦机构的绩效评估"（Kravchuk and Schack,1996）。许多州和地方政府也开始了类似的程序，包括将制定战略计划和绩效评估的详细的体系作为绩效预算的组成部分。衡量方法已经得到改进并且被应用于许多国家的各级政府。对组织机构以及国家之间的绩效和标准进行对比已经被广为应用。在管理绩效中对国家模式与实践进行对比时，包柯尔特（Bouckaert）和哈利根（Halligan）认为，"绩效不仅对主要的公共管理职能和成分造成影响……同时也改变了政策和管理在公共部门本身的性质"(2008)。

正式程序之外

比较政策研究的一种有效策略明确了相关的核心问题,并对其目的进行了预先说明。准确界定政策目标及将这些目标合理化需要可靠的信息和公正的分析。比较政策分析通常能寻求解释并发现体制上的优势和劣势,提出切实可行的建议以改进决策程序。对决策制定的深入研究往往揭示出决策制定与那些认为政策制定应遵循明确的规则和法律规定程序的一般看法存在显著的差异,这并不奇怪。出于利己的目的,许多影响力试图影响话语权、操控证据。政党、大众媒体以及特殊利益群体的成员不断制造信息并施加各种压力,目的是按照他们的特定想法来塑造政策,而不是对政策顺理成章地接纳下来。

2003年侵略伊拉克这项重大决策便是错误推理和误导性判断的一个例证。下面的章节将对决定过程的主要影响因素进行说明。

大众媒体

大众媒体在民主治理方面发挥着关键作用。大众媒体描述、分析、解释、验证并揭示与重大政策问题有关的信息,从而使公众可以更好地理解对其生活产生影响的政策。但是,如果大众媒体的报道成为宣传的一种形式,用以推动某种意识形态,或者代表某些政治利益,那么大众媒体所失去的就不仅仅是职业操守了。在侵略伊拉克之前,数以百万计的美国人民在电视上看到很多专家组在对侵略问题进行讨论。许多讨论组的成员包括所谓的恐怖主义专家、美国国会成员、政府智囊团的代表以及特殊利益群体的拥护者——所有这些人员似乎都是经过刻意挑选的。这些讨论经常被吹嘘为"专家"或决策者所进行的公开讨论。而讨论的参与者通常受到电视台记者的引导,对事件的某些解释和概念进行反复强调,并且以特定的方式组织信息、设计问题(Jasperson and El-Kikhia,2003)。这样的讨论很难使反对意见畅所欲言表达相反的立场。许多与会者对马上将要被侵略的国家没有任何具体的了解,却随意提供意见。自入侵之后,许多新闻从业人员坦言,他们的战前报道是"过于恭顺且不加批判的",并未能就与伊拉克有关的虚假官方证明提供"独立"的验证。①

政治领袖的声明

2002年8月26日,在海外作战退伍军人协会大会的发言中,时任副总统的迪克·切尼(Dick Cheney)宣称:

> 简单地说,毫无疑问萨达姆·侯赛因(Saddam Hussein)现在拥有大规模杀伤性武器。并且毫无疑问他聚集这些武器用来对付我们的朋友、对付我们的盟友并且与我们作对。②

2002年10月7日,时任美国总统的乔治·沃克·布什(George W. Bush)在俄亥俄州辛辛那提市宣布:"我们不能等待最终的证据,确凿的证据可能以蘑菇云的形式出现。"③根据华盛顿公共廉正中心提供的附表,乔治·沃克·布什及其七位高层官员,包括副总统迪克·切尼"在2001年9月11日之后的两年内就萨达姆·侯赛因领导的伊拉克所带来的国家安全威胁至少做了935个虚假声明"(Lewis and Reading-Smith,2010)。这些声明一直强调以下几点:(1)伊拉克有核武器或者大规模杀伤性武器;(2)伊拉克在尼日尔寻求铀的氧化物;(3)伊拉克与那些进行"9·11"犯罪活动的人员相关;并且(4)伊拉克领导人与基地组织和恐怖组织相关(Pfiffner,2005;Lewis and Reading-Smith,2008)。

---

① 美国公共廉政中心,战争牌,2008年(http://projects.publicintegrity.org/WarCard/default.aspx?sec=project-home&context=methodology),访问于2011年10月11日。
② 如上。
③ 刊登于2002年10月8日《华盛顿邮报》上的乔治·W.布什(George W. Bush)的演讲稿。

当前众所周知的是,在伊拉克并没有发现大规模杀伤性武器,与铀有关的故事则是伪造的,并且中央情报局和联邦调查局没有找到伊拉克政权和恐怖组织之间或者与"9·11"肇事者之间的联系。美国侵略伊拉克近五年之后,在对记录进行详尽检查后,公共廉正中心的结论是:"一个精心策划的活动(曾)有效地刺激了公共舆论,并且在此过程中,在明显的虚假借口之下将国家引入战争……当前无可争议的事实是伊拉克并没有大规模杀伤性武器,而且与基地组织也不存在有意义的联系。这是两党政府的众多调查,包括参议院情报委员会、"9·11"委员会以及其他协会调查的结论"(Lewis and Reading-Smith,2008)。

从道德的角度来看,"治理问题与侵略伊拉克是否道德并无关系,反而是与对导致侵略伊拉克的决策过程的调查以及决策者与参与的公职人员是否廉正行事的判断有关"(Huberts,Maesschalch,and Jurkiewicz,2008)。从全球伦理的角度来看,彼得·辛格(Peter Singer)是这样解释侵略的:

> 最后,正是布什使联合国在伊拉克事件中缺位:表明联合国只能当旁观者,而其最强大的成员联合—两个盟友袭击了这个几乎没有防备的成员国。并且在那时,在其国家边界之外从事侵略活动。《联合国宪章》第2条第3节规定,"所有成员应以和平的方式解决国际争端。"同条第4节规定:"所有成员在其国际关系中不得威胁或使用武力损害另一国家的领土完整或政治独立。"布什政府的威胁以及对伊拉克随后的军事打击明显违反了联合国宪章,但是联合国却对此无能为力(Singer,2004)。

除了决策的伦理方面,无论对美国还是伊拉克而言,侵略的成本以及人类生命和物质的损失都是巨大的。伊拉克人民随之而来的痛苦和折磨跻身近代史的悲剧之首。2010年10月,一个功能失调且以配额为基础的治理体系在伊拉克出现,为这个弱势的政府带来了不可预知的未来。此外,在2010年历经九个月的激烈谈判后,经选举而产生的伊拉克议会就国家最高领导的选举只举行过一次投票。

特殊利益的影响

在战略位置上,政策制定者被官员所围绕,特别是在美国国防部和副总统办公室。这两个部门隶属于、或者被一个非常活跃的政治团体所支持,正是这个团体对侵略伊拉克进行了宣扬,有其自己的议程设置。这个被称为新保守主义(新保守派)的团体获得了政府的行政机构关键人员的注意。他们对侵略决定的论证受到了专业人士(高级军事人员、中情局工作人员以及美国国务院外交官)的质疑,而这些专业人士在侵略前及侵略期间都持保留意见(Pfiffner, 2005)。占据政府要职,利用与某些记者和新闻机构的影响力,新保守主义者在粉饰侵略伊拉克的决定方面取得了超乎想象的成功。

与从成功案例中所学到的经验相比,从制定政策和决策的失败之中所学到的教训更有价值。可疑的证据、错误的假设、隐秘的议程以及不完全的透明度都是一些严重的问题。这一侵略对美国政治决策的影响将波及世世代代;的确,有些人已经把这作为预示美国帝国覆灭的开端。当决策者从感知现实跨越到创造自己的"现实",那么他们所辜负的不只是其职业操守;他们辜负的甚至是自己的职责以及对国家的义务。休·赫克罗(Hugh Heclo, 2010)曾提出议题网络(issue networks)的概念,我认为这适合用来对政策进行解释,如对伊拉克的侵略。一个议题网络可以增强一个小圈子的参与者相互之间的情感承诺及其利益责任感,而不是一个中立和客观的分析结果(Heclo, 2010)。在某些更多由情感而不是理性所支配的政策问题上,如果大众媒体所持的观点被加入由特殊利益群体所支持的议题网络,宣传的力量往往会倾覆责任感。在网络中,特殊利益群体在幕后操纵并且逃避责任。决策者不会竭尽全力地消除矛盾、验证概念以及整合零散的证据来产生与政策目标相关的可靠知识。在拥护一项政策时,起支配作用的是激情和自我利益,而不是理性和证据,但是如果依然存在矛盾且不可靠的信息,政策决定将简化为毫无根据的猜想或者后果未知的危险旅程。

另一个矛盾观点的例证是,2010年对美国的医疗保健政策的辩论。一方面,在众多的批评中反对派指责道,社会主义者和共产党人是新政策方案的推动者。另一方面,有人因为该政策还不够有力——不能像大多数西方民主国家那样向全体公民提供一般的医疗保险——而感到不满。在整个辩论中,强大的特殊利益是引发这一辩论、传播错误信息以及散布对提案和倡议方的动机质疑的主要力量。大众媒体,尤其是数字媒体,在辩论中与一方或另一方结盟。医疗政策辩论的最终结果是一项打了折扣的法案:不仅不能代表需求或要求,而且任何类型的正面或负面猜测又是模糊的。在一个民主国家,在政策问题上的反对意见可能会产生一定的作用;但刻薄且针锋相对的交流却不会如此。他们往往对过程造成损害,但却不能阐明问题。

总之,决策是一个复杂的过程,所有已知和有关的事实和证据必须是充分透明的,并且需要对这些事实和证据进行公正的考量。理智的政策既不是意识形态战争的结果,也不是在自私自利的狭隘利益争斗之后的似是而非的期望。存在如此多的有形和无形的力量发挥作用,公共决策的实际情况往往与教科书中的理想描述不同。比较研究具有通过更好地利用资料和凭借经验构建组织框架以改进政策决定的实证分析结果的潜能。

海登海默(Heidenheimer)、赫克罗(Helco)和亚当斯(Adams)提出的研究框架据信可以系统地进行研究。他们的方法是有效的,这主要是因为这一方法依靠一个比较框架,并且其公共政策的概念为"一项对不同的政府追求特定行动或不行动方针的方式、原因以及预期效果的研究"(1990)。以下是对这一框架的基本要素的阐述与扩展:

■ 定义中的"方式"需要专注于政府内部结构发生了什么、这些结构如何运作,以及他们如何达成政策决定。这类议题十分深刻,超出了运营和工具的价值观。在很大程度上,这一范畴确定了治理的类型以及公民可以一定程度上实践其表达和参与的民主价值观。在一个开放的社会,透明沟通是定义政策目标"如何制定"这一过程的一个关键要素。决策者习惯了海量的信息汇集至办公室,然后对这些信息进行处理、存储、解读以及分析。"随着信息与数据从上司、下属、其他机构以及公民团体等来源不断汇集至办公室,行政人员通常感受到来自各方的压力"(Stillman,2005)。

■ 政府很难奉行某一行动方针的"原因"。此项调查可引导研究者涉猎可能会对所采取政策产生影响的历史、文化和激励因素等陌生领域。通常情况下,我们发现政治决策实际上涉及强大的特殊利益集团的幕后操纵或者强大的政治领导人的其他未说明的动机。如果当选官员所采取的政策常常被认为既不能服务于公共利益,而且无论如何解读也没有履行其选举时的承诺,公民的期望便会落空,这也没有什么不寻常。

■ "预期效果"的问题侧重于政策的影响、结果或者"回报"(Heidenheimer,Helco,and Adams,1990)。在这里使用测量和评价的工具用来确定所实施政策的实用性以及公平性。

虽然"方式"、"原因"和"预期效果"的问题可以为全面的政策分析提供有用的线索,但是我们仍然对在众多选项和备选方案中进行选择的过程不够了解。实际步骤,甚至是作出选择的机制,需要具备更大的特异性以便对实践者有所助益。为了满足这种需求,(以实际经验为基础的)主体信息是不可缺少的。图书馆中充斥着涉及产业政策、经济政策、城市政策、刑事司法政策、交通政策、教育政策、环境政策以及其他主题的书籍。但文献著作中所用来对比的国家往往仅局限于美国和欧洲。这些文献所披露的资料和研究结果不能被视为代表了所有的国家或反映了广泛的全球实践。

最后，以前的比较政策研究似乎通过旨在更深入了解公共管理政策的比较案例分析实现了全面性与综合性（Manning and Parison，2004；Pollitt and Bouckaert，2004）。正如巴兹雷所指出的："公共管理政策是指政府各部门在支出规划与财务管理、公务员制度与劳动关系、采购、组织和方法、审计和评估领域的制度规则"（2001）。比较案例研究法一直是归纳总结、识别模式，以及对许多国家在处理特定功能之间的相似和差异进行解释所使用的一种常见的研究策略。

决策制定框架

实际的决策活动是导致政策制定的行为链条的核心。政府和企业在决策方面的文献包括心理学家、政治学家、统计学家、经济学家、人类学家、社会学家、数学家以及公共和商业组织管理者的著作。这种研究兴趣的广泛性使我们有必要对调查边界进行设定。由于本次讨论主要关注的是实际的政策决策及这些决策的制定方式，所以可以对几个具有影响力的决策模型进行考察。这些模型所涵盖的范围从理性和有限理性的构造到增量和共识框架的变体。然而，所有这些决策模型，无论对政策进程的讨论多么有帮助，仍不足以被独立采用。决策模型往往倾向于机械或狭隘地关注局部，而不是整体。政策分析涉及理解和解释大局的因素，以及对其流程之外的决策造成影响的背景因素，它所关注的不单是整体而且还包括局部。

决策的一种功能模型或框架定义了随着时间的推移来确定最终的政策选择的因素。公共政策制定的前决策阶段决定了进行决策议程的方式、考虑了重要的影响、评估了现有的资料，并且对比了可能的政策选择。通常情况下，这些功能可以在同一个组织环境起到作用。因此，组织学习是至关重要的，因为"直接和替代性学习的过程为保证改进日常工作提供了一个思路"（Barzelay，2001）。

在许多政策变革的案例中,管理是核心问题。通过对比三个国家管理政策的变化——英国、澳大利亚和新西兰——巴兹雷建立了一个集群,这个集群被作为体现新公共管理的一个基准。在未对研究计划的很多细节以及所使用的案例进行赘述的情况下,他报告说,英国、澳大利亚和新西兰政府政策议程中所列的公共管理问题可归因于政治潮流的并行变化。这些变化是1979年英国保守党的大选、1982年澳大利亚工党的大选以及新西兰工党蝉联1983年和1987年的大选,这三个国家似乎通过不同的途径获得了对问题的相似定义。在英国,撒切尔夫人任首相之前,曾直言不讳地批评公职人员,经常指责其低下的效率。在澳大利亚,中左翼工党主要关注的是财政紧缩和缓解预算削减的影响。在新西兰,公共部门管理问题由于政府的变革而列入政策议程之中,这明确了需要对组织效率低下进行激进改革的问题。在这三个国家中,新的政治领导人试图通过对制度规则、财务管理、公务员制度和劳动关系以及组织机构的相关变革进行改革(Barzelay,2001)。

这些管理政策变革的情况,说明了政策与行政的相互影响、甚至融合,这构成了一个从理论层面上获知案例导向的比较分析。同样,正如彼得斯(Peters)和萨瓦(Savoie)所指出的,三个保守派民主国家的政治领导人:英国的玛格丽特·撒切尔(Margaret Thatcher)、加拿大的布赖恩·马尔罗尼(Brian Mulroney)和美国的罗纳德·里根(Ronald Reagan),"试图对行政部门进行根治性手术。"但是他们所面临的困境是,这三个国家的政治领导人对本国政府的问题进行了错误的判断,并采取了错误的补救措施(Peters and Savoie,1994)。

公共行政决策模型与政策制定密切相关,因为它们都提供了一种强大的解释力。决策框架注重实用性,比如由谁做决定、会产生什么可选方案、代价是什么,以及期待什么样的结果。下面的章节中将对一些广为人知的决策模型进行说明。

理性模型

理性模型假定决策者遵循逻辑步骤，以理性的方式完善决策。合理要求通过决策将价值观和目标的明确定义最大化。此外，对备选方案及其预期后果的完全了解是理性决策的前提。这种类型的决策分析相当全面并且考虑到每一个重要的相关因素。那些认为自己拥有清晰而前后一致的优选体系、懂得选择的知识、拥有计算工具的经济学家们通常认为利用理性模型可以进行最佳选择(Lindblom,1959；Novick,1965；Simon,1961；Bazerman,1986)。理性主义者的模型已经被无数的作者进行了无数次的重申。其基本要素可以概括如下：

- 清晰且准确地定义目标、目的或问题。
- 确定评估备选解决方案时所使用的标准——成本、时间以及其他指标。
- 确定为达到特定目标或解决问题而采用的所有备选行为或备选项。
- 收集各个选择的相关信息。
- 以制定的标准为基础评估各个备选方案。
- 推荐最佳备选方案(Walters, Aydelotte, and Miller, 2000；Jreisat,1997；Bazerman,1986)。

可以肯定的是，通常选择的过程需要确定选择的合理性和伦理观，并且获得与之相关的知识。然而，对现实的感知以及对理性和合理性的运用可能不足以克服各种局限性和缺点。决策者所作出的某些假设可能会是错误的，并且这些决定的预期结果可能永远不会被实现。在这种情况下，理论失去了对那些工作在行政服务一线的人员的指导力量，政策的管理者只能用经验法则或试错法来处理其所面临的问题。

增量模型

增量模型(incremental model)通常被理性模型的批评者看作是对比项(Lindblom,1959;Wildavsky,1984);它认为公共决策立足于现实政治的传统。现实往往要求使用林德布洛姆(Lindblom)所谓的"连续有限比较"或者增量模型作为替代,而不是将结果最优化和最大化。这种模型并不能假设政府决策最终的、明确的目标(目的)。它以当前的情况为出发点,而当前的各种方式和目的往往混杂在一起。分析有限地集中在一些可协商一致或可接受的备选方案上。这一决策过程是务实的,首要关注的是在参与各方之间达成协议。这种增量法的决策性工具所包含的客观计算和系统评估较少,更多的是谈判与折衷技巧,这些技巧规定了利益的比例、尽可能地化解冲突,通常最终促成了在民主的框架内达成协议。

理性模型往往与经济学者相关,而增量模型通常与政治和政治进程相关。直到最近,增量模型一直强调对资源分配方面的公共决策的研究。亚伦·威尔德韦斯所著的《预算过程的政治学》(The Politics of the Budgetary Process)是鼓吹在预算决策中应用增量法的最广为人知的参考文献。"今年的预算规模和预算内容的最大决定因素是去年的预算"威尔德韦斯说(1984)。从这个角度来看,预算规模和内容方面的决策是总统、国会、政党、管理者和利益集团之间为了使预算决策反映其各自的偏好而进行激烈竞争的问题。查尔斯·E.林德布洛姆(1959,1980)一直是在公共政策决策中使用增量法的另一个主要的支持者。他和其他人将公共政策的制定视为根据事件和事态发展(而不是理性的、以信息为基础的分析)通过小幅增量的方式对短期政治条件进行回应。

渐进主义决策者主要关心的是就最终结果达成共识。他们采用的方法是利用各种工具进行交涉,这些工具包括政策优惠、补偿性支付、劝导以及有限信息的熟练运用。这一过程在本质上是政治的,并且常常简化为竞争势力之间的高压攻势。这些竞争势力试图通过建立联盟以及尝试操纵比赛规则而不是寻找公平或公正的解决办法来影响最终的决策。这一程序是现实存在的,并且得到了广泛应用,但又往往是不确定的,甚至是不可信的。增量法进行决策的结果选择性地依赖于事实和证据,并且在很大程度上取决于参与者在利益分配方面达成共识的能力。这一过程可能涉及道德的、公正的决策者,他们所主张的策略通常声称达到令人满意的结果和决议的双赢,即便不是最佳策略,也能被大家所接受。

有限理性模型

有限理性模型是决策系统两个极端(极度理性主义和政治渐进主义)之间的变体之一。有限理性模型(Simon,1960)基于对应用于政府的理性模型所固有的局限性的认识。在真实的决策形势中,价值观并不总能如理性模型所假设的那样被清晰地界定。对结果的认知总是零碎的、不完整的或无法使用的。问题、备选方案、标准以及选择某一备选方案的信息的缺乏,严重地限制了决策者的判断。特别是,时间和成本方面的局限性限制了对完整信息的搜索。

另一个限制是由人类在选择及应用信息中的感知缺陷所造成的。人类的认知能力在本质上是有限的,在解决问题和选择备选方案的时候只可能引用、保存、利用有限的信息。计算工具的开发和所谓的信息革命的巨大进步已经帮助发展了人类的认知能力。然而,这并没有将人类从偏见、自我利益和生物的局限中解脱出来,从而实现决策行为的完全合理性。

共识构建模型

共识构建模型涉及多个决策策略,并且可能会使用不同的决策规则。选举便是在政府民主制度中被广泛应用的此类决策策略之一。选举并不局限于遴选各级政府的决策者。它也是政府内部每天使用的主要决策方法。国家立法机构以及郡委员会、市议会、工会、公民顾问委员会和公共机构的雇员通常通过投票进行政策选择。这一过程假定事先已对信息进行过衡量、对需要进行决策的问题进行过讨论,以及预先设定了决策规则并具备共同的知识基础。

投票也意味着受影响各方及其偏好的总和都能平等地参与到公共决策中。市民依靠投票来解决税收、分区、政治体制以及其他重要的政策争论。行政机构依靠员工投票来衡量对某些公共政策的支持率,如医疗保险覆盖面、薪资合同或者某些影响运作模式的规则。通过投票所产生的结果可能会具有约束力,如地方税的普通投票;或者,如果投票的目的是为了确定对某一项政治选择的偏好或支持程度,那么投票的结果可能会是建议性的。投票几乎一直是确立总体偏好的一种决定性的方式,并因此就所采取的某些行动达成共识。

对决策的全球化实践的比较政策分析至少可以表明上述框架的应用并不是普遍的。上文所描述的大多数决策假定了一个与马克斯·韦伯的"法律理性"权威结构相接近的背景,并且提供了合理的透明度。比较学文献并没有充分地阐述其与治理体系(体系、流程和结果)的联系。治理不仅仅涉及一个社会的政治或行政秩序,而且延伸至并影响了社会的许多方面,如体制结构类型、权力系统的合法性、决策过程的真实性、对社会基本价值观的忠诚度,以及对人权的尊重等。当然,政治决策并没有独立于那些通常被称为民主或者越来越多地被称为"公民社会"的复杂变量的组合。在这样的体系中,政府官员的问责制和法治的问题便脱颖而出,成为评价政权综合性能的关键因素。

如果政治领导人对权力过度垄断,并且政府的作为或不作为对公民的日常生活产生了深远的影响,那么比较分析就必须扩展至政府的传统领域之外。虽然这些传统结构(行政领导、立法机关、法院和官僚制)的作用最具决定性,但是完整的比较分析应该包括很多服务于公众利益的非政府机构。这些实体执行其职能的行为模式不是在真空中所进行的间断行为。它们影响了现有的政治力量和经济实力配比、可利用的资源以及领导的道德与能力,同时也被这些因素所影响。

与发达国家相比,发展中国家政治决策过程的系统性和条理性都相对较弱。在对阿拉伯国家的研究中,笔者发现公共决策记录信息的缺乏大大地限制了有效、可靠的分析与评价。此外,由于缺乏公民的代表性和专业机构的投入,往往导致公共决策的制定主要以最高领导人的个人喜好为依据。因此,很难确定在某一项具体的政策行动中进行了哪些考虑或哪些推理,更不用说让政府官员对自己的行为负责了。繁文缛节可能是官僚主义的祸根,但是所有这些文书工作并不一定能反映政府官员所进行的决策的现实(Jreisat,1997)。政策制定的个人属性是许多发展中国家的特点之一。高级管理人员同样依赖于强大的政治领袖,他们往往凌驾于制度规范之外,从而免于承担其不当或错误行为的后果。许多政治领导个人几乎不倾向于通过机构工作,这进一步加剧了机构功能的萎缩,最终甚至可能会损害到整个治理体系的活力。

一些发展中国家治理档案的缺乏和治理的个人属性严重地违背了透明度原则。如果不具备真正的透明度,则不可能实现问责制。此外,不具备透明度将难以完成公共事务的学术与研究任务。可靠的知识取决于经验基础的发展,而这始终是一个艰巨且艰苦的过程。在很大程度上,对所有发展中国家而言都是如此,因为这一直是比较研究领域的一种顽疾。因此,学者们要么倾向于理智地聚焦于已披露的、公开化的国际冲突或外交决策的安全性上,要么倾向于构建他们所知甚少的全球性的、过分笼统的且令人印象深刻的模型。

如果课题不够复杂,有关发展中国家的文献通常不能免俗:一味强调戏剧性事件,或是耗费了大量咨询费用却仅仅产出时效短暂的专业知识和粗略的分析。真正的比较学学术成果通常通过以下方式获得:对特定社会或地区长期关注、拥有大量的历史知识、熟悉其语言、了解其文化,以及对该国的问题与抱负真正感兴趣。这并不是说意义深远的比较政策研究应该始终是全面的或广泛的努力。那些为政策结构、过程、影响的某些具体内容提供细节图片的研究也可以为更广泛、更全面的社会知识大厦提供重要的建筑模块。为了消除矛盾、取得有效性、达成概念的一致性,它们必须被整合至为更大的调查研究目标所积累的知识中。长期缺乏用以识别公共组织模式、相似性与困难度的具体信息,导致比较行政管理与比较政策的学术文献之间出现了知识鸿沟。因此,近年来虽然涌现了许多中层理论、发展概念以及对持久效用的概括,但是对研究成果的确认进展不大。

公共政策与行政裁量权

任何治理体系都必须确定在制定政策时对行政裁量权的授权程度。在民主的政治制度中,为行政裁量权的连贯行使建立共识是一件复杂的事情。这不仅仅是因为对公共官僚制的贬义描述大量存在,而且也因为轮流执政的政党的意识形态和观点也在不断地变化。一些极端的负面看法认为,治理的理想或理想状态是极少行使裁量权或根本不行使裁量权。

行政程序的主要对立面基于特定的对民主制度的观念和解释的基本原理。一种观点试图在现代国家中"官僚专制体制"渗透的情况下保护民主价值观。新保守派、反行政国家党派以官僚主义缺乏密切联系公民与政府任命者的实践为由,持续反对官僚主义。官僚并不能代表公民,而当选官员能代表公民。这个前提由一个新保守主义的论证推演得来,该论证同时也维护利益集团的作用、寻求对不受阻碍的自由市场机制的保护,并且一贯保护私人金融资本的利益。这种意识形态对国家的制度和政策具有反作用。这往往表现为对公共部门多管齐下的攻击、紧随或伴有将大部分政府职能私有化的重大策略。理由是"假定"政府机构低效率和公共官僚体系无能。这种主张证明,即使私营部门曾花费更高的成本产出了劣质的产品和服务,或者像2008年~2009年那样导致了经济灾难,精简机构、与私营部门订立合约以及缩减公共管理职能和责任也是合理的。

这里的根本问题与治理体系的类型以及国家在现代社会中作用的定义相关。这个问题涉及几个方面。一个主要的方面是公共和非公共领域——私人、非营利机构和其他有组织的团体之间的关系。直到最近,世界上大多数国家还有对政府和经济进行重组的趋势,而这种趋势很大程度上采纳了世界银行和保守派经济学家、政治家所拥护的观念。这种重组支持私营部门作为一个自由市场体系,以促进竞争力并且提高生产和服务的更高效率。在很大程度上,这种趋势提出了以下观点:在那些认为现代经济不具备强有力角色的人们眼中,政治与行政二分法多少有些画蛇添足。对公共部门的批评者而言,公共行政的重新定义使其成为自由市场制度的推进者和促进者,它将以自己的方式来满足公民的社会和经济需求。

国家在社会中发挥作用的另一个方面侧重于相互交流、利益共享以及公共行政及其政治背景之间的关系。这一方面直接与自由裁量权问题相联系。哪一层级的权力应该被适当地下放至较低层级公共机构当局或地方当局?极端分权以便实现低层级治理的灵活性和主动性"可能因均衡响应和响应控制而产生费用"(Stillman,2005)。与此相反的主张同样存在问题,因为实现过度的集权化是以牺牲组织和管理的问责制和响应度为代价的。

政治与行政二元关系论,这一在20世纪70年代受到支持的有影响力的观点以对"颁布了这么多法律来制定新的社会计划,但是却没有足够关注这些法律是否得到了有效执行或实施"的质疑为基础(Stillman,2005)。政府活动的广泛扩展受到了指责,理由是这侵蚀了行政责任和问责制。这种扩展也与公共机关的危机相联系。因此,更加难以为公共政策的执行设定准确的法律准则。据理查德·斯蒂尔曼二世(Richard Stillman II,2005)所称,西奥多·洛维(Theodore Lowi)在其著作《自由主义的终结》(The End of Liberalism,1969)中对这种观点进行了明确阐述。虽然洛维的立场和新保守主义者的某些观点相重合,他们都警觉地看待行政国家的权力膨胀,但是这两种立场最终分道扬镳,各自的规范性内容存在差异。对于洛维(1969)而言,国会和总统需要制定精确的法律,法院要制定严格的司法标准来指导行政行为,从而削弱行政裁量权。这与"使公共部门职责私有化"不同,而是指定和限制行政裁量权,因为政策的实施应该是政策制定权力的延伸(Stillman,2005)。

今天,大量的建议指点我们如何改变当代公共组织的习惯、文化与绩效。某些思路甚至承诺对政府进行"彻底改造"并重新定义。各个变革思路的涵盖范围和现实感有所不同。改革治理的建议提出了不同的方法:(1)通过提高任务驱动型的创业型领导力、增强竞争与放松管制、削减行政部门、私有化并将尽可能多的公共职能外包出去,以及依赖市场来限制或替代公共官僚制以达到预期目的。(2)通过重新制定监督和政策的程序来限制、定义并减少行政权力和自由裁量权。(3)重塑政府,关注大众需求、鼓励"全面质量管理"、权力下放至地方当局,可能的话对地方当局进行私有化。

在对政治与行政相互交流和联系的适应中,管理的领导者不仅要改变他们的组织机构,而且还需要学习如何管理其民选政客之间的相互依赖性,以及如何在管理绩效与变革的过程中运用政治技巧(Milner and Joyce,2005)。各种变革的思路相互之间并不排斥,但往往却是相互矛盾的(Carroll,1995;Moe,1994)。多年以来,改革者一直试图经由某些活动从政治高温中分离出来。处于各个治理级别的公共行政管理在以下方面都已经取得了重大进展:改进任务和目标的定义、激励员工、激励独立的监管机构、强调公共服务的价值、强调公共服务的道德标准、改善行政部门和预算程序、鼓励公共服务部门的人权,以及积极提高为未来培养有能力、有道德的管理者的职业教育与培训水平。"公共服务中总是存在创新者,但是改革和现代化公共服务的压力主要落在政治方面"(Milner and Joyce,2005)。

公共行政的作用即通过颁行法规及其他行政工具授予必要的权力,以便制定规则、监管与实施行政裁决。私营部门不具备资格,也不能替代公共管理权威或接管其在现代国家的合法职责和责任。事实上,现代国家的现实表明行政裁量权对公共政策决策的定义、解释和执行而言至关重要。一个显著的事实是在现代国家中消除行政(官僚)自由裁量权是不切实际的,因为这会带来公共机构和治理本身的瘫痪。即使在制定公共政策时,行政裁量权给予公共管理者对通过法定立法程序颁布的新政策提出建议的自由,这是必要的。其中原理不言自明。管理者拥有在其行政辖区的经验、通过教育和培训获得的知识和技能,以及对其职能和组织机构的承诺,这些为他们的意见和建议增添了不少可信度。

最后,代表权问题其理由不足以对行政裁量权的不可或缺性进行否定。立法原则所赋予的制定规则的权力为行政行为提供了真实性。至于代表性、信赖和专业技术知识之外的问题,公务员被认为是一个反映整个社会的多元群体。很久以前,由于注意到了公共管理者的差异性和立法者之间相对较高的同质性,诺顿·朗(Norton Long,1962)意识到,对除选举之外的所有重要方面而言,美国的联邦公务员与国会相比都更能代表美国人民。"此外,代表性官僚体制的概念否认了政治与行政的分离……它承认了管理者制定决策的重要作用,并且强调了既有能力且能代表社会价值观的管理者的重要性"(Dresang,1999)。

然而无论如何,行政裁量权和授予权力的程序都不意味着"立法监督"和监管的弱化。事实上,为了保证对公共事务的负责任的管理,合理的道德观念和公共服务价值观中的自我控制与社会化的过程受到越来越多的关注。日新月异的科学技术所产生的影响以及公共服务环境各种不同要素的效果仍有待仔细研究,经评定这些结果与自由裁量权和公共管理的整体性能的影响相关。

这一切都意味着"政策—行政"二分法继续提出着若干理论和实践问题。除了按照法律规定授予行政部门职权外,职业公务员的专业知识和敬业精神进一步增加了其行为的合法性,这些专业知识与敬业精神主要通过两种渠道获得:(1)遵守"考绩"制和竞争招聘的规则和价值标准;(2)应用成熟的政策和活动培养个人技能、发展个人规划。在公共管理中推进专业主义是确保公共服务职责得到行政响应的最可行的办法。此外,公共管理者需要行使自由裁量权和相关权力,因为他们仍旧是社会资源配置的重要因素。

显然,公共行政可以改进公民持续参与行政决策过程的普遍实践,并鼓励更多的公民参与政策制定和实施。在真正的民主制度中,人们通过某些途径而不是选举与公共机构相联系。对公民生活产生影响的政策应服务于公民,并且公民有权对这些政策提出意见。公共机构是公共安全的第一条防御线,这里的公共安全不仅指的是军事安全,同时也包括食物、水、就业、医疗卫生、安全的环境、公正和普遍福利的安全。如果某一治理体制下的工作人员具有可信度、条理性和功能性,那么安全水平也会相应地得到提高。可以理解,在不同制度中,如何加强与公民的联系、体现公共服务的价值与政策,方法也各不相同。

在大多数政治制度中,公共管理都受到了代表权问题的挑战。实现公共决策的广泛公众参与可能需要付出较高代价、具有不确定性并且会造成某些延误(Walters,Aydelotte,and Miller,2000)。即使是完善的民主制度,在其公众眼中也面临着维护信誉的严峻挑战:

■ 维护那些选举投票率非常低的代表政府的合法性的斗争,尤其是在地方层面,是难以克服的。

■ 真正的反对党要么不存在,要么势力比较弱,因此,缺乏有效的政策选择。

■ 正如在许多其他国家一样,美国与各级政府政治领导人的腐败和不道德行为相关新闻似乎层出不穷，这不断侵蚀着公众的信任。事实上，许多政府官员已被起诉，有的已经身陷囹圄。

因此，在治理中，公民代表性较弱、有效的政治反对党的衰落以及腐败已经加剧了对政府的不信任，尤其是政治领袖往往被视为服务于特殊利益而非公共利益。因为国家的实践不同，有条不紊地应用比较的方法可以起到澄清、明确许多政治或行政职能的作用。比较分析可以界定政治和行政机构与公民之间的关系，并且确定所交付的公共产品与服务的平衡和公平程度。通过比较研究，我们也许能够确定国家积极参与社会治理的程度，以及在没有"不当"政府干预的情况下授予"市场力量"自我调节的自主权程度。最重要的是，通过考察实践和各国经验，比较分析可以体现出哪些公共政策和实践起到了作用，哪些没有。

当然，公共行政对当代国家的托管，天然地使其在治理中的作用更容易引发矛盾和争议。这样的环境为公共管理者与机构行使职权制造了许多困难，而这些困难远大于为颁行政策必须获得足够的资源这种常规压力。为了专业地履行其职责，公共管理者依赖于下列因素：

■ 相对于公众参与，公共行政在公共政策决策中更多地依赖专家分析。公民作为纳税人，需要并期望获得各种公共服务以及制定和实施各种可以有效保护其安全和福利的标准。过分强调胜任能力和权宜之计往往容易抹杀民主规范的优越性并且在治理内部造成紧张。

■ 公共行政的环境仍然不明朗，公务员需要不断争取政治上的支持。因此，在社会中国家积极主义的倡导者和那些将国家仅仅视为"自由市场"保护者与资金服务者的人之间，压力和分歧普遍存在。这些矛盾妨碍了公共政策的程序、阻碍了行政行为，并且造成了种种负面压力：迫使政治领域削减预算、降低公共部门雇员工资、废除规章制度，以及要求将大部分公共服务完全私有化。

■ 底线依然存在：行政的行动能力需要起码的行政自由裁量权。在一个民主国家,许多人认为能力和自由裁量权都不利于政治统治,这一话题往往深陷于谬见与曲解之中。自由市场的倡导者在解释自己的失误或经济挫折时往往习惯将官僚制和政府法规当做替罪羊。作为实施公共政策的关键机构,官僚制必须反复证明其作为当代民主国家不可或缺的机构的价值、连贯性、道德性和合法性。

比较政治学与比较行政学

比较政治学涵盖大量国家的整体政治制度。从理论上说,公共行政仅仅是比较政治学多层面学术内涵的一个部分,后者的分支包括政党、国际公法、政治行为、行政领导和立法程序。通常,相对于政治学的组成部分或分支而言,比较政治学更加关注宏观政治。另一方面,对行政的研究普遍集中在官僚制以及官僚制的行为、人员实践、财务和决策上。

比较政治和比较公共行政可以进行区分,并且在分析上是可取的。然而,无论任务的复杂程度如何,厘清关系总会涉及一定程度的重叠。在这两个相提并论的领域,国家的政策和目标以及为了实现这些目标而采取的方式和手段受到了普遍关注。在实践中,参与制定政治目标的官员往往也对这些目标进行管理,这不足为奇。不论实施决策权的水平和行政层级如何,公共行政的作用仍然至关重要。因此,应在分析先前政策的基础上建立比较政策研究的新领域,反映出公共行政和其他社会科学施加的影响,特别是经济学的影响(Antal, Dierkes, and Weiler, 1987)。对这一新兴关注点进行辨析的特征"包括其问题定向及其多学科性"(Antal, Dierkes, and Weiler, 1987)。这一共识并没有忽略一个事实:高度集权、专制的政治体制倾向于将公共行政简化为仅为政权服务的工具,而不是服务于社会的机构。

最适合现代社会的治理形式的辩论集中在西方国家所采用的民主

模式上。不过,在发展中国家很少能够发现西方模式的真正副本。虽然民主化一直是改革的目标,但是民主化实践已经远远超出了实际的或切实的用途。在多数国家,高举诸如个人自由、公民的代表性、应用民主价值观与原则这些高尚的旗帜都没有取得成功。正是认识到了这一事实,法国前外交部长于贝尔·韦德里纳(Hubert Vedrine)曾经指出,"西方国家觉得民主是一种宗教,而我们唯一能做的便是皈依,这有点过分。"①

尽管自第二次世界大战以来存在许多活动和主张,政治学学术研究仍不能确定民主的真正决定因素。有些人甚至不确定"开放的民主社会是否因其开放性和民主性而变得富裕,抑或是恰恰相反"(Macridis and Brown,1990)。当然,定期选举的参与式政治程序并不是事实上的民主或者充分的民主。此外,在发展中国家的背景下,伴随着无节制自由市场的民主可能会在反方向引起严肃的关注。这一观点已经获得了广泛的认同,并且可能会在瓦茨拉夫·哈维尔(Vaclav Havel)的话语中被简单地概括(引用自 Comaroff,1999)为"新极权主义的消费、商业和金钱"。重要的是,民主模式是一个复杂的体系,它在发展中国家的成功应用需要一定的前提条件。在此期间,在真正的民主化特定前提条件具备之前,进行分析时不应排除民主模式的变体,例如,能产生更大效能并更好地服务于社会利益的公共政策自由化。

比较政治学因未能充分、有效地解决新独立国家所面临的问题而被单列出来。正如比较政治学学者所概括的(Macridis and Brown,1990),其失败主要包括以下内容:

- 基本上只涉及单一的文化机构,即西方世界的比较政治。

---

① 贝尔·韦德里纳(Hubert Vedrine)对召开于波兰华沙的民主会议的评论。此会议承诺在世界范围内促进民主政府的发展,经过期两天(2000 年 6 月 26 日—27 日)的会议后,106 个国家签署了此项承诺书,法国并未签署这一宣言(《圣彼得堡时报》2000 年 6 月 28 日,第 10A 版)。

- 专注于代议制民主并且直到现在仍将非民主体制视为民主"规范"的畸变。
- 阻止学生系统地处理非民主西方体制、殖民体制和其他不同的社会形态。
- 对政府程序的某些孤立的研究缺乏真正的比较应用。

此外,比较政治一直因低估了公共行政在现代治理中的作用而受到指责。当代公共行政的学习者饶有兴致地发现,尽管被广泛使用的教科书如《当今比较政治学》(Comparative Politics Today,Almond 等人,2000 年第七版)与《比较政府介绍》(Introduction to Comparative Government,Curtis,1997)被伍德罗·威尔逊在 19 世纪 80 年代评价为站在"政府的最前沿",但这些著作都仅仅对公共行政予以初步的关注。事实上,人们甚至无法在这些参考文献的目录中找到公共行政这一字眼。官僚制这一术语在阿尔蒙德及其同伴长达 800 页的书籍中仅占两页半。柯蒂斯与其同伴著作的目录中则根本没有提及公共行政或官僚制字眼;这些概念被缩减、假定或淹没在其他标题之后。这本身就是一种暗示。以下是上述两本书的目录内容。

《当今比较政治学》(*Comparative Politics Today*),第 7 版,阿尔蒙德等人著:

1. 比较政治学的问题
2. 比较政治制度
3. 政治文化与政治社会化
4. 利益表达
5. 利益综合和政党
6. 政府和政策制定
7. 公共政策

国家研究:12 个国家

《比较政府介绍》(*Introduction to Comparative Government*),第四版,柯蒂斯等著:

为什么研究比较政治与政府

制度分类

政治程序

利益集团

政党

政治制度

政治首脑

立法机关和立法机构

公共政策

结论

比较政治学理论在解决备受瞩目的当代治理问题方面并没有取得良好的进展,更不用说对发展中国家问题的关注了。在常见的与被过度描述的民主模式之外,政治理论方面的一些贡献试图适应特定的政治结构以使其更契合其他体制的状况。F. T. 达利迈尔(F. T. Dallymayr)所编辑的《吹捧边境通道》(*Touting Border Crossing*),其发行人和作者写道:

> 比较政治理论充其量是一个处于萌芽期和边缘化的尝试。正如大多数西方国家的大学所施行的,政治理论的研究通常涉及从柏拉图(Plato)到马克思(Marx)等一系列的西方政治思想的标准。只有很少的政治思想的实践者愿意违背这些标准——从而跨越北美和欧洲的文化边界——沿着真正的比较研究的方向行进。

比较公共行政与比较政策在解决发展中国家体制的问题时本可以具有更大的相关性与全面性。当然,如果能更好地重视其与政治环境的联系,政策制定与政策执行的相关性与显著性将会得到明显地提高。比较公共政策不是比较公共行政的替代品。公共政策分析更侧重于过程或功能；因此，行政、组织结构和作用变得不那么明显。正如亨德森（Henderson,1982）所指出的，"政策范式……倾向于将政体行政要素之间的区别模糊化，通常不再对历来被认为是公共行政的技术材料进行过多地强调。"在现实中，政策的重点并不能替代行政的重点，但是这两种关注点必须整合发展成为更有效的组合。通常，无论是优化比较公共行政还是比较公共政策的概念或实践，都能改善两者的实施效果。这两者都在不断寻求公共决策流程的合理化、改善比较研究的方法，以及验证治理的概念和实践。有人可能会进一步深入研究并指出，有理由相信，比较法的终极成果可能是成功，也可能是失败，这取决于协调和融合政策和行政概念与实践的能力。

在法律框架内运行的公共行政被置于管理范式之内，与政治体系以合作者的关系联系在一起，因为这两者共同制定政策并开发策略。削弱这一联盟中的任何一方都将对执政能力带来不利影响。正因如此，公共管理者需要负责培养雇员之间的竞争力（假如在招聘环节选择正确的话）。能力建设需要具备明确的培训目标、价值观和培训内容。此外，人才培养的总体政策必须强调工作中的学习。有证据表明，相关培训无疑可以作为提高绩效的一种可靠工具。最后，公共部门的激励这一挑战往往被领导置之不理：当只有极少的奖励措施如加薪或升迁可用时，该如何激励公职人员。

传统的行政方法强调控制与指挥过程，它所导致的僵化和功能障碍妨碍了对许多新的管理理念和实践的应用。除非存在一个具备适当专业能力的新兴组织管理，否则这一进化将是缓慢的。为了实施更加重视结果的"新型"管理程序，必须将某些管理问题优先列于改革清单之中，以便引入一种更易于接纳创新与变革的风气。

涉及人员、组织、流程以及与环境的关系的全面改革政策是不可避免的。几乎在所有国家，公共管理被用来实现预算削减，以及利用更少的资源管理公共政策，以解释其行为是可测评的。与此同时，公共机构对精简的方法和流程不太熟悉。因此，有必要进行关键性的心理和行为调整，以避免公共管理者被失败击垮或者产生绝望的情绪。这种调整的一个重要因素是资源的分配必须服务于组织绩效并与组织绩效相联系。对稀缺资源的有效利用必须与绩效相挂钩。称职的管理无法永远逃避对那些完成组织任务最富有成效、最有价值的员工提供加薪、旅行费用，以及荣誉性认可。当然，如果更少的员工就能够完成等量或更多的工作的话，他们应该分享其中的收益。

新现实的另一个方面大都未能实现，即在瞬息万变的组织环境中，迫切需要高效的领导者。对新生代组织领导者的需求从未像现在这般引人注目。这样的领导者必须能够振兴机构、确定变革的理想内容和方向、调动员工对新愿景的责任感，并且确保所需的资源到位。同时，这些领导者还要应对内部员工在执行政策时对内部组织政治的担忧。因此，员工在面对变革提案的时候，总是持怀疑甚至是抵制态度。员工中一种令人沮丧的心态是，认为只有缺乏政治权力的个人才会面临减薪或被裁员。如果能够使员工确信管理层致力于公平、公正并且服务于集体利益，那么可能会缓解他们对不公正做法的些许焦虑。毫无疑问，促进员工参与的积极主动的管理立场是弱化这一打击并且尽量降低对持续计划和组织活动损害程度的最佳途径。

这份旨在提升行政职业能力的措施清单将有利于更好地实施公共政策。但是，正如在讨论中一直强调的，政治环境是至关重要的。亚历克斯·英克尔斯（Alex Inkeles, 1987）指出，政策研究的特殊性在于它指导社区、政体、或其领导人"正确"行动的目的或巨大潜力，这最有效地实现了这些政治行动者获得普遍认可的目标。在这一方面，比较行政和比较政策是达成这些目标所不可或缺的两种途径。

第六章 发展中国家的管理

> 最大的困难不是说服人们接受新观点,而是说服他们放弃旧观点。
>
> ——约翰·梅纳德·凯恩斯(John Maynard Keynes)

认识发展

75%以上的人类生活在发展中国家。大约35%的人类生活在中国和印度这两个发展中国家。根据美国人口调查局奥莱利(O'Leary)和斯莱克(Slyke)的报告,截至2020年,世界人口预计将增加至75亿人以上;并且90%以上的人口增长将会发生在发展中国家(2010)。在第二次世界大战结束时,只有不到50个国家宣布独立。其余的国家仍然被那些试图延长过时的帝国主义的殖民国家所统治。殖民地国家往往不得不发动一场残酷的战争来争取他们的自由和独立。英国和法国的政治制度是20世纪的殖民体系的重要支柱,但不是仅有的支柱。2000年9月在纽约召开的联合国"千年首脑会议"中有150位独立国家的领导人出席。

殖民主义的灭亡引发了历史上最大规模的政府结构调整。随着殖民地国家纷纷宣布摆脱帝国主义霸权统治,这些国家还宣布了进行全面社会变革的各种计划,即便当时他们的领导人对其所建立社会的政治、经济和组织结构的类型尚不确定。独立,需要对生活各个方面的实质性调整。不断提高的期望以一种螺旋上升的方式迎合着公民对不断提高的生活水平的需求。如果不在国家发展方面投入大量资金的话,这些需求将无法得到满足。国家是开始和协调全面发展计划所有要素的媒介。这些计划大多被看作是在国家实施发展政策的同时指导行动、确保重点的蓝图。

20世纪50年代和60年代,主导思想辩论并影响公共政策应用的广泛发展计划往往被不严谨地称为国家建设或者仅仅是现代化政策。现代化和国家建设的概念已经被等同于人类运用理性来控制自然和社会环境(Pye,1962;Black,1967;Myrdal,1968)。为实现这种控制,对先进技术和科学的有效利用被认为至关重要。这些观点的前提是:(1)承认单一民族国家是政体的主要单位;(2)在公共事务中致力于实现世俗主义与正义(Pye,1962);(3)认识到在机构管理有能力学习和适应人类知识成果的情况下,实践社会变革才是最有效的(Chomsky,1994)。

截至20世纪70年代,学术文献对国家建设与现代化所传达的共识并不多,相反,对民族主义的诠释却越来越丰富了。同样地,全面变革策略(基于全球模型或现代化的宏伟理论)因"文化和时间的约束"(Heady,2001)以及"没有考虑到第三世界不发达的历史、客观背景"(Sayigh,1991)而被批评为不够具体。但是,像国家建设模型或里格斯的农业和工业(Agraria and Industria)模型等类似的宏观聚合模型,其真正局限是内容缺乏可操作性以及未能把握新兴国家的具体实践(Jreisat,2005)。

如何构建制度能力,使其成为向现代化这一普遍追求转化的手段,已经成为近期指令性模型的核心内容。虽然很少被整合,但是机构建设、发展、能力和可持续性等概念已被广泛使用在文献中,与以前相比提供了更多特异性。某些核心理念也受到普遍认可。例如,发展中国家需要更有效的、与国家发展需求更兼容的组织结构。其中,兼容性包括对发展中的价值标准给予更大的投入力度,有效性体现为充足的专业知识以实现合法授权。此外,对政治与文化环境的接受和支持增强了发展政策的有效性。总之,发展中国家发现自身迫切需要与所接手的传统机构类型不同的机构;他们的经验表明,可持续的体制发展需要一定的条件(Goldsmith,1992)。

归纳西方研究文献对现代化(与控制自然和社会环境的科学与技术等量齐观)的观点,明显看出它们预先假定其在自由民主国家进行演变。相较于现有的经过测评的政治形态而言,许多西方研究文献对于潜在的政治形态深信不疑。这一政治形态的典型是拥有世俗、自由、竞争和多党结构的民主。在现实中,比较政治学的学术研究也建议并积极支持政治制度的替代形式,前提是这种替代形式须符合西方国家的官方政策。需要注意的是,无论是改革方案还是工业国家的财政援助条件,都并没有坚持要求发展中国家倡导民主政治价值观或令政府有效且负责任。与接受援助国的实际需求相比,冷战时期国际大环境的紧张局势对这些方案的塑造更具影响力。因此,西方国家政府扩大了那些对西方国家和政治绝对效忠的独裁主义政权的援助和支持,比如伊朗政府。

假定发展是科学与技术在民主制度中的应用,这一假设有两个先决条件:(1)存在有所助益的、合理化行政机构,以及(2)承认变革的过程普遍存在。第二点意味着这个过程不一定受制于,甚至依赖于,文化和历史的排他主义概念。因此,欠发达国家实现现代化的解决办法是发现、学习并认真地执行在某些国家最有可能奏效的方式和方法。世界银行似乎与上述假设意见一致:1956年,在接受来自福特基金会和洛克菲勒基金会的充裕的财政援助后,世界银行创建了经济发展研究所(EDI)[①],目的是向借款国的高级官员提供为期 6 个月的发展理论和实践培训课程(Rich,1994)。

批评人士声称,西方现代化理论曾充当统治第三世界国家的意识形态的合法理由(Luke,1990)。战后美国政治和经济权力的扩大、高度自由的传播,以及现代化理论形式下的发展的观点,都是这一观点产生的背景。但是,美国社会科学也被认为是一种集体冷战思维的产物,并且主要服务于美国政策的制定者。学者们提供了学说和理论,并且发现他们的盟友与拓展了大量咨询机会的美国国际开发署加入到同一行列之中(Klaren,1986;Vitalis,1994)。

从另一个角度而言,发展的意识形态一直被认为是反政治的。曾有人提出许多发展中国家所需要的不是权力的分散,而是权力的集中。塞缪尔·亨廷顿(Samuel Huntington,1968)提出,发达国家与发展中国家的区别在于权力的集中以及执政的能力。无论是美国还是前苏联都是发达的,因为他们的统治中心具有充足的力量。因此,政治的发展与民主的发展没有任何关系,但是可以通过制度化的程度来对前者进行衡量(Huntington,1968;Packenham,1973;Binder,1971)。据亨廷顿所称,1964 年后的巴西军方以及在阿尤布·汗这一军事强人统治下的巴基斯坦政权是最有利于发展的政治体制的代表。

还有一种意见将现代化视为"当一种文化表现出了一种探究的态度并且质疑人们如何做出道德(标准)、社会(或结构)与个人(或行为)选择时所产生的一种非经济过程"。这正如阿普特(Apter,1965)所总结的,他认为选择对现代个人而言是最重要的,并且自我意识的选择中暗含合理性。"现代化意味着将生活视为可替代的、有偏好的和众多选择"(Ap-

---

[①] 布鲁斯·里奇(Bruce Rich,1994)表明在随后的几年里,EDI 扩展了产品,包括用于项目评估与国别计划的世界银行技术方面更实用的指令。超过 1,300 名官员参与到项目中,其中许多官员已经晋升至各自国家的首相或计划部或财务部的部长。

ter,1965)。

最后,正如马赫布卜·乌尔·哈克(Mahbub ul Haq)①所指出的,"人的发展是一种远远超过国民收入提高与下降的发展范式。它有关于创造一种环境,在这种环境下人们可以尽展所长并过上符合自己的需要和利益的、富有成效且具有创造力的生活"(Haq,2009)。因此,近期的发展举措日益成为问题导向的,越来越关注当前的紧迫问题,如安全、贫困、水、环境、基础设施、就业和医疗保健等。虽然发展仍然涉及经济增长,但是具有直接影响的其他政策在国家事务中的优先级也稳步提高。

过去的发展与传统

值得注意的是,无论发展的替代方案在独立不久的新兴国家起到了什么样的作用,这些国家公民的愿望和选择都不是政策选择的重要因素。无论是国内发展战略还是国际发展战略,其制定与实施必须首先与先前任命的机构和流程以及外部援助者与资金出借方的要求作斗争。当然,冷战时期的任何发展战略还必须警惕超级大国的阴谋,在当时,是超级大国们塑造了日新月异的新世界关于政治制度的普遍观念和政权的实践。

过去的遗留问题,特别是外部统治和殖民统治,继续影响着发展中国家的观念和前景,并加深了其对国际关系出现失衡的担忧。此外,殖民经历遗留下来的对强势的工业国的怀疑和不信任始终成为殖民地国家的心理阴影,强势国被指责在新独立的国家引发了各种政治、经济、文化局势的混乱。后殖民理论逐步演变为一种对反帝国主义形式的强调,并以挑战了欧洲统治文化和理论根基的中东、拉美和非洲的实践为基础(Kohn,2010)。"有些人认为,欧洲文明是唯物主义、个人主义与暴力

---

① 联合国开发计划署人类发展报告的创始人。

的,因此其道德权威不足以统治其他民族"(Kohn,2010)。强势工业国的国际后殖民行为重新唤起了对国家之间进行二分法(比如富国与贫国、西方国家与非西方国家,以及发达国家与欠发达国家)来反映种种体制差异的恐惧和不信任。外部控制正是说明以下三种构建国际体系的鲜明后殖民理论的关键概念。

经典的帝国主义霸权

在此情况下,帝国主义国家的政权(拥有强大的军事力量)控制着处于劣势的政治实体,并且使其处于从属状态。历史证据支持这一论断。仅在近代历史上,我们就能发现西班牙、葡萄牙、法国、英国、俄罗斯、日本在不同的时间、不同的地理区域充当着帝国主义列强的角色。当今,美国被称为唯一的或者最后的超级大国,在其与第三世界国家的关系中充当着帝国主义力量。2003年,美国以错误的理由对伊拉克进行了侵略,使这一看法在世界各地得到了证实。即使在侵略伊拉克之前,"自冷战以来美国政府所公布的许多描述'国际新秩序'的花言巧语散发出的浓烈的沾沾自喜、毫不掩饰的必胜信念,以及宣称其责任的言过其实……所有这些在帝国主义的环境下展开都太容易让人产生一种仁慈的错觉"(Said,1993)。

随全球领导力而来的是全球责任。第二次世界大战之后,美国强行充当全球领导者的角色,而这被证明是一项过于复杂且具有挑战性的任务。2003年,美国当时的总统乔治·W.布什以含糊不清的理由作出了侵略伊拉克的决定,这项决定并没有预见到这一长期侵略将如何收场,以及美国与伊拉克将损失多少人力与物力成本。紧随其后的是2008年~2009年的经济浩劫——这些事实和其他方面的发展在国内引起了深刻的自我怀疑,并且在国外引起了对其全球领导力的不信任。虽然美国已经以承担全球责任的姿态实施了许多举措,取得了许多成就,但其侵略伊拉克的后果仍然是严重的,并且深深植根于阿拉伯世界人民的意识里。

依附理论

这种理论阐明了全球经济关系的不平衡。简单地说,经济霸权造成依赖,而依赖加剧了不平衡发展。这种关系是一些工业国家(少数中心国家)对许多被认为是在其默许和依赖中无助地生存的"外围"国家(发展中国家)的控制和剥削(Sayigh,1991)。因此,对"依赖范式"而言,控制根植于世界经济结构之中。工业国家所实施的限制政策和措施导致了发展中国家的经济劣势以及对工业国家依赖的延续。依附理论在学术界享有广泛的知名度,并且在 20 世纪 60 年代拥有了更广泛的支持者。这些发展的观点由位于智利的拉丁美洲经济和社会计划研究所的经济学家提出。① 许多拉丁美洲社会科学家与其他人的出版物曾激起了世界各地发展经济学家们的激烈辩论。

依附学派的辩论具有某些共同点,特别是关于国际资本主义力量正在建立一种全球劳动分工并且正在塑造发展中国家的未来的这一观点。依附论者声称,在跨国公司的保护下,资本主义已经创建了一种将全球联系在一起的世界经济体系,但是,与此同时也延续了工业国的霸主地位。依附理论已不能满足一些重要的考虑因素。最重要的是依附理论的拥护者无法超越对帝国主义后果的成见继续前进(Smith,1985)。此外,某些亚洲国家的成功案例为独立发展的可能性提供了富有说服力的证据。一些亚洲国家如韩国、新加坡、印度尼西亚和马来西亚尽管过去或现在屈从于大工业国,但它们所取得的进步是显著的。韩国的成就更是引人注目,有评论称,"与现代历史上任何其他国家相比,韩国在更短的时间内取得了更多的经济成就。"②这些亚洲的例子对依附理论的核心

---

① 这是源于拉丁美洲经济委员会(ECLA)的一个联合国组织。
② 《商业周刊》(Business Week)1995 年 7 月 31 日,第 57 页。

假设提出了挑战。最后,正如萨伊赫(Sayigh,1991)所质疑的:"当几乎所有的第三世界国家都至少获得了对外的政治独立、自主权,以及独立的经济决策权,那么在这个不断变化的世界里,依附理论是否仍然是对欠发达的相关的、实用的解释呢?"

文化支配

无论政治和经济的关系如何确定,都没有充分考虑文化因素以及文化因素对社会的影响。文化关系并不总是对称的,特别是存在一种主导文化的情况下。在《文化与帝国主义》(Culture and Imperialism)中,爱德华·萨义德(Edward Said,1993)探讨了与非洲、印度、部分远东地区、澳大利亚和加勒比地区有关的欧洲著作,并发现这些著作是欧洲国家对遥远的国家和人民进行统治的一部分。他还指出,东方学者对伊斯兰世界的描述往往体现了类似的观点和假设。

人文科学、社会科学与文学研究中的后殖民理论对殖民经历的各个方面进行了探究。玛格丽特·科恩(Margaret Kohn)指出,正是在文学著作中,殖民主义是"杰出的、合情合理的、被抑制的和被抗议"的。"爱德华·萨义德最初于1978年发表的东方主义(Orientalism)是后殖民主义研究跨学科领域的开山之作"(2010)。受到后结构主义理论的影响,萨义德认为东方是西方的外在构成。"外在构成"描述了一个社会具备了一系列负面特征,并且将其投射到被排斥在外的群体上,从而强化了文化认同。通过将东方表现得非理性、世俗且暴力,殖民者建立了一系列形象,证实其优越的合理性。根据萨义德所述,东方主义通过对语言学、人类学、文学与宗教的研究产生了专业的知识,并最终被用于定义、控制、调整中东地区。因此,对中东所谓的客观的学术研究是用来支持欧洲的殖民主义的,是为殖民主义提供意识形态基础的,因而这不是客观和中立的学术贡献(Kohn,2010;Said,1978)。

当然,文化价值对社会的影响力不容否认。正是在这一领域中,比较视角可以通过建立一种更符合实际的发展模式以实现其对构建知识体系的贡献。文化是指一个给定团体所学习到的所有社会行为的总和;它为感知、相信、评价和行动提供了标准(Thomas,1993)。文化包括一种社会体系内的知识、信仰、法律、艺术、宗教、道德、风俗、习惯、符号和话语规则。就此而言,文化是在岁月流逝中日积月累而成的共同的价值观和信仰。正如托马斯(Thomas,1993)所指出的,对文化的研究不但要对其进行描述,而且要对它进行改变。许多文化元素通过制度与组织而得到发展或维护,如学校、家庭、工作场所以及宗教场所。文化不仅塑造了我们看待自己的方式,而且塑造了我们看待别人的方式,但同时这也被转化并确定为各种各样的态度和行为。文化对个人态度与行为造成影响,并进一步间接地对体系与全社会造成影响,这种观点最难以证明或评价。尽管如此,文化是多变的;而教育、国际交流与跨文化交际都是文化变革最有效的来源。

总之,控制论(军事、经济、文化控制)假定了不均衡的权力关系,创造了不对称的全球现实,这在很大程度上决定了实力较弱国家的发展模式。这一理论的支持者调用大量的历史证据来支持这样的结论。例如,欧洲思想家率先进行了现代化的分析,而欧洲帝国主义通过制定许多前殖民地的教育和文化规范来对其进行推广。其实,现代与传统之间的二元划分可追溯至19世纪欧洲的社会学家。德国社会学家马克斯·韦伯根据合法性声明提出的两级国家权力体系的构想便是一个突出的早期例证。在他的传统体系中,因为坚信传统的神圣性和行使职权人员行为的可靠性,所以宣称接受合法性。

相比之下,韦伯的法理型制度的合法性建立在对法律法规的信任以及对依法被晋升至发号施令权威地位人员所拥有的权利的信任之上。这种与现代化有关的两极思维的综合影响在20世纪50年代和60年代大多数美国的社会科学著作中都有所体现。他们有时也被称为发展主义倡导者,许多学者青睐可以为发展提供智慧综合成果与比较视角的综合而全面的全球模型。这些著作包括：T. 帕森斯(T. Parsons)的《社会系统》(The Social System, 1951)；D. 勒纳(D. Lerner)的《传统社会的消逝》(The Passing of Traditional Society, 1958)；W. W. 罗斯托(W. W. Rostow)的《经济增长的阶段》(The Stages of Economic Growth, 1960)；G. 阿尔蒙德和J. S. 科尔曼(G. Almond and J. S. Coleman)的《发展中地区的政治》(The Politics of Developing Areas, 1960)；L. W. 派伊(L. W. Pye)的《传播与政治发展》(Communications and Political Development, 1963)；S. 亨廷顿(S. Huntington)的《社会变革中的政治秩序》(Political Order in Changing Societies, 1968)等等。这些著作都将现代化看做是全面、系统的过程，在此过程中社会发生了根本的变化，从传统形态转变为近似于现代制度的形态。

对于许多早期发展的蓝图而言，中央计划是合理的应用方法；并且，国家赋予其自身监督规划"成功"实施的终极责任(Lewis, 1966)。在20世纪80年代，在研究文献中，发展一词取代了现代化和国家建设，但发展这一术语的含义却没有达成共识(Heady, 2001)。在大多数情况下，发展并不需要抛弃传统或割裂与传统之间的联系。发展演进为一个更新的过程，通过完善和改革社会中的物质、行为和象征性资产来进行。但是，要想可持续发展，国家必须自力更生，不依赖于国外资源。

紧随应该实现什么样的发展这一问题的是如何实现发展。将发展设想为一种对人类生存条件的不断改善，虽然还不尽然，但却是有实用价值的。米尔顿·伊斯曼(Milton Esman, 1991)对发展的五个重要方面进行了说明：(1) 经济增长；(2) 公平；(3) 能力(技能的培养、制度和激励机制)；(4) 真实性(制度和实践中所体现的各个社会的不同特质)；以及(5) 赋权(个人和集体参与经济和政治事务的发展机会)。对发展标准或目标的其他描述常常具有明显的相似之处。它们都强调下列要素，包括理性、规划、提高生产力、社会和经济均衡、改善制度和态度、民族独立和基层参与(Myrdal, 1968)。

也许,缺乏对发展目标的争议可以被描述为"母亲和苹果派"情结①在起作用。过分模糊地表述发展目标是为了适应任何选择的立场。但是,反对意见在攻击用以实现这些目标的方式、方法时则十分无情。证据一致表明,重要的是如何管理发展以及发展的利益与成果如何分配至众人(UNDP,1995)。今天,何种发展与如何发展经常伴随着一个谁将从中受益的问题。

无论哪种观点更占上风,发展中国家继续面临着在许多关键领域的知识和信息方面的差距。正如科林·柯克帕特里克(Colin Kirkpatrick)和皮特·曼(Pete Mann)所得出的结论:"不能平等地获取国家间和国家内部的知识,被看作是经济上不平等和贫困的一个重要根源"(1999)。信息技术系统的潜在力量可以使政府更有效率、更具响应力并履行其义务,但是目前尚未完全被大多数国家所应用。尽管发展中国家创造新知识的能力有限,但是他们必须在市场中学会或通过教育学会如何利用现有的知识(Thomas,1999)。因此,对教育和学习的投资从来都是不可或缺的。

综上所述,尽管就如何使发展中国家实现现代化这一问题存在不同意见,有时相互分歧,人们还是发现核心概念和政策能够合理融合。然而,认可这些核心概念与保证其成功或一贯地实施是不同的。根据许多发展中国家的经历,以下这些结论获得了广泛的认可:

■ 真正的国家发展不是以推理得出的经济假设为基础,而是以对当地的政治、行政和经济现实的实证了解为基础的。

■ 国家发展必须依靠集体的努力,需要私人和公共机构以合作伙伴的形式付出其全面能力。

■ 可持续发展并不完全依赖于外部资源的资本注入,也不仅限于出口导向型经济。发展更依赖于自力更生,以解决社会需求和要求为宗

---

① 编注:因为出门在外大家都思念母亲和苹果派,所以这个谚语代表"无可争议的事实"。

旨,以创新的方式利用技术,从而全面提高生产力。

- 当公共决策公开透明,且政府官员和机构的问责制可靠可行,那么发展过程的质量将有所提高。
- 运用科学技术手段来实现发展目标、提高生产力是不可避免的。
- 发展的过程中面临着体制转型和文化的不断挑战,以体现效率、秩序、理性,和以知识为基础的决策过程。
- 最后,现今人类发展的概念包括营造有利的环境,使人们的生活富有成效、健康且具有创造性,并能开发人们的潜能。此外,发展蕴含着可持续性内涵,以及对"人民是一个国家的真正财富"这一论点的肯定。

实施的挑战

发展中国家的公共管理者在管理国家发展的过程中尤其受到复杂需求的挑战。从概念上讲,发展管理(行政)被认为是国际与比较行政管理的一种副产物或分支。德里克·布林克霍夫(Derick Brinkerhoff)和詹妮弗·科斯顿(Jennifer Coston,1999)将发展管理视为一个明显折衷的应用学科,其理论和实践内容反映了四个相关的方面:(1)发展管理是一种提高对外援助项目效率和效益并且深化国际机构的政策议程的手段。(2)它是一个工具包,用于推动从各种社会学科(包括战略管理、组织发展、政治科学等等)领域获得的一系列管理与分析工具的应用。(3)它强调发展政策中的自决权、赋权和公平分配等价值观。(4)它具有一种明确的干预倾向,以自主解决政治和价值观问题的方式实现目标(Brinkerhoff and Coston,1999)。

在方法论层面上,发展研究常常存在次序和方法方面的无序状况。发展的目标或标准被严格定性,而且似乎无视直接评估,这使得发展研究特别困难。因此,过去使用可直接评估的指标来对发展进行间接评估,如受培训医生的数量、识字率、婴儿死亡率、平均预期寿命、人均收入以及公民拥有汽车、电视机、电话与收音机的比例等。因为"不存在能够准确地测量质量标准的量化指标"(Colman and Nixon，1986)，研究局限于获得定性描述社会的近似值。上面所提到的米达尔的发展标准的要素就说明了这个问题，即如何可靠地测量或量化变量，如"理性"或"社会和经济的均衡"。

因此，发展是多方面的、不能以单一因素对其进行衡量。出于多方面原因，对人均国内生产总值(per capita GDP)的普遍依赖其实不足以衡量经济发展。正如阿马蒂亚·森(Amartya Sen)[①]在《纽约时报》(1994年1月9日)的"简况"中所指出的，人均国内生产总值"可以很轻易地高估或低估贫困并且误导政策制定者。"[②]

作为一种标准，GDP也不会因生产力的社会成本(犯罪、城市扩张或安全隐患)而作出调整。GDP的另一个重要的局限性是它甚至没有试图解释发展的生态成本，比如对环境的破坏。尽管如此，在世界银行的年度报告中人均国内生产总值仍然被广泛地应用，将国家分为高、中、低收入的范畴。因此，对经济增长最有影响力的指标是狭隘的，甚至是不充分的，但却仍然是衡量社会生活的最普遍标准。

为了建立一个更加平衡和全面的体系，一个包含了若干种指标的指数有望提高其可靠性。虽然在实践中使用过多的指标非常难以管理，或者会增加管理成本，但衡量发展的经济、社会、政治和文化等方面的一组指标被证明是行之有效的工具。关键是要将这组重要的指标汇编入一个指数中，比如联合国发展计划署(UNDP)自1990年以来所制定的人类发展指数(HDI)。这一指数将数据与教育(成人识字率)、健康(出生时预期寿命)与人均国内生产总值结合在一起用以定义和衡量人类发展的进步程度。

---

① 阿玛蒂亚(Amartya)，参议员概要文件，《纽约时报》(The New York Times)。1994年1月9日，第8F页。
② 发展中国家是首选的名称，以取代如欠发达、不发达、新兴或贫穷国家等措辞。

迫于相关性的压力并被更为聚焦的中层理论的方法论所说服,最近的学术文献松散地将发展划分为三种类型:经济、政治和行政。每种类型都有其自身的理念、方法和学科基础。

经济发展

鉴于经济发展已被普遍地等同于人均产量和收入的增长,人们所期望的是生产力提高、就业机会越来越多以及经济多元化可以更好地促进经济的发展。巴里·赫尔曼(Barry Herman)指出,截至20世纪60年代初,"物理学的隐喻在经济学领域获得了新生,发展成为经济工程"(1989)。也正是在当时,国家规划风行于第三世界国家。这意味着在选定的经济领域进行国家直接投资,或者通过税收、补贴和法规集中地影响经济。1965年,联合国设立了发展规划委员会。该委员会由国际知名经济学家组成,负责制定与发展中国家共享的详细的规划技术(Herman,1989)。世界银行的早期政策同样也推进了中央计划的思路。

中央计划是发展的最普遍方式,这尤其是援助国以及联合国、世界银行和私人放贷机构所期望的。"20世纪50年代和60年代的发展理论家规定了长期、全面、国家规划、中央控制、'自上而下'的决策制定体系用以制定和执行发展的政策"(Rondinelli,1982)。中央计划的目的是改善整体生活,方式是在涵盖经济所有分支(农业、工业、贸易、教育和基础设施)的综合计划内选择、阐述并指定一系列的施行项目。中央计划的某些方法和程序源于西方国家的私营公司的实践(Rondinelh,1982)。

如今,我们很少能听到中央计划的说法,除非是试图理解中央计划为何失败(如东欧和前苏联)。发展中国家中央计划的记录也是参差不齐的。综合发展规划的一些认真尝试,通常被国际金融援助方案所启发,最终证明是虚假的。各种小毛小病被列为导致全面发展规划失败的原因,其中包括数据不佳、缺乏训练有素的工作人员、政治支持不充分、腐败,以及协调性较差(Heady,2001;Jreisat,2001;Caiden and Caiden,

1977;Palmer 等人,1989)。在许多国家,这些缺陷导致了严重的通货膨胀、巨大的公共债务并且加重了官僚制的僵化。

在 20 世纪 60 年代和 70 年代初,中央计划这一颇具影响的经济流派以线性增长阶段的形式对发展进行了界定。线性增长阶段是所有国家都必须经历的连续阶段。因此,国家只需要找到可以使他们"飞向"其所追求的发展目标的储蓄和投资的最佳搭配。这种机械的"经济工程"曾通过国家规划和资金投入来实现。认为阶段论及线性方式无用的批评于 20 世纪 70 年代愈演愈烈。经济增长一直是国家发展方案的核心组成部分,这就好像所有其他因素在经济形势没有改善的情况下不会起作用一般。尽管存在这样的狭隘观念,这一观点仍然很有说服力,并且需要进一步的探索。以下段落将对某些具有影响力的经济观点进行说明。

约翰·梅纳德·凯恩斯(John Maynard Keynes)所著的《就业、利息与货币通论》(The General Theory of Employment, Interest and Money,1936)提出,经济理论的发展要素是相关的、有效的。历史学家亚瑟·小施莱辛格(Arthur Schlesinger Jr.)将凯恩斯称为"本世纪的经济学家"(1994)。施莱辛格将凯恩斯对经济学的贡献描述为:

> 彻底地改变了现代经济理论和公共政策。正在那时,凯恩斯创造了凯恩斯主义,反驳了自我调整、自我调节、自给自足的市场这一经典的自由放任的理论,证明了自由经济有可能在就业率较低或较高时都达到稳定的平衡,并且提出了财政补救措施,通过这些措施政府可以在不破坏市场结构的情况下使经济运转起来(1994)。

凯恩斯主义经济学主导了许多西方国家的当代形势。例如,凯恩斯的思想为许多后来构成罗斯福政府新政方案的政策提供了智力支持。但是,它对发展中国家的影响大部分是间接的。在某种程度上,凯恩斯对新兴国家的发展并不是很感兴趣。但是他依靠国家作为实现经济增长(以及充分就业、物价与工资稳定)主要力量的观点曾被当做国家经济行动的理论基石。与凯恩斯主义经济学相一致,发展中国家政府制定发展的政策框架、实施投资重点、管理并经营大型企业,并提供了从教育至交通在内的广泛的基本公共服务(Esman,1991)。

在20世纪80年代,一种新保守主义的备选方案、一种经济思维的反向运动,获得了一定程度的发展。它具备基本的"结构调整"以实现自由市场、公共机构私有化以及废除生产方式和财产公有制的基本特性。它拒绝中央计划和经济活动的调节(Todaro,1989)。从本质上说,这种经济视角试图通过政府裁员以弱化国家在经济中的作用。此外,它主张放松管制以及公共企业与所有可能的政府职能的私有化。终极信念着落在市场激励机制上,人们相信市场激励机制可以产生更高的效率、更好地利用资源以实现经济的增长(Esman,1991)。世界银行和国际货币基金组织(IMF)这两个日益增长的经济组织是这种宏观经济政策背后的主要力量,并受到了大型工业体系国家(主要是美国和英国)的认可。

除了公共部门的经济参与度存在常见的不足并且效率低下以外,将自由市场作为解决方案的拥护者并没有消除对福利经济学的忧虑,并且似乎忽略了以前因市场失灵而产生的许多问题。历史表明,经济竞争从来都不是完美的或公平的,并且政府干预行为时常发生,因为"市场失灵"时需要政府来提高效率(Mendez,1992)或实现社会公平。2008年的经济危机以及美国和世界其他地区的政府纷纷扮演了刺激经济增长、创造就业机会、规范金融和经济行为等角色,这些都是很好的例证。此外,许多发展中国家的私营部门并没有准备好承担起重组和私有化计划之中的预期责任。

通常情况下,对发展实施战略的选择以对经济假设和观点的选择为基础,并且与类似状况下所确定的经济思想相联系。可信的战略确定了对内部或外部资源的依赖程度,列明了承诺股权合法价值观的详细信息,并且考虑了现有的和潜在的管理能力。但经济增长的概念和理论在判断引起增长的原因以及确定应该使用何种手段评估其结果时产生了分歧。似乎正是因为这种旷日持久的分歧,发展经济学领域正在经历信心和自我怀疑的危机(Colman and Nixon,1986),这在某种程度上是由激进政治经济学家日益严厉的批评所造成的。无论我们是否一直在观察发展经济学的消亡或盛行,重要的发展问题仍未得到解决。仅仅是这一现实便对发展战略在发展中国家的实施构成了无从回避的障碍。

管理发展

一个新兴的民族国家的发展必然体现了对特殊行政能力的特定需求和要求。这种适合发展中国家特殊需求的行政或管理类型一直被称为发展行政或发展管理(参见第二章)。从广义上讲,发展行政是社会发展的一个不可或缺的组成部分,并且受到社会整体政治、经济、文化属性的深刻影响。它是制定和实施战略的过程,这里的战略涉及旨在实现社会进步和诱导经济增长和社会变革的政策、计划、方案以及项目。

发展行政是对特定国家需求的响应,并且它与行政发展不同,后者可以是在任何环境下寻求改变或试图提升其能力的任何行政。发展行政涵盖特别适用于发起及执行发展目标的政策、组织和程序。虽然发展行政在本质上具有与发展中国家相联系的特殊性(但不限于此),但是行政发展才是治理的普遍目标。

在其发展的早期阶段,比较公共管理运动意识到了发展中国家的特定管理情况和需要。在20世纪60年代和70年代,比较研究和学术活动产生了大量的著作,这些著作第一次系统地提出了发展中国家的行政系统。在此期间,使用了描述和分析等多种技术手段的各类实地研究成果被发表,其中许多是案例研究,这丰富了发展行政的研究文献并且强调了某些国家所面临的重要问题与挑战。下列著作只是举例说明,并不是对早期著作的详尽描述:

- 拉尔夫·布雷班迪(Ralph Braibanti),1966年,《巴基斯坦官僚主义研究》(Research on the Bureaucracy of Pakistan)。描述了影响巴基斯坦行政系统的各种环境问题及其历史,结论是一项在该国推行行政改革的计划。

- 罗伯特·T. 达兰德(Robert T. Daland),1967 年,《巴西计划:发展政治与行政》(*Brazilian Planning: Development Politics and Administration*)。探究中央计划在发展中国家是否有必要或是否可行。将巴西作为研究案例,他得出的结论是,计划和发展之间的联系既不是直接的也不完全是积极的。

- 爱德华·W. 韦德纳(Edward W. Weidner)编辑,1970 年,《亚洲的发展行政》(*Development Administration in Asia*)。包含 13 篇与亚洲开发管理各个方面相关的文章。

- 米尔顿·伊斯曼(Milton Esman),1972 年,《马来西亚的行政与发展:多元社会体系与改革》(*Administration and Development in Malaysia: Institutions and Reform in a Plural Society*)。介绍了通过制度建设和行政改革来提高高级管理人员的行政能力。

- 约翰·D. 蒙哥马利(John D. Montgomery),1974 年,《技术和平民生活:制定和实施发展决策》(*Technology and Civil Life: Making and Implementing Developmental Decisions*)。批评西方理论专注于宏观发展而不将技术与政治权力的重新分配相联系以服务于那些最困难的国家。

- 菲利普·E. 摩根(Philip E. Morgan)编辑,1974 年,《非洲变革的实施》(*The Administration of Change in Africa*)。提供了许多非洲发展管理方面的文章。

- 乔治·P. 格兰特(George P. Grant),1979 年,《发展行政:理念、目标、方法》(*Development Administration: Concepts, Goals, Methods*)。提供了对这个问题的全面介绍。

弗雷德·W. 里格斯(Fred W. Riggs)

弗雷德·里格斯是一位多产的作家,其著作是如此的广泛且具创造性,以至于成为一个独立的研究领域。在 20 世纪 60 年代和 70 年代,里格斯是美国的比较和发展行政领域无可争议的学术带头人。他在比较管理小组(GAG)就职,这一小组后来演变为美国公共行政学会的(SICA)的国际与比较行政部门(ASPA)。他早期的著作集中在发展行政领域并且提出了某些引起全球范围内该领域学者回应的模型与理论。在此,应对他的以下三部著作进行讨论。

在《发展中国家的行政》(*Administration in Developing Countries* 1964 年)中,里格斯提出"棱柱社会"的概念来解释发展中国家独特的形势和政治与行政的动态。他使用结构与功能法,并基于他在菲律宾和泰国的实地考察,创建了一个模型,这一模型已成为其名字的代名词。从一开始,里格斯就强调了其著作的一个基本前提是:"事实上,我们就过渡时期的社会管理形势的特点、就管理转型过程中可能的阶段或顺序、就行政变化和政治、经济、文化的相应发展过程等方面并未达成共识。甚至在行政与文化关系上存在分歧——行政行为是由特定文化单独决定,还是与社会政治一体化的整体水平相对应"(1964)。

作为一种概念化发展中国家的替代模型,里格斯在棱镜比喻的基础上提出了"棱柱模型"。当白光(即由所有可见光波长组成的光)通过(融合)一个棱镜,将受到折射并分解成多种颜色,形成一道彩虹。同样,里格斯称,处于发展过程的社会从很少或没有差异存在的融合模式(a fused mode)发展成一种功能专业化程度很高的折射状态(a diffracted condition)。在行政方面,这意味着从一种少数结构体履行多种功能的情况(正如非常不发达国家的情况那样),发展为包含有很多执行特定功能的具体结构(正如在高度发达的社会中,比如西方工业国家)。如果这种体系开始向特定的结构分配特定功能,那么它正在演变为差异化的更高模式。此阶段也被称为走向最终完全分化阶段的过渡期(transitional)。

然而,大多数发展中国家的社会位于"融合"与"折射"之间被称为"过渡"的中间位置。因此,在过渡期间,社会不断地尝试实现更高层次的差异化,并且在其组织和劳动力方面获得更高水平的专业化。根据里格斯的观点(1964),其他相关变量是与折射(差异化)体系一样居于高位的普遍主义与成就。相较之下,融合模式对特殊性和归属更加感兴趣。棱柱模型涵盖了处于连续的中间阶段的众多国家。

《泰国:一个官僚政体的现代化》(*Thailand*:*The Modernization of a Bureaucratic Polity*,1966)是对泰国政治和行政变革的案例研究。在对社会及其主要特征进行综合考察后,里格斯得出结论称:这个国家疲弱的政治结构不足以向官僚制提供必要的控制,而官僚制是不可能自己实现现代化的。

在《公共行政生态学》(*The Ecology of Public Administration*,1961)中,里格斯通过自己在东南亚和美国的田野调查系统地阐述了自己对发展中国家公共行政的看法。他意识到,新独立的国家一直面临着对其行政体系进行重组和调整以应对发展挑战的问题。问题是在西方社会的社会、经济与政治条件下,发展的行政理念与方法在新环境下未必完全有效或适用。因此,里格斯的结论是,社会、文化、历史或建筑环境的差异影响了行政行为的方式。他将此范围的所有这些问题称为"行政生态学"。里格斯指出,政府环境"是行政行为根本决定因素之一"(1961)。

在分析中,里格斯一直强调比较方式是必不可少的。通过对社会进行对比,"我们开始探寻特定环境功能是否经常伴随有一些行政特质"(1961)。他主张,通过比较我们可以从众多环境因素中梳理出个别对行政体系有重要影响的因素。因此,为了解释两个行政系统之间的差异,"我们必须寻找生态的差异。"

总体而言,里格斯的著作更重要的是在研究文献以及对跨文化研究感兴趣的公共行政专业的学生中间引起了辩论、甚至引发了莫大的兴趣。里格斯是一位复杂的学者,他为早期的比较发展行政活动提供了组织领导与指导。但是,他的贡献主要停留在宏观层面上,并且过于关注综合且庞大的模型,而这个任务被证明难以实现并且和社会与管理实践者的迫切要求不那么相关。尽管对其工作存在批评,如过于抽象、与管理实践者相关性不强,以及缺乏有说服力的实证证据,但是到目前为止,里格斯所发表的著作在比较和发展行政领域仍位于最受支持的学术作品之列。

不过,对发展中国家行政的重点关注是对第二次世界大战战后民族中心主义传统公共行政与比较政治的背离。虽然一般而言殖民主义的结束放大了对发展中国家的兴趣,但是比较与发展行政试图探索新兴世界这种单一目的的热情比以往任何时候都更加高涨。受到美国基金会和政府机构的慷慨资助以及由冷战的狂热竞争带来的金融等方面优势的刺激,比较公共行政方面的学术研究蓬勃发展。跨文化研究显著扩展,并且常常与涉及部分新独立国家的实地调查研究相联系。上文列出的几种参考文献便是这一时期智慧成果的例证。这种趋势中一个特别显著的方面是美国和世界其他国家与地区的教育体系中比较与发展行政的整合和制度化。比较与发展管理课程成为许多公共管理专业研究生课程和培训活动的核心内容。期刊论文中存在大量的比较分析;并且各种出版项目也越来越多地涉及比较分析,进一步扩大了对这一学科的兴趣。

显然,比较和发展行政被公认为拒绝传统公共行政的狭隘本位主义并且高举跨文化研究的旗帜。这些努力取得了多大的成功则完全是另外一个问题。发展行政研究曾明确宣称将会确定一些跨越国界的行政行为的决定因素。早期的发展行政并没有被某种单一模式(西方模式)所吸收或接受,然后试图依靠这种模式来权衡世界。换言之,比较和发展管理研究成功地避免了成为罗伊·麦克迪斯(Roy Macridis)和伯纳德·布朗(Bernard Brown)对比较政治学所做的学术贡献,即某一阶段的

"决定论、科学至上主义以及具有鲜明特质的肤浅的研究"(1990)。事实上,这些性质表明了政治研究时至今日所面临的一个实质性困境。在另一方面,发展行政认识到提出有助于应用、解决问题与服务群众的实际见解的重要性,并且将这种重要性内在化。作为一种智力产业,发展行政一直关注理论和实践融合的需要,因为最终会由其实际目的和解决问题的能力来对其进行评判。

随着时间的推移,比较和发展行政从政治学中获得了更多的知识自主权,并且更自由地涉及了比较政治未能或不会涉及的领域。比较行政扩大了在其他社会的兴趣,对其他社会治理的正式与非正式流程、历史遗产以及行为和文化的独特性进行借鉴。然而,发展管理现在面临着明显不满于受其约束的理论和实践问题:

- 许多发展中国家所颁行的各项行政改革方案在实施中并未取得进展。
- 国际组织(世界银行、联合国开发计划署)按照支持自由市场与私营部门并且试图限制国家作用的既定公式来指导理论建设和结构调整工作。
- 具有跨文化交流教学和学术研究悠久历史的高等院校、在将跨文化相关课程合理化、为其提供支持以及证明其在实际职业与工作机会中所起的作用等方面存在着困难。讽刺的是,这种情况恰恰发生在技术和信息革命正在创造新的就业选择、推动全球化趋势、扩大跨国比较研究需求之际。
- 对传统组织和管理概念与实践的不满、使得在如何提升经济和技术效果以及如何衡量计划与项目产出方面产生了更丰富的管理思想,这就是今后的新公共管理。

显然,目前的发展管理概念处在一个十字路口。在地平线上几乎看不到明确的方向。国际比较管理局(SICA)是美国公共行政学会(AS-

PA)中存在时间最长的部门,并且几乎是处于休眠状态。在过去的几年中,国际比较管理局的管理者似乎已满足于微不足道的活动,总是忙着收取会员费以及在年度美国公共行政学会(ASPA)上露一下面。他们既没有设置用于研究和发展的议程,也没有为学术项目提供必要的指导。当然,比较和发展管理研究和教学的当前状态是,十分缺乏来自全球整体环境的需求、潜力和要求。

发展的政治与行政关系

政治发展是刺激政治制度并且激活其体系从而获得满足新老类型目标和要求的更大能力。这指的是在行政和政治体制内建立用以满足任何需求的组织结构的能力(Heady,2001;Diamant,1966)。以国家自主行动能力的视角观察政治发展的优势是将讨论从"变传统体系为西方式民主国家"的永恒冲动中解脱出来。这种生硬的模仿或复制的尝试完全是徒劳的。

发展中国家过去几十年的经验表明,治理问题往往因种种理由而更加严峻,其中最重要的原因是这些国家一直缺少精明的领导。虽然缺乏政治发展这一问题并不存在即时解决方案,但是对西方国家所应用形式之外的备选方案的继续探求非常重要。然而,无论采用何种变化形式,必须通过更优化的程序(如构建与公众的新联系、建立可行的制度、增加决策的透明度,以及增强对公职人员的问责制等方式)才能提供更有效率的治理。这样,评价的标准就变成如何有效地实现国家的需求和目标,而不是怎样才能与西方管理实践相类似。这些目标中必须包括使公民免受饥饿、疾病、愚昧、政治压迫,以及保护环境。真正的政治发展总是要求体系真正独立于外部霸权和监护之外,立足于当地的需要和利益来制定决策。

政治参与和政治发展密切相关,这一过程似乎被持续变化的定义阴云笼罩。琼·M·尼尔森(Joan M. Nelson)将政治参与的新老形象加以区分。老形象"体现了参与理念和民主观念之间的密切关系"(Nelson,

1987)。事实上,在这一概念下,参与几乎完全是民主环境下的一种构想,并且在其他环境下被认为是值得怀疑的或者是难以置信的。一种近期的替代定义将参与和民主的概念相区分。这种新尝试试图涵盖更广泛地域和时间范围内的更多的知识点。在此概念下,尼尔森(1987)认为:"参与仅仅是普通人在任何类型的政治制度中影响其统治者行为的努力,并且有时确实可以改变统治者。"

20世纪60年代和70年代政治发展领域的学术研究表明,争议集中在第三世界国家发生了什么与本应该发生什么等方面。正如韦纳所指出的,对受到广泛认可的美国政治发展存在大量学术研究成果,但是再充分的评价也无法参与或解释第三世界国家的许多变化(1987)。因为无法摆脱文化和政治的偏见并且受到既定的方法论流程的推动,这些出版物往往在相关性的战役中败下阵来。早期的经济发展主张财富的创造和分配而不是财富的聚集,与之形成对比的是政治发展往往看似更关注权力的聚集以实现民主或其他形式的政治秩序和稳定(Huntington,1987)。事实上,专制的中央控制变得相当普遍,在许多国家,军队恰好有责任承担具有独裁风格的治理责任,无论人们愿意与否。

因此,最根本的问题仍然存在:政治发展是否与行政发展相脱离?官僚主义是否对政治发展产生了阻碍?

当然,经证明政治行政关系比预期的更加复杂:涉及太多的变量并且抵制任何绝对的结论。人们普遍认为,行政发生在各种环境中,而公共行政在政治环境下起作用。在合法的职能和责任差异较小的社会,行政与政治结构之间往往自由重叠、相互干预并且互相适应。因此,尽管识别出了政治与行政的许多独特的运作因素,这些因素仍然密切相关。同样的道理,正如这些因素都对国家发展计划的结果负责,他们在设计中也是相互交织的。

第三章已对官僚作风和民主问题有所涉及。正如我之前所指出的,官僚制是分析的基本单元并且是现代治理的一个基本的、普遍的结构。

但是如果我们认为只存在一种整体官僚结构、可被直接用于任何环境，那么就是被误导了。某些学者指出，发展中国家所引入的形式与其在西方的民主观念不一致。阿布多·巴克利尼（Abdo Baaklini）指出，"一般的发展理论和特殊的发展行政并没有从历年来美国在该领域丰硕的智慧成果中获益"（2001）。他的结论是：自第二次世界大战以来被发展中国家引入的发展行政类型不一定能反映西方的民主价值观。美国经验的"抽象概念"受到了美国政府各种双边项目的直接推动或联合国的支持。在这种抽象概念中，民主环境被认为充其量暂且不相关，否则在最坏的情况下是完全有害的、反对发展的。因此，尽管我们经常反复告诫仅仅是在短期内如此，但是发展的意识形态是一种有意或无意的反政治的意识形态（Baaklini，2001）。

在第三章中，我也指出里格斯（2001）阐述了"失衡论点"，在此论点中他所持的立场是，官僚权力和机关效率导致在新兴社会中缺乏政治发展。对于发展意识形态的明显集中趋势，不同的人有不同的解释。毫无疑问，无论冷战时期美国的外交政策还是美国的对外援助计划都没有热情地倡导在许多发展中国家推进民主的政治制度和程序。事实证明，现实与此恰恰相反。太多的例子表明，那些确立与培养独裁和霸权制度统治者、如伊朗国王及其他独裁政权的事件往往持续受到了美国的保护与支持。在这种情况下，行政系统只能是其政治背景的反映。

在另一方面，无论推荐何种研究方法，社会科学学术研究认为官僚主义是实现发展的最好、最客观的方式（Illchman，1965）。一些作者竟然鼓吹军事官僚制作为发展模式的优势（Johnson，1972；Huntington，1968；Janowitz，1964）。然而，这些理论很少讨论官僚制应该实现的目标和价值观，以及官僚制是否可以始终承担责任。不过，比较公共行政一直关注政治权威和政治文化对行政绩效的影响。事实上，在20世纪60年代初比较思想辩论的重要主题便包括权力、效力和官僚制等等。

无论执行中的效果如何，政治控制对行政的首要地位都不容质疑。

众所周知,在一些发展中国家,政治领导人非常严格地控制着国家的各种权力,特别是那些涉及公共资金和军事控制的权力。事实上,"国家的政治功能也赋予了行政程序很多当前的属性:高度集权、为裙带关系和政治庇护所困扰,以及背负着公职人员缺乏训练、队伍膨胀的负担"(Jreisat,1997)。在这种政治模式和流程下,具备中立能力(neutral competence)的专业管理难以为继。

那么,不可避免地,行政改革由政治领导的态度及其支持改革的力度所决定。官僚制的哪些部分可能会被改变?公共决策允许公民参与到什么程度,以及如何处理不同的意见?谁将从改革中受益?除了研究体制的类型以外,确定在何种条件下可以受到政权的支持也是必要的。另一种选择是在与现有政治权威不适应且因此实施机会不大的改革中投入巨额预算和大量努力。

当前一种乐观的看法期待自20世纪80年代起民主体制在大多数国家再度兴起,这(即便没有将其完全消除)已经动摇了公共行政管理的自以为是及其优越的合理性(Baaklini,2001)。实际上,该观点承认了这一事实:新成立的民主国家将其行政机构置于适当、有效的民主控制之中的能力,仍然面临着许多严峻挑战。重大挑战依然存在。

- 政治腐败蔓延至政治家和立法机构,腐败被认为是谋取私利或狭隘的利益而非公众利益。公众不信任政治程序。

- 许多立法机构对官僚制进行有效监督或启动战略公共政策的能力有限。公众和官僚们都知道,在他们的国家,立法机构很少是由自由选举所产生的,因此这些机构只具有象征性的道德权威。

- 重新定义私营部门的社会作用以及全球经济闪电式发展将许多发展中国家的官僚制置于困境。为了适应重新定义后的新角色并实施新制定的公共政策,官僚制面临着很大的不确定性,并且缺乏政治支持。然而,许多发展中国家的公民似乎将其经济和社会问题主要归咎于政客和立法机构。他们认为,官僚主义势力在很大程度上是政治软弱的结果,而不是造成政治软弱的原因。

发展中国家的公共管理特性

尽管许多国家发展计划的落实结果仍有不足之处,但是许多发展中国家面临着不断建立具备克服传统障碍、有效执行发展政策能力的机构和组织的持续性需求。这些能力的构建和使用一直是发展行政的主要挑战。这些能力的缺乏与瓦解往往成为发展行政不尽如人意的主要因素。因此,发展行政在某些关键领域的进展并不顺利,比如,规划鼓舞人心的愿景,以及有效管理以便实现这一愿景。举例来说,就利用现代技术而言,发展行政似乎在利用技术提高内部运营以及提高发展组织整体效能方面落后于私营部门。

因无法及时纠正其不足之处或从其失败中吸取教训,发展行政在很大程度上仍然背负着沿袭下来的结构和行为包袱,并承担着严重内在化的当地文化模式的负担。这些遗留问题具有阻碍性,并且将有限的制度能量浪费在了实现发展要求的富有成效努力之外的其他方面。人们发现,在试图确认及定义行政体系的典型问题和特点时,研究文献出现了观点的高度一致。以下三个集群(汇总于表 6.1)描述了发展中国家公共行政的一般属性:

表 6.1 发展中国家行政体制的特性

弗雷德·里格斯	费雷尔·海迪	其他
重叠与异质性 形式主义 扩散 一党专制 归属	模仿而不是本土的 缺乏技巧 不以生产为导向的官僚主义 形式主义 自治	人浮于事的社会团体 公职人员所得报酬低 生产力低下 缺乏创新和精明的公共管理者 决策制定过度集中 腐败 行政管理反映政治环境

1. 被弗雷德·里格斯(1964)定义为寻求现代化的过渡型体制的属性：

■ 重叠与异质性。发展中国家的行政制度给人一种虚幻的自治印象，而实际上却深陷于传统社会、经济、宗教与政治制度残余，并且受到它们的不良影响。因此，要了解其他类型社会制度中的公共行政，我们还必须研究"重叠"的相互关系。

■ 形式主义。形式在发展中国家并不总能代表现实。立法者所通过的法律并不是由政府来强制实施，因此需要更多的规则，而这些规则与之前的一样，仍然是形式主义的。

■ 扩散。这是行政结构与功能低水平分化（或者不分化）的一种属性：每个人的行为都不一样。与扩散相对的是衍射（正如里格斯所使用的术语），其中每个制度结构都是特定的，并执行特定的功能。在这里，制度出现分化，而且分化过程是普遍的且以成就为导向。因此，扩散就是低程度的分化——是一种不发达的表现。

■ 一党专制和归属。发展中国家的行政在应用规则时往往因家族关系、财富和影响力而有所差异，而不是一律适用统一规则。

2. 据海迪称，发展中国家行政的典型特征是一组常见的管理模式(2001)：

■ 模仿而非发展其本土的公共行政。这是指有意识地去模仿现代西方官僚行政的一些范式或将其引入到发展中国家。

■ 尽管失业率很高，但是官僚制缺乏发展项目所必须的技术人员。发展中国家的官僚制缺乏具备技术能力和管理能力且训练有素的管理人员。

■ 官僚不是以生产为导向的。许多官僚活动会以实现目标而不是项目目标为导向。

■ 形式主义。形式与现实之间的普遍矛盾。

■ 具有大量行动自主权的官僚制。这是若干因素（包括缺乏透明度和较差的制度控制）作用的结果。

3. 有一群人通过考察一些发展中国家的行政制度得出其观点，并特别提到了阿拉伯国家，证实了一些由里格斯和海迪所提出的特征（尽管存在一些不同的侧重点）。许多研究已经对当代阿拉伯社会所提出的行政改革的实施与结果进行了评估，并且做出了评价（Ayubi,1989；Jabbra,1989；Palmer,Leila,and Yassin,1988；Jreisat,1997、1988）。以下为有公开记载的官僚制的部分属性：

■ 臃肿的公共机构，其员工的薪酬偏低且生产效率也低。大多数阿拉伯国家的官僚制增长过度，但是公共服务却并未随之相应改进。公共职位增长的规模和类型表明大部分的扩充是在中央办公室，而不是在地方政府；同样，增加的是"常规的"而不是"发展型"工作岗位。除了主要的石油生产国外，在大多数阿拉伯国家，公职在失业率长期居高不下的国家（如埃及）都是就业好机会。国家一直是最大的雇主，其雇用行为都是为了满足最低标准，而不是寻求最有资格的申请人。在大多数类似的国家，工资及生产力的预期常年保持在较低水平（Jreisat,1999）。

■ 创新型和熟练的公共管理者供不应求。在一定程度上归咎于底薪结构与较差的激励机制，阿拉伯国家的官僚制缺乏创新能力。即便财政激励措施没有问题，如在石油生产国，创新能力也一直偏低（Palmer等人,1989）。

■ 过度集中的决策。高级管理人员被简化为不假思索地执行更高层命令的文书。

■ 政治和行政腐败经常阻碍改革。腐败通常涉及出于个人利益、金钱或其他考虑而对职权进行滥用。同样，腐败涉及公职人员的不道德行为以及对公共服务职业规范的故意违反。然而，腐败的原因不能明确地认定。微不足道的工资、不充分的福利、对国家或执政党承担很少的责任、缺乏对政府官员的监管与控制，以及社会文化被彻底指责，这些都是引起现代政府腐败猖獗的原因。

■ 反映其政治环境的行政结构并未适应包容性决策过程的迫切需要。公共职员并没有促使其提升表现的主人翁意识。此外，在商讨塑造公民生活并对公民未来产生影响的政策时，也并未让公民（至少是那些受直接影响的公民）参与。

只要政治和文化环境没有接受或将公民社会的基本原则内在化，这些发展行政的典型模式就还将延续。公民社会是一个被用于表示法治社会、私人财产所有权与人权的术语。此外，无论在什么地方，如果某个国家高度集中并且通过直接所有权或过度管制进行经济统治，那么这个国家的非政府部门业已普遍陷入了困境：功能有限且竞争力大受限制。但是，在过去的几年中，大多数国家都试图通过采用更分散的政治和行政制度、雇用更多训练有素的员工，以及更加重视人权问题和全球关注的问题，如移民、环境、安全、卫生保健来改正传统体制的缺点。公共行政中的比较分析和持续的国际化趋势强化了这一倾向（Jreisat，2005）。普世价值刺激了对管理知识和技能的新需求，因而面对管理的日益国际化、对公共行政的普遍需求，以及不断强调价值标准，发展管理的独特性正在逐渐弱化。

第七章 发达体系的管理

> 我们正处于一个新的时代。今天,我们不得不接手处理那些旧时代的遗留问题:国家经济繁荣与萧条的周期性变化、社会分工、公共服务的长期投资不足。
>
> ——英国前首相托尼·布莱尔(Tony Blair)
> 在纪念玛格丽特·撒切尔辞任十周年纪念日上的讲话

检查中央集权,建立机构

先进、发达或工业化民主国家等词汇经常用来表示加拿大、欧洲国家、日本和美国等。这些国家都具有制定与执行公共政策的相当有效的治理体系。一般情况下,这些国家所采用的公共政策和社会需求之间往往具有高度的一致性。公民通常通过宪法所建立和保护的权力积极地参与治理。公共政策的实施被分配给依法享有决定权并具有执行能力的机构。

由于各种各样的原因,发达国家所享受的整体生活水平要比其他大多数国家的生活水平要高。发达国家的公民普遍具有较高的收入水平、更好的医疗保健、更高的识字率,并且得到法律的平等保护。受益于在生产与服务中使用复杂且定期完善的技术,这些国家成功地持续增加其组织的产出,提高其管理效率。

不论工业国家的发展水平如何,它们通常所使用的行政理念与实践以及如何逐步实现这些行政理念与实践是具有普遍意义的课题。要了解发达国家的管理体系如何助其达到高水平、高性能,我们需要对其体系以及治理的普遍制度进行广泛的、回顾性的考察。一般情况下,公共行政文献忽略了珍视传统,没有以不断发展、进化的眼光看待体系与社会。但是本讨论的目的并不是对工业体系的这一方面进行详尽的分析,而是为了强调在他们的制度和治理过程中留下不可磨灭的痕迹的关键事件。

当代学术研究继承了这样一种认识:17世纪欧洲的实践是现代官僚制的先驱。17、18世纪是现代官僚制发展的基本阶段,并且是了解行政结构以及塑造其影响力的良好来源。早在17世纪,从欧洲的省份和地方剥夺的权力被集中在中央政府,被用来积极扶持和发展行政和财政(Gladden,1972)。在此期间,德国引领了西方"职业化"的公共服务。政府活动和服务得到了拓展,这在知识和技能方面向被任命者提出了特定的要求。普鲁士是第一个引入并设立公共服务入职考试的现代国家(Gladden,1972)。

早期,对政府运作所必需技能的教育和专业培训的需求变得相当明确。德国政府主动宣称在大学中可以获得适当的教导。早在1727年,腓特烈·威廉(Frederick William)在两所德国大学中设立了官房学派(Gameralism)教授的职位,以教授有效行政方面的课程。到1808年,一个由贵族调控的官僚制取代了国王和议会的王室专制。职业官僚无不通过严格的考试从国家知识精英中进行选拔。由此产生了一批自称为大众利益真正代表者的贵族专家(Gladden,1972)。

1650年至1850年之间,西方经历了重大的政治与经济震荡,这导致了对其行政体系的重新审视和重组。从历史上看,西方经历了反对现状的革命;但很快结果就变得深远且普遍。1688年的英国革命、1766年的美国独立战争和1789年的法国大革命均发生在工业革命之前,而工业革命在20世纪初之前产生了深远的影响。这些历史事件所产生的单一和整体影响是深刻的政治、经济和行政改革,其影响的广泛程度远远超出了一国的范围(Jreisat,1997)。

革命是对现状的颠覆和放弃,以便获得一个更好的选择。因此,这些英国、法国和美国的政治革命所实现的不只是迎来了令人眼花缭乱的政治选择。正如我们所知,它们还奠定了"组织化社会"的基础,并且推进了理性、解放和平均主义等现代价值观。通过官方设计以及新社会经济现实的推论,正规的组织和专业化的管理对新国家而言是不可或缺的。作为重获新生的社会结构的组织机构,以及在行使其专业技能中获得更多自主权的专业化管理,这两者都成为公共决策可信的实施者。这些公共决策已经与公众意志绑定在一起,而不是与统治者个人专制的命令相联系。因此,社会利益(而非公共决策之中的个人欲望)的代表性终究不可避免。

法国大革命的动力来自于那些饥饿的公民,他们对由国王授予特权并进行垄断的整个没落的政治和经济结构进行了反抗。这场革命使得为人民造福祉成为政府的职责。通过引入如公民、权力、自由、平等与正义这些概念,而改变了政治与行政的性质(Jreisat,1997)。

另一方面,美国独立战争的发起者们则持有不同观点和经验。众所周知,这些人试图体现"盎格鲁—撒克逊"的传统,特别是约翰·洛克,大卫·休谟和亚当·斯密的政治和经济观念。然而,现代的历史学家和研究人员正在寻找证据,试图证明土著居民对从欧洲到美国的移民的影响力比公认的要深远许多。所有这一切中,无论最终政治与经济计划是什么样的,美国经验使个人的自主性和意志至高无上。

截至19世纪中叶,封建经济秩序瓦解,出现了商业化,其后便是工业革命。随着商业主义的扩张,新的城市中心形成了。对海上航道、对其他民族和地区的殖民以及控制世界贸易的权力斗争激化。西方帝国主义的扩张几乎影响到了已知世界的各个地区,特别是亚洲和非洲。

针对早期阶段的对比分析表明,许多重要的哲学变革和实践改革正在酝酿之中。在英国,立宪主义的诞生抑制了官方的专横统治,并且规定了议会享有至高无上的权威。在法国,对过度集中权力的攻击为新的集中式结构做好了准备,例如开始于拿破仑时期的地方政府治理。在法国和英国,公共机构的方向以及结构都发生了重大改变。在新的政治和经济现实背景下管理国家事务需要不同的技术水平、责任承担和价值标准。此外,政治和经济事件为公共行政留下了显著的印记。君主专制的废除以及权力移交至一个自由的立宪国家意味着政府的主要作用成为对权利和自由的保障,如财产权、自由市场资本主义,以及人权。国家以法律为基础,并且其主要职能变为对法律的制定和执行。因此,对公共管理的研究转变为对行政法的研究。律师取代了管理者成为政府的上层和中层"精英"(Kickert and Stillman,1996)。

法律在19世纪的法国自由国家的主导地位强调了对公民权利的保障以及对国家权力的限制,但是它"使以社会科学为基础的公共管理黯然失色"(Chevallier,1996)。尽管如此,国家继续扩展职能并以干预的方式起到调节经济和重新分配社会公平的作用。国家干预权力的增加不可避免地为提高国家行动效率的公共行政的迅速兴起和不可或缺提供了适当的条件。因此,看起来似乎公共管理的发展和独立是无可争议的。在现实中,对行政法的研究继续和法国乃至整个欧洲体系的公共行政一较高下。在20世纪60年代,法国经历了"学术成果的惊人增长,这些研究声称从行政学中汲取了灵感",舍瓦利耶(Chevallier,1996)如此指出。他的结论是,在现实中,法国的行政知识已经通过各种方式得到了丰富,他进一步从中挑选出了三种现有的模式:

- 一种法律模式,其基本目标是在强调对法律文本的引用的同时,获得对公共行政结构与功能的更好了解。

- 一种管理模式,旨在寻找并实施最有效的管理技术并试图超越公私之分。
- 一种社会学模式,其目的是在社会学的概念和方法的帮助下增强对行政现象的理解。

英国治理模式结构在 20 世纪很少发生变化。宪法规定将君主权力控制在受限制的礼仪职责范围内;行政权力集中于总理办公室和内阁之中;立法权主要隶属于议会。到了 19 世纪末,英国制度完善了公务员招聘和留用的价值体系。公务员制度逐步发展并且围绕经明确划分的雇员类别进行组织:文职、行政和管理。当代行政管理层的领导预期在政治党派竞争的情况下实现传统的中立。现代英国体制的另一个显著特点是财政部在履行各种为民服务职责中的作用(在上世纪 80 年代初之前,这些职责曾由首相承担)。

英国公共行政"与核心欧洲国家相比仍然更像是一颗北美的卫星"(Pollitt,1996)。20 世纪 80 年代,一场无疑是政治层面上的运动试图寻求行政结构和功能的彻底变化。政府强调经济和效率,要求提升政府官员的财务技能,强调评价的重要性,并且创建了新的国家审计机构以履行超越传统审计的职责。此外,正如巴兹雷所指出的,在与公共服务工会的谈判中,政府能够制定更符合现金流要求(而不是思想可能性)的协议(2001)。"政府在这些谈判中的立场好像在控制公共开支的增长方面具有重大的意义"(Barzelay,2001)。据波利特(Pollitt)所称,这些变化决定了公共组织文化转向特别服务于以下三个目标:

- 一种新的、以产出为导向的、注重成本且去中心化的公共服务。
- 一种以客户为中心的公共服务。
- 政府作用的弱化以支持私有化。

20 世纪 80 年代英国改革公共部门的计划经常被称为"首相玛格丽

特·撒切尔计划",因为虽然这一计划的主要思想并不是撒切尔夫人提出的,但是这一计划却是在她的领导下实施的。该方案获得了极大的好评,同时也受到了不少批评和质疑。撒切尔夫人广泛宣传的变化是政府中心机构的创建,这一机构由她亲自遴选的人员组成,负责监督管理的改进。人们认为这项措施加深了她与公务员之间的隔阂,特别是在引进了财务管理倡议(FMI)之后,因为紧随其后的是对政府部门效率的详细审查。公务员认为她是在试图以拥护其所倡导的经济自由主义的局外人身份来替代中立、无私的公务人员(Mascarenhas,1993)。此外,这一改变意味着她较少依赖财政部和公务员主管部门,而在1981年她将后者废除并将其某些职责转回财政部(Barzelay,2001)。

在"撒切尔夫人计划"实行数年之后,对其评价仍是毁誉参半并且越来越具有批判性。各方面因素综合起来形成了负面评论。其一是态度和组织文化被证实比预期更具有弹性。另外,反对派认为首相撒切尔夫人的行为主要是受到意识形态的推动以及对变革的实用主义考虑。这些变革的最终作用是将政策制定从服务提供中分离出来。政策制定主要被集中于技巧和领导能力都得到增强的中央办公室,而服务提供则被指向层级较低的组织机构。这一切都具有通过可衡量的结果重新强调问责制的倾向。最后,反对势力将她的党派属性不仅视为亲保守主义而且视为反公共部门、反福利国家以及反劳动力。这些观点似乎以对该计划的显著抵制而告终,或者,最终造成了她与反对派之间的相互不屑。

科学与理性主义的影响

工业革命将管理理念与实践锐化、精炼且合理化,特别是将投资的资本回报最大化以服务于资本主义的目的。新组织机构的重点转向强调科学、技术和经改进的管理实践的理性理论。因此,组织机构被确认为一个社会技术工具,是实现"大目标"(例如那些对自己国家的角色持领土扩张主义观点的企业家与政治领导所期待的目标)所必不可少的。在欧洲,国家的发展和公共管理的发展一直有着密切的联系(Kickert and Stillman,1996)。在德国和法国,紧随国家职能扩展的是公共部门的雇员人数和政府职责复杂性的不断增加。

不过,其他概念框架没有像马克斯·韦伯的官僚模式那般充分体现了时代的精神,并且拥有一大批追随者。马克思·韦伯的官僚模式在描绘其法理性权威体系方面与西方体制相接近。多年来这种模式的变体遍及西方国家。官僚资本主义模式几乎在资本主义经济秩序范围内实现了普遍的认可和接受。

其他框架继承、延伸、否定、批评或修改了官僚模式。行政管理、各辅助机构内的人际关系、体系分析、决策模式、新公共管理,尤其是最近的新公共管理——所有这些努力都是为了制定最合适的组织和管理程序以完成紧迫的管理任务。尽管存在挑战和批评,基本的管理理念被证明是异常持久的。古典的、传统的、理性的或机器模式被用来指代三种强大且广泛讨论的方法:(1) 科学管理或泰勒主义,美国的一种流派;(2) 对法国工程师亨利·法约尔(Henri Fayol)于1916年所提出思想的美国式精炼与成熟化;以及(3) 德国社会学家马克思·韦伯所提出的官僚模式。从19世纪80年代到20世纪40年代,美国行政知识的发展表现出了巨大的连续性和一致性。伍德罗·威尔逊、弗雷德里克·泰勒、卢瑟·古利克(Luther Gulick)、马克斯·韦伯等人所提出的构想出奇和谐,并且在很大程度上是互补的。但是,古典管理理论所提出的组织只考虑了其成员的理性行为。它承诺了卓越的技术效率和理性的行为管理规则,用以控制人类的失败、客服天性的弱点。其结构为权力、责任明确的等级体系。该组织在由谁负责的问题上不允许任何混乱或含糊。从组织结构图中可以观察到,统一指挥原则已经被生动地描绘出来了。个人的价值观、目标和喜好只有在对组织目标有所提高时才会被认可(Jreisat,1997)。

从组织专业化中获益至关重要,就像平衡专业化的离心力一样关键(通过上级的权威进行协调)。古典组织理论脱离于其混乱的环境。它有效地服务于为这一体系设定目标的顶层权威管理者。古典组织理论与来自外部的麻烦不相关,而是将其研究方向确定在有序且可控制的内部。因此,西方行政的传统植根于对理性体系的发展与经营中,并且专心致力于对科学技术知识的运用。这样的体系培养了专业化、明确了责任、对任务进行组织并且对结果进行协调,最终,培养出了实现目标与目的所必需的能力,不负所托。

这些出色地服务于工业国家的理性组织体系的另外一个重要特征是对持续改进的内在追求。以美国政府为例,20世纪的历任美国总统几乎都对公共官僚制进行了审视,以期进行某种改进。他们所宣称的目标都是要精简、重塑、提升、重组甚至彻底改造公共官僚制。这样一来,我们就有可能确定自19世纪80年代考绩制度被借鉴至公共服务之中以来,那些试图改变公共行政体系的系统尝试。随着时间的推移,许多结构性和功能性的修正都得到了采用,如下文所述:

- 由于威廉·霍华德·塔夫脱(William Howard Taft)的经济和效率委员会在1913年的建议,《1921年的预算与会计法案》催生了总统预算和财政。

- 美国总统行政部门于1937年创建,为总统富兰克林·罗斯福提供了推行其新政计划以及管理世界大战所需的人员。建立执行办公室是布朗洛委员会的建议,这个委员会以路易斯·布朗洛(Louis Brownlow)命名。

- 许多行政改革的建议是由1947年第一个胡佛委员会所提交的报告而产生的。这些变化旨在加强管理功能,其中包括引入绩效预算的理念以及振兴预算局,预算局也就是现在的管理和预算办公室。

- 其他的改革是由近期在任的总统所推行的,例如在吉米·卡特(Jimmy Carter)总统执政期间所出台的调整公务员制度。

■ 国家生产力评估报告(NPR)和"政府再造"的举措在1990年代的运动改革的辩论中占主导地位,特别是在比尔·克林顿总统任期内,并且继续就此引发辩论。

■ 巴拉克·奥巴马(Barak Obama)所发起的各种变革旨在提高公共管理的效率、重组程序、精简运作以及振兴监管过程。

随着第二次世界大战的结束,偏离于古典模式,一种主要的分支不断得到发展,并且受到人类关系模式的推动。管理的人际关系学派基本脱离了管理的"理性—机器模式",这一模式通过50年的演变为行政管理提供了框架。受到一种强大的、压倒社会科学各领域的行为观点的影响,人类关系学家专注于研究组织机构中的人员以及是什么激励其工作。其他框架,如组织机构分析、决策模型以及各种方案和理论的目的都是为令人烦恼的行政事务与问题提供答案。①

那么,在两个世纪的发展结束之际,我们有可能对塑造了工业国家管理实践的各种概念框架的一些结论进行说明。另外,我们必须认识到,这些管理理念与实践的许多方面具有一些可传播的普遍因素。因此,在许多发达或发展中国家可以发现对这些管理理念与实践的模仿、复制和调整的尝试。这一跨越时间和空间的回顾说明了比较法是深入了解影响其兴起的观念、社会与政治因素的关键方法。比较分析,在指出重点持续转移的同时,也说明了对行政制度改革和复兴的不断追求。

---

① 由于行政理念和实践已经被修改并且重新以工业国家为关注点,日本的管理值得被认可。相对于日本的企业管理,我们对其公共管理知之甚少。事实上,美国的管理者和组织理论家花费了大量时间寻找20世纪70年代和80年代日本组织和管理成功的"秘密"。这些调查往往最终指向组织文化的概念。在解决与劳动关系相关的问题方面,日本似乎比其他任何工业国家都更为成功。在日本公司,最重要的资产是员工而不是机器,因此,需要重视、培育和留用员工。日本人依靠协商一致与团队精神来经营自己的公司;自下而上汇报重要思想和决策的频率与自上而下的频率相当。

威廉·大内(William Ouchi)的Z理论强调文化并且依靠文化要素解释组织管理与行为的组织理论类型,他试图将日本管理与某些美国的实践纳入一个跨越文化界限的框架之中。此外,在美国,组织发展(OD)与Z理论的某些前提相重叠。组织发展实践者的干预一直对管理价值观念背后的组织文化和次文化以及组织内部的规范进行审视。

这本身就是多年来公共行政作为一种学习与应用领域所表现出的活力和动力的明显标志。现今,公共管理中的重要讨论,不仅在工业化国家而且在全球范围内,围绕提高政府行政以及治理表现的新型有效措施来进行。

新公共管理

虽然对新公共管理(NPM)的定义仍不准确,但它已经被吹捧为"席卷工业化体系以及世界各地公共管理的一项引人注目的变革"(Kettl, 2005)。"世界各地的公共行政理应向公共管理新范式汇聚"(Common, 1998)。问题是,新公共管理的这种新范式难以定义,并且已经成为取决于其使用者的一种概念与实践的集合。新公共管理被形容为一份矛盾、杂乱无章、定义模糊(Common, 1998)且可供国家选择的"购物清单"(Pollitt, 1995)。在美国,新公共管理让人联想起"再造"的熟悉概念:运用市场经济的实践、培养竞争力、私有化以及裁员的政府计划。在克林顿—戈尔执政时期,美国的新公共管理(NPM)范式的鼓吹者们借助《国家生产力评论》这一平台,在变革联邦管理体系的政治运动中彰显了自己的主张。

尽管对新公共管理的批评已经是众所周知,新公共管理在大西洋彼岸的形象与其在美国的形象有所不同。就新公共管理是什么的问题,至今未能达成一致的见解,更不用说指出其出处了;对新公共管理的概括性描述各不相同。尽管如此,巴兹雷仍然写道(2001):"新公共管理已被理解为经英国、新西兰和澳大利亚所证明的一种趋势"。欧洲学者认为,英国、澳大利亚、新西兰和部分欧洲国家的路径更加侧重于改革的体制和政策,依赖于经济学和政治学的概念和方法(Lane, 2000, Hood, 1995; Barzelay, 2001; Pollitt, 1996)。

然而,在许多地方管理正在经历显著的变革,这涉及公共管理概念和操作水平的各个方面。许多政府试图实施政策、实现国家目标,耗资不菲,最终却以失败告终,受此影响,对行政改革的呼吁已颇具普遍性。一些国家行政改革的成功也激发了人们对改革的更普遍的追求。这一努力的众多成果之一是,"美国政府的改革运动整合成一项范围更大的国际运动"(Roberts,1997)。能够改善管理的其他显著推进力也已在其他国家启动,如在经济合作与发展组织(OECD)的成员国、加拿大、澳大利亚、新西兰和英国,等等。虽然这些行政改革的案例是可靠的信息来源,但是它们还没有导致明确的理论概括,而这只能通过系统的比较评估和评价逐步形成。在新公共管理的模糊定义中,比较分析在很大程度上未得到充分发展,而初步的概括仍待细化(Jreisat, 2001)。

大量的学术成果、国家报告,以及定期回顾的管理改革案例都没能形成实现改革的可靠而清晰的一致意见(Pollitt and Bouckaert,2004)。在21世纪的曙光中,公共行政文献充斥着对公立组织(事业单位)为了实现现代化或适应管理的需求而尝试进行的各种政治、社会与经济变革的审视与评价。即使新公共管理被展现为一种重要的"范式转移(paradigm shift)"(Kettle,1997;Osborne and Plastrik,1997;Roberts,1997;Mascarenhas,1993),认为其能够引领管理领域的"世界新秩序",但就新公共管理的理论内容也没有达成共识,更不用说在其实践方面了。正如赫尔穆特·克拉格斯(Helmut Klages)和埃尔克·洛夫勒(Elke Loffler)所指出的,"从实证角度,几乎不存在新公共管理应用方面的系统知识"(1998)。

以管理改革为主题的全球实践经验和学术研究表明,一些国家的政府已经受到了改革的深刻影响。20世纪70年代以来,许多案例研究列举了"野心勃勃"践行管理改革的例子:新西兰(Kettl,1997;Scott, Ball, and Dale,1997;Fallot,1996)、英国(Barzelay,2001;Barberis,1998;Ferlie, Ashburner, Fitzgerald, and Pettigrew,1996;Mascarenhas,1993)、

美国(Thompson and Ingraham, 1996; Moe, 1994; Gore, 1993)、加拿大(Roberts, 1998; Seidle, 1995)。许多其他国家也正处于改革的不同阶段。

过去几年中,对管理与改革争议性观点的辩论已经引发了自第二次大战以来最激动人心的公共行政学术交流。至于这项研究的目的,从分析层面上,至少可以将本次辩论的利害关系分为两大重点:以经济为基础的"新范式",以及组织和管理的传统。比较表明,这两者都有其各自的前提、问题识别、解决方案、期望条件以及实现目标的策略。

以经济为基础的"新范式"

许多国家根据经济合作与发展组织(OECD)所谓的公共管理"新范式"大幅度调整本国公共服务并且接受了许多新公共管理方案,加拿大便是其中之一。加拿大联邦和省政府的重组与其他西方民主国家(尤其是美国)相类似(Roberts, 1998)。重组的明确目的是使政府"以更低的成本更好地执行工作"。这种"新范式"是加拿大近期改革努力的基础,并且在20世纪90年代已被世界经济合作组织成员国所应用。从根本上说,改革具有三个主要的目标:(1)削减所有"不必要"或"非核心"的公共支出;(2)提供公共服务不再过多依赖传统的政府官僚制;以及(3)以非税财政收入替代税收成为公共机构运营经费的主要来源,如收费服务等(Roberts, 1998)。

例如,克里斯托弗·胡德(Christopher Hood, 1995、1991)和朱恩·帕洛(June Pallot, 1998、1996)将新公共管理的主要作用视为消除公私差别并且向管理实践强行施加明确的标准和规则。根据帕洛(1996)的观点,新公共管理的主要特点如下:

- 更大规模地解构公共组织,使各部门成为独立运作的"产品"中心
- 提供公共服务的各独立单位之间趋向于竞争
- 更广泛地应用来自私营部门的管理实践(例如权责发生制、组织

设计、职业规划和薪酬方面的实践）
- 强调效率和降低成本
- 新管理精英的崛起
- 性能标准更加明确、可以衡量
- 通过预设的输出措施控制公共部门的组织单位

从表面上看，许多新公共管理的拟定内容不是特别具有争议性。然而，它们的前提以及用来贯彻落实的过程颇具争议。在一个新公共管理的研讨会中，琳达·卡布里娜（Lida Kaboolian，1998）引用杰克·内格尔（Jack Nagel）和彼得·赛尔夫（Peter Self）的公开观点称，"所有这些国家（美国、英国、韩国、葡萄牙、法国、巴西、澳大利亚、瑞典、新西兰、加拿大）改革运动的相同之处是以市场经济作为政治和行政关系的一种模型。"卡布里娜推论道，新公共管理的机构改革"深受公共选择方式、'委托——代理理论'以及交易成本经济学的假设条件的影响"（1998）。这一观点在重组公共机构方面所包含的其他理论依据包括新制度经济学、官署最大化理论、准市场理论与委托代理理论（Ferlie等人，1996）。

那些把"新公共管理视为一种思想理论体系，并且以引入公共机构内部的私营部门所产生的观念为特征"的人们将新公共管理和某些经济观念之间的联系进行了清晰而直接的解释（Ferlie等人，1996）。其中一个结论十分明确："新公共管理建立在基本的经济学前提之上：私营部门的管理和经济原则在公共部门之间可以运用，并且可以在公共部门发挥其功能"（Klages and Loffier，1998）。其他用户则走得更远，甚至鼓吹取消公共和私营部门组织之间的这些差别（Hood，1991、1995；Fallot，1996）。

一般情况下，主张在管理中施行新范式便是假设现有管理存在不足或对现有管理不满。在这种情况下，不满的对象是整体的官僚制或公共行政。一种观点（Lane，2000）认为，"新公共管理是一种关注合同制定与实施的管理主义，并且似乎将政府彻底地从韦伯式官僚主义的框架中剔除。"另一项研究假定"在政府扩张的战后时期,公共行政与管理基本上已经退至幕后"(Barzelay,2001)。许多批评意见习惯性地针对公共机构,并且将它与一系列或真实、或夸张,甚至是想象出来的缺点相联系。批评意见往往声称,公共组织机构对公民的要求反应迟钝,深受"官僚作风"毒害,并且由官僚主义者领导,具有扩大其行政帝国的权力和野心(Kaboolian,1998;Nagel,1997)。这里假设"政府组织不利、管理不善、成本高并且普遍无效"(Frederickson,1999)。为了证明这种观念的合理性,改革者经常表达出他们对政府"危机"的担忧,并且夸大公共管理的缺陷。具有讽刺意味的是,正如弗雷德·里克森所指出的,现代公共管理正日渐致力于"政府改革"(1999)。

组织与管理传统

有一种对行政改革的不同视角牢牢植根于组织和管理传统之中,并且完全符合传统的价值观和专业公共服务的道德标准。这种方式的改革试图推广管理理论和程序,提高传统行政价值标准的效用,以公共服务的效率和有效性为核心价值。为了在公共部门获得更好的效果,这种观点尝试提高国家的行政能力,并通过引入各种治理措施(包括改善公共政策的制定和管理)使公共服务这一使命重新焕发生机。公共机构仍然是分析的主要单位。因此,对公共机构进行改革并提升它的能力,而不是将它废除或者进行回避,是首先需要关注的问题。

有一种基于组织管理的观点摒弃了"政府再造"运动的关键概念(Osborne and Gaebler,1992),比如"当世界开始变化时,旧的公共官僚制未能改变",或者第二次世界大战前所设计的官僚制是不合时宜的,"不能适应瞬息万变、信息丰富、知识密集的当今社会"(Koven,2009)。正如小劳伦斯·E. 林恩(Lawrence E. Lynn, Jr.)所指出的,公共行政的传统文献揭示了通常被归因于公共行政的"官僚范式","充其量是讽刺画,而且在最坏情况下,是对传统思想的显而易见的失真,它对法律、政治、公民和价值观所展现出的尊重远比新的、以客户为导向的管理主义及其变体更多"(2001)。

有一种假设否定了对公共管理基本价值(比如由公共行政早期学者在半个世纪以前所提出的那些基本价值)的始终如一的认同。该假设认为,支配一切的传统官僚主义形式在公共管理中普遍存在。艾米特·雷德福在其于1958年出版的《公共管理的理想与实践》(*Ideal and Practice of Public administration*)中认为,尽管存在对公共行政"不具有明确思想"的"控告",但实际上对效率、法治奉献、能力与责任、公共利益和民主价值观的追求一直是行政领域的基本承诺。"公共行政的研究必须涉及管理的全过程。如果建立在只适于'输入——输出'关系的概念之上,那么这种研究将是不完整的"(Redford,1958)。

"传统的、不变的官僚模式"设想的另一个问题是,这种思想否认了近几十年来不断适应管理实践的所有变化。自第二次世界大战以来非官僚传统的概念和措施,如人类关系、合作体系、正当程序、团队建设、平等主义与社会平等价值观、非歧视性法律等等,已经成为公共管理概念与实践不可或缺的部分。自1912年的塔夫脱经济与效率委员会成立至今,改进公共管理一直是历任美国政府的高优先级策略。从19世纪80年代引进考绩制度至今,对新的行政办法的试验一直是各级治理进展的核心部分。

此外,公共组织和管理传统显示出对改进的不断追求,这不同于出于某些意识形态考虑的建议要求废除或回避公共机构。基于管理的改革往往预示着管理过程的改进,以及组织知识和创新文化的发展。评价和评估不断被用于纠正或调整那些不可行的解决方案。由于意识到以下措施的实施并不是平衡的或普遍的,公共管理现今强调问责制、测量、产出评价以及其高优先级准则中的道德标准。近年来,公共财政管理,尤其是预算编制,一直在强调称:某些变革已经取得了巨大的成功。联合国开发计划署与瑞典国际服务(1998)就许多国家所引进的最常见的

行政改革进行研究,其文献和调查包括以下内容:

- 倾向于规范政府目标和目的
- 权力和责任被进一步下放至下属机构,条件是设定成本上限
- 使用多年度框架在年度预算中分配资源
- 扩大了财务管理中管理人员与机构的操作权限和灵活度
- 增加了对结果措施与指标形式的比较信息的使用,并且与财务支出信息相结合
- 增加了对常规财务与业绩报告形式的跟进与评估的依赖
- 强化了绩效审计和财务事项评价

因此,完善后的组织、管理理念与实践的详细清单是冗长而多元的。一个世纪以来的成长和发展积淀丰富了公共行政,并且在现代国家的组织功能与政策管理方面为公共行政提供了广泛的选择。公共行政必须否认其公共性以迎合改革思路的说法不得要领。显然,为任何市场导向的观点组合与底限法(这些方法声称为公共部门的管理缺陷提供补救措施)提供背书之前,进行适当的评价是必要的。这种评价必须在公共政策的背景下进行。诚然,用以管理国家的市场导向的观点偶尔与传统的公共管理理念相重叠,但是这远非公共管理所谓的"新范式"的某些成分。之所以模棱两可,在一定程度上是因为相当数量的说明和解释同义反复,并没有就新公共管理的内涵与外延达成一致。伊万·费雷耶(Ewan Ferlie)和他的同事曾将新公共管理描述为一张可以描绘我们所喜欢事物的"空白画布"(Ferlie 等人,1996)。其他人则随意地对新公共管理的特征进行描述,举例来说,新公共管理的定义依个人的观点而不同。戴维·奥斯本(David Osborne)和彼得·普拉斯提克(Peter Plastrik,1997)就其理解将新公共管理介绍为通过应用一种"创业模式"以"最大化提高生产力与效率"的形式对公共部门的管理进行"再造"和"重新设计"。关于这个"创业模式",他们解释称:"我们认为它代表了从一

种范式到另一种范式的必然的历史转变。这种转变与本世纪之初当我们建立官僚主义公共机构时所发生的转变一样深刻,而现在我们忙于对这种官僚主义公共机构进行再造"(1997)。

因此,对不同人而言,新公共管理代表不同的含义,并且认可其转移原则的改革仍然在进行。"从理论的角度来看,新公共管理仍处于前期理论阶段"(Klages and LofBer, 1998)。新公共管理经常在公共选择学说、组织经济学、交易成本经济学或者新管理主义之间轻易地转移其关注点。新公共管理方面的学术研究"已经在许多方向展开,甚至在个人著作中也存在这样一种倾向"(Barzelay, 2001)。所有这些都增加了对新公共管理效用不确定性的普遍感受。

正如我在上文中所指出的,一些欧洲的改革措施所采用的新公共管理版本强调了市场作为有效的资源配置工具的作用,可以弱化国家对经济的影响。相应的预期结果是,以商业型竞争为基础的社会和经济进步以及更大的自由选择(Mascarenhas, 1993)。因此,新公共管理方案往往着眼于公共管理一般领域之外,并且试图抵制私营部门参与各种计划,如私有化、合同外包、合资企业或政府的大规模裁员。新公共管理的极少数倡导者仍然计划改进公共管理(即 Seidle, 1995)。实际上,当前的建议似乎认为要么替代要么废除已知的公共管理。这一思想的核心原则是个人(无论是管理者还是公民)都是理性行为者,其行为动机是追求自身利益的最大化。通过运营于竞争性市场的私营企业可以尽可能地满足社会经济和其他方面的需求。

基于市场的方案的核心概念以及它对作为主要动力的个人自我利益满意度的强调受到了质疑,理由如下:

- 个人自我利益是主要的激励因素,这一前提,如赫伯特·西蒙(1998)所指出的,"是完全错误的"。他表示,人类的大多数决定都是自己作出的,并且不是依据他们所认为的自身利益,而是以他们所认同的团体、家庭、组织、民族和民族国家的利益为依据的。此外,以个人利益解释行为和所有个人的选择也过于笼统,因为个人利益往往受现有的环境影响而塑造成型(Jreisat,1997)。

■ 市场失灵方面的经济学文献表明,任何商品或服务都不可能通过私营部门而得到有效分配(Klages and LoflSer,1998)。市场并不总是具有竞争力。合并、操纵、信息不完全、少数生产者对市场的控制——这些都降低了竞争力。因此,根据过去30年间工商部门的记录,私有化倡导者所持有的"私营部门相对于公共部门而言总是更有效率、更多产"这一假设值得怀疑。赫伯特·西蒙,诺贝尔经济学奖得主,有力地揭穿了支持私有化的主要理由。他认为"私有化将'永远'(或'通常能')提高生产力和效率是……错误的"(1998)。他还指出,"我们所掌握的关于民间组织与公共组织的效率的对比性经验证据,并不能表明这二者中的任何一者相对于另一者而言具有一成不变的优越性"(Simon,1998)。因此,私有化还是非私有化这个问题的合理答案是经验性的,而不是预设的。

■ 由于市场可以对资源配置进行决策,新公共管理的假设似乎缩小了治理的社会和政治维度,或者几乎使这两者变得毫不相干。例如,20世纪80年代英国对公共部门的改革通过改善管理回避了对背景效率的讨论。这些努力具有其他重要目标,如削弱公共部门工会的力量、推进大众资本主义的发展(Mascarenhas,1993)。

对公共部门所提供的服务和商品的评价主要依据市民的满意程度,而不是以经济效益为标准。公众似乎支持甚至是要求政府参与管理方案和政策以保护环境、满足卫生和教育需求、确保公民的机会平等以及管理社会保障体系。由反政府意识形态所发起的私有化和改革主要作为缩减公共部门的工具而不断被推进。例如,英国撒切尔夫人的改革是出于意识形态或政治的承诺(比如促进私营部门的发展),而改革的目的是改变商业和公共部门之间的权力平衡,而不是出于效率的考虑(Mascarenhas,1993)。对罗纳德·里根(Roland Reagan)执政期间改革的说法也是如此。当然,在这种条件下,一个主要问题是公共利益相对于私人利益而言受到了多大程度的保护,以及如何确保那些在公共部门领域外执行的重要职能能够尽责履行。

尽管如此,由英国和美国赞助的改革方案,其重要部分很快便渗透至曾由世界银行经济学家们所提倡的一揽子改革方案的核心。这些建议往往被称为国际货币基金组织(IMF)用以重组的框架。这种一揽子改革包括私有化、合理化公共开支、提高公共政策效率和有效性,以及限制或取消社会支出(如政府对食品和其他必需品的补贴)方面的措施。因此,许多发达国家和发展中国家已经实施了相关政策以实现国营企业私有化、缩小公共部门的规模、改革公务员制度、促进企业家管理,或者外包政府服务。

改善公共部门绩效的建议符合公共行政的目标和价值标准。当公共部门在社会中的作用减少至自行终止时,便会引发争议。公共行政社区普遍反对拥护私营部门的方式和目标,不考虑基本公共服务价值标准。平等地对待员工、服务于公共利益、透明度和民主问责制方面的问题对公共行政而言极为重要。管理"效率"和某些经济假设对这些价值标准具有不同的责任和关注点。此外,将公共管理描述为在快速变化的世界中一块不变的净土,这本身就是一种夸张。在现实中,公共行政贯穿其整个历史时期的主要特性是其对理念与实践改进的不断追求。正如戈登·金斯利所称,公共管理的历史是一部改革和变革的历史(1997)。在发展中国家更是如此,特别是殖民体系结束后的发展中国家。

本书对新公共管理的论述,目的是得出以下两个基本结论:(1)新公共管理是对传统公共行政程序局限性的回应,特别是针对那些产生官僚功能障碍的局限性。但是这种回应在很大程度上以似是而非的假设为基础,并且往往服务于行政以外的其他目的。那些所谓的"新"公共管理方案中,其变革要素往往是不相关或相互矛盾的,因此,不能就内容和程序达成一致也就不足为奇了。(2)该分析还强调了对信息进行系统评估的必要性，这种系统评估受到了进一步实地调研的支持。这种实地调研运用比较法来解决不兼容问题。只有这样，才可能进入有意义的积累过程。将各种零散的研究结果进行综合，这对产生连贯的、能推动理论发展的、能完善实用性的比较行政知识而言十分重要。

共同行政特征

虽然对确认发达或工业体系中公共行政的显著特征还存在一些分歧，但是这些体系中的公共行政确实存在着共同的特点：(1) 权力分配的平衡系统；(2) 注重结果；(3) 技术服务于管理；(4) 公共服务对道德标准和责任的深切关注；以及(5) 对公共行政角色及其与私营部门之间关系的重新定义。

权利分配的平衡系统

大多数先进的民主社会中的公共行政运行在与之同步的制衡体系之内，该体系对社会要害机构之间的互动进行调节。在发达国家，公民社会通常允许官僚制具有实践专业技能的充分独立性。法律制度规定了官僚权力和特权，同时也保护了公民的权利、自由和共同利益。与政府其他部门的行政联系（特别是司法和立法部门）、与市场的互动，以及与非政府组织（NGO）的来往同样也是在法治的框架内进行。

独立而有效的司法机构是文明社会的一个重要方面。司法审查为受到特定机构行为伤害的个人提供援助。与之形成对比，政治监督塑造或确定了整个方案或政策。司法审查与政治控制不同，据欧内斯特·盖尔霍恩（Ernest Gellhorn）和罗纳德·莱文（Ronald Levin）所称，"司法审查通过要求机构给出'有利事实'和'合理解释'以提高决策的充分性"，不一定包括"金融储蓄"（1990）。从本质上说，司法审查为行政决策的合法性提供了独立审查；也就是说，它保证了遵守宪法和法律、法定管辖权、规定的程序,以及对行政自由裁量权的正确使用。

相比较而言,许多发展中国家普遍缺乏这样的权力制衡,在这些国家,官僚制往往遵循政治秩序,要么过于强大、要么腐败无能。在这些国家,不但官僚制对无能的政治秩序奉承行事,而且公民社会中的其他关键要素(司法机构、立法机构和非政府组织)也同样疲软或根本不存在。这也就解释了官僚制为何从属于一个更大的语境,以及为什么官僚制的效率并不局限于它的固有属性。

注重结果

在21世纪初,以绩效为导向的管理及与其一脉相承的绩效预算在全世界范围内无疑是大趋势。绩效管理的理念与实践在国际范围内的稳步扩展是管理现代治理体系最显著的变化之一。绩效管理的一个明显、具体的应用是艾伦·希克(Allen Schick)所描述的"公共预算管理中的一波变化,(这种变化)已风靡于发达国家,并且已经开始波及许多发展中国家"(1998)。绩效的测量与管理包括组成绩效体系的各种要素及这些要素之间的关系。

吉尔特·包柯尔特(Geert Bouckaert)和约翰·哈利根(John Halligan)对比了以下6个发达国家的绩效管理:澳大利亚、加拿大、荷兰、瑞典、英国和美国。"为了使绩效、衡量和管理的不同用途和组合具有意义,而制定出了一种框架",这种框架可以对绩效管理随时间的演变以及绩效的国家取向之间的对比进行分析(Bouckaert and Halligan,2008)。绩效管理是公共管理理性主义传统的发展。它的成功需要评估绩效管理替代办法的系统努力以不断提高结果的质量与数量。"对绩效信息的使用包括对结果的系统对比、学习进步的连贯视野以及外向型的改革战略"(Bouckaert and Halligan,2008)。

绩效评估程序的要求很高。其回报收益取决于系统和记录绩效数据的实用性、将数据整合到行动中的管理能力,以及在实行一种绩效导向的管理体制后所产生的公共服务质量与数量提高的证据。除了绩效管理的成就导向,实施过程还需要使管理专注于服务公民(利益相关者)、运用批判性思维、培养专业能力以及与他人合作。尽管实施存在复杂性,但是它具有几种明显的潜在优势:绩效评估有助于节约资源、提高市民的满意度和信任并改进决策,以及确保公共管理的责任感。

近年来,发达国家纷纷在公共财政管理中引入了许多影响治理各个方面的重要变革。公共预算从对投入(我们应该花费多少)的关注变为对产出(生产了什么,代价是什么,以及产生了什么后果)的关注,这一深刻的转变正在改变现代管理。对效率和降低成本的重新强调常常与绩效评估的明确流程相结合。多年来,以需求为导向的公共机构通过预算费用的多少、雇佣人员的数量,以及为多少活动提供了资金来定义成功。现在,以结果为导向的政府通过开销的产出和结果来定义成功。这一变化被看作是在不同的旗帜下(如以结果为导向的管理、绩效管理、生产力提高与全面质量管理(TQM))席卷全世界公共管理领域的一种更大转变的一部分。这种变化不局限于预算和财务,并且往往在不同的管理系统或子系统中也有所不同。通常情况下,绩效管理的目的是提高问责性、减少高代价的错误、减少客户投诉、提高员工的技能水平以及改善全面管理(Berman,1998)。

技术服务于管理

发达治理系统中的行政可以适应并且应用公共机构的新技术。除了整体效益的需求以外,公共管理者很早就认识到提高其决策流程需要相关、可靠的信息。因此,人们制定了政策责任,并且为设计能够根据管理者的需求收集、分类、检索数据的体系投入了广泛的资源。虽然历经几年的实践性能测试,这项工作仍在寻求进展,但是对先进信息技术的使用已对独立机构的运行方式产生了重大影响。

对道德与责任的关注

目前,发达国家重新关注旨在提高公职人员的职业道德和问责标准的各种公共行政改革措施。减少腐败与改进政府雇员聘用制度的程序定期得到优化。通过培训与发展来强化道德标准的政策也得到了强调。道德规范的建立以及公务员通识教育程度的提高同样表明了这一主题日益提高的重要性。毫无疑问,现今的公共管理十分重视正直、对涉及利益冲突行为的克制,以及致力于程序公正的服务导向(Willbern,1984)。

在法律和程序的层面上,人们采用各种机制来确保问责制。第一类行动试图获得调查与裁定违规行为的更有效措施。第二类提供了强调道德标准的教育和培训课程。第三类措施确保检查和绩效审计的可靠流程。最后,明确承诺行政更透明、编制政府行为文件,并由定期报告和独立绩效评价予以补充,这都是为了更好地实现问责制。

对私营机构公共行政作用的重新定义

公共管理的作用正在被重新审视,而且利用市场竞争机制来实现公共机构更高效率的建议一直处于争论的中心。先进国家公共决策的制定往往看似面临选择的困境:一方面追求效率,另一方面要实现问责、公平与公正的政府义务。市场机制承诺其效率具有竞争力。国家寻求两者的平衡,决不以一方为代价而牺牲另一方。正如拉里·特里(Larry Terry)所指出,"盲目应用企业管理理念和实践可能会破坏公共机关的廉洁性,并且因此对我们民主的生活方式造成威胁"(1999)。

对其他替代选择的考虑取得了一些成功。公私合营企业的可能性越来越具有吸引力,尤其是在欧洲。在这些企业,与私营部门的联系和公共服务的原则、价值观是一致的。最明显的例子是建立公私合营伙伴关系(PPPs)(而不是复制商业行为并以此取代公共管理)的实践。"私人部门和公共部门之间提供资金和运营基础设施项目的伙伴关系将在欧洲兴起"(Timmins,1999)。利用私人资金和私人公司的资助来运营曾经完全由政府资助的基础设施是一种"深刻的文化变革"(Timmins,1999)。公私合营伙伴关系可能会成为大规模私有化的一种替代选择,后者往往试图将政府完全排除在外,使其仅仅成为一种远程调节者。在合作关系中,政府是活动的一方,而私人资金是促进合资企业实施的一种因素。这个例子证明了公共行政的参与方式以及公共服务价值标准如何成为治理的重要因素。

发达国家并没有忽视公共组织的内部流程。事实上,他们已经推出了旨在建立综合管理能力的许多行政变革。以下举措的结合便是为了服务于发达体系能力建设的目的:(1) 实施培养公共管理者自我引导与有效委派职责能力的战略;(2) 加大对遵守指定职责和履行法律和程序实质性要求的监管力度;(3) 通过制定组织目标、测量结果、反馈评价、问题识别、提高透明度、审核绩效以及采用各种确保财政纪律的方式提高管理责任与义务;(4) 发现有效的策略以开发人力资源以及提高公共部门雇员的个人学习能力和分析技能。

虽然改革的主张并不能确保在私营和公共部门的成功实施,但是发达体系中的改革举措是连续的,并且其中许多举措确实可以带来生产力的提高和更好的服务。尽管对应该作出什么样的改变以及出于什么样的原因并没有达成一致意见,管理实践的改进已经实现。一些国家已经取得了显著的进展。但是,为了抵御意识形态的入侵以及抵制由才思枯竭的顾问和宣扬者所鼓吹的泛滥的时尚与潮流,需要对基本原则、重大问题、重要事项进行更广泛的定义。在这方面,比较公共行政研究可以发挥重要作用。只有通过比较法,某些问题才可能获得满意的答案,比如,哪种改革起作用,哪种改革不起作用,以及在什么样的条件下起作用。

毫无疑问,公共行政必须继续强调变革与创新。但是认为公共行政原则不适用,因此需要由经济学原理和概念所取代(正如某些版本的新公共管理所表述的)的观点是错误的。工业国家的公共行政继续行进在发展和变革的道路上,为公共管理适应新的全球现实做准备。不断发展的管理观点尝试在分享新科技、积极更新实践以适应新形势的同时保持公共服务的核心价值观。一种综合程序可能会给予新公共管理的"不是一个简单的重磅答案"而是"对由包含几个相互关联成分的公共行政的规范性再概念化"的替代方案(Seidle,1995)。在这种情况下,正如彼得·巴伯里(Peter Barberis)所指出,新公共管理将会"增强对公共行政传统'大炮'的挑战"(1998)。也许改革措施的有效实施将最终使传统的公共行政转变为一个更加充满活力、更加有效率的领域。

结　论

　　发达国家公共管理的比较分析表明这些国家具有重要的共同属性。首先,这些国家都在不断寻求行政改革以及实现这些改进的创造性战略和解决方案。发达国家的经历还强调了公共行政行使职责环境的重要意义。公共行政不仅仅是放之四海而皆准的方法。这些方法和流程通常与构成公民社会显著特征的很多背景因素相关联——政治、法律、经济、历史、文化。对这一现实的忽视,正如消除公共和私营部门之间差异的尝试一样,会导致对治理整体思路的严重误读。发达体系的管理实践表明,公共管理能够在不丧失对公平价值标准、社会正义和公共服务道德标准责任"底线"的情况下提高成本意识。

　　虽然公共行政日益依赖于改善公共行政产出与结果的数据和技术,政治影响仍然是导致治理行政结构与功能发生变化的主要因素。政治权力是公共组织、公共组织的预算以及在公共组织职责范围内运作权力合法性的主要来源。尽管政治环境对行政具有决定性的影响力,它同时也是不协调的根源。政治环境由立法者、利益集团、政治党派与政治任命官员所共同塑造，而上述各方与专业公共管理者的互动往往被不同的甚至是相互矛盾的目标和价值观所限制。虽然从根本上而言纳税人为公共机构提供了资金，但是那些提供资金且授权开销的纳税人往往不会参与公共机构的运作，这是现实情况。

因此，对管理的专业关注并不总是完全相同或者符合政治偏好或行为，由此产生的冲突不仅影响了公共机构的日常运转而且影响了对公共利益的长期重点关注。当选官员，受惠于游说者和特殊利益集团的融资人，习惯性地将政策失败归咎于"官僚"。为了说明他们协助制定的公共政策存在缺陷，政治家经常使大众传播媒介和特殊利益集团参与到对公共管理失误的寻找或美化过程中，无论这种失误如何偶然或不具代表性。因此，公共服务和公共管理者成为不良公共政策的理所当然的替罪羊（Lynn，1987；Goodsell，1983）。在这样的环境中，公共管理者往往会撤退至无所作为或更安全的地带。

在发达国家，司法背景是公共行政环境的另一种重要因素。越来越多的法律通常转化为公共组织的更大权力，而后者已经掌握了功能专业化的重要权力。某些履行监管职能的公共机构和委员会也被授予了相应的权力，使其能够履行半立法、半司法的职责。这些大量累积的行政权力最终导致司法审查已经成为反对任意使用行政权限的重要保障。法院对行政决定进行审查并且对现有法律予以解释以确保宪法上所规定的个人与团体权力与自由的保护。多年来，根据联邦和各州行政程序法案的要求，通过在公共机构中实施特定的操作标准，司法影响力得到了提高。

而且，通过对个人权利的保护、有限豁免权原则的应用、对程序性正当法律程序更加严格的遵守，增加对公共行政的法律制约意味着公共管理者在证明其决定的合法性以及说明其法律有效性方面面临着更大的压力。在公共人事管理中，司法判决对公共就业具有显著的影响。20世纪70年代和80年代期间的各种法院判决肯定了政府雇员的基本宪法权利(言论自由、结社自由、政治活动和平等保护)。法院判决驳回了公职是一种"特权"的传统观念,并且将"程序性正当程序"保护延伸至公共雇员(Jaegal and Cayer,1991)。在相当大的程度上,在一些西方国家,这些法律保护引发了保守政治对公共机构及其工作人员的思想冲击。

因此,当代公共管理的法律环境划定了任务、组织结构、资源、决策权力和公共机构综合实践的界限。法律规定了操作标准,由这些行政部门指定挑战专制和反复决策的方式。随着政府对社会责任的增加,迫切需要通过加强政治监督、加强司法审查来保护个人权利。因此,公共管理环境的复杂性增加了。此外,公共管理者不得不面对来自各级政府的财政压力,如削减开支、整顿、裁员、效率驱动,以及对提高生产力的越来越多的关注。公共机构针对这些制约因素所进行的调整并不总是一帆风顺的。

截至20世纪末,比较公共管理对影响官僚制绩效和运营的背景因素十分重视。关于各种文化中公共管理的各个方面都已出现了大量的文献著作。发达国家的理念与实践越来越多地被视为全球标准,被各地效仿使用。里格斯认为,公共行政必须是比较性的,从而迫使我们重新思考所谓的公共管理背景。他认为,"我们需要发展框架和理论来研究真正通用的公共行政,它们将基于对所有历史维度、所有政府维度,乃至当代公共行政的综合生态来理解"(1991)。这样的框架同时也为公共政策执行所面临的不断变化的情况提供了解释性结论。将机构与社会知识注入比较行政规范性准则,会增加比较法在推进全球行政知识发展中的效用。打破民族中心主义的藩篱将会增强比较研究的作用、推动对行政问题更佳解决方案的探寻,并且实现行政原则更普遍的有效性。

第八章 全球伦理与公共服务

> 腐败是一种对社会有大范围腐蚀作用的潜伏性瘟疫。它破坏民主与法治,导致对人权的侵犯,扭曲市场,降低生活质量。
>
> ——科菲·A. 安南(Kofi A. Annan)[①]

导 论

当前的人类社会与我们祖先那个时期的社会完全不同。他们的社会更简单,不存在现代人类所面临的许多挑战。当今世界正在历经一些重要的全球性事件和发展:环境形势不容乐观,自然资源正在减少,人口数量日益增加,核武器和其他大规模杀伤性武器威胁着人类文明,而且贫困正大幅度增长。如果这些画面看似令人不安,那是因为事实确实如此。但是,除非未来发展被健全的集体政策所改变,这也不失为未来发展迹象的一种现实主义观点。核武器的扩散,既不是一种抽象的概念,也不是环境或人口爆炸的退化。食物和水的短缺,以及对疾病和贫困的

[①] 科菲·A. 安南(Kofi A. Anna),联合国前秘书长,《联合国反腐败公约》(United Nations Convention against Corruption)前言,纽约:联合国,2004年。

关注,都是对人类社会可能带来危险的可以验证的事实。援引一份联合国开发计划署的报告,邓肯·贝尔(Duncan Bell)指出:"全世界大约有10亿人口处于每天不到1美元的'生存边缘';26亿人口,或者世界人口的40%,其每天的生活费用不足2美元"(2010)。

战争、侵略与暴力,以及食物和饮用水的不足,正对世界许多地方的人们造成威胁。一些国家,如约旦、叙利亚以及许多非洲国家,其严重的供水短缺问题已经迫使政府努力去应对当前的需求,这一不安定因素令人担忧。辛迪·吉尔(Cindy Gill)解释说:

> 为了维持生活,我们需要充足的清洁的淡水供应。人口增长、环境污染、气候变化以及其他方面的压力正对这一必不可少的全球资源造成威胁。尽管地球存在巨大的水资源(70%的地球表面被水覆盖),《国家地理》(National Geographic)报道,这其中只有2.5%是淡水,而且大部分固定于冰川或深层地下而无法获得。(Gill, 2010)

这一切对未来意味着什么,以及对治理提出了什么样的挑战,都是不可预知的。在此,本书强调两个因素:(1)全球发展并不是全部都朝向一个方向。一些地区在提供解决方案或控制负面趋势方面已经取得了显著的进步。比如,技术已经成为许多国际协议的主要推动力,这些国际协议涉及一些核心原则,比如全球伦理、人权、经济、贸易和运输。(2)作为国际体系的主要参与者,治理道德和协作立场是全球集体意志的基础。制定解决世界问题的战略在很大程度上取决于管理体系的质量和国际责任感。因此,治理的政治和管理必须合理地将其组织能力引导至对新的全球秩序的参与和推动之中。近年来,国际组织和许多国家的领导人开始认识到腐败对治理效用的危害。腐败破坏了国家发展政策和计划、增加了管理成本、疏远了公民并且干扰了与其他政府的合作关系。

腐败的影响是无法估量的,它在国际商业、贸易、金融和投资方面的负面影响已超出了国家的界限。应如何界定腐败?依据联合国、世界银行和国际透明组织等国际组织有关道德标准的文献,它们通常采纳了"腐败是为谋求私利而对委托权力的滥用或误用"这一定义。乔治·克莱莫(Georg Cremer)指出,社会科学家认为腐败"是出于私人目的而对职位以及相似的可信任位置的滥用"(2008)。这个定义基于以下先决条件:(1)人员所任职的岗位不必是一个公职;(2)法律或社会准则确定了如何履行这一职位或可信任位置职责的标准;并且(3)违反办公规范的行为有意识、有目的地对任职人员有利(Cremer,2008)。贿赂、资源盗用和裙带关系都在腐败行为的范畴之中。

作为一种专业领域,公共行政已经越来越深刻地认识到腐败对有效管理的负面影响。正如吉尔曼(Gilman)和路易斯(Lewis,1996)所断言,"专业公共行政必须一直对共同价值观、规范与结构方面的全球对话保持理性的开放。"在公共行政领域可以引用两个重要的发展:(1)为美国公共行政学会(ASPA)制定了道德规范,以及(2)要求在研究生的公共行政课上教授道德标准这一课程。事实上,教授道德标准已成为经公共管理院校联合会(NASPAA)公共管理硕士(MPA)资格认证的必然要求。人们今天对公共管理伦理的关注,在一定程度上反映了"民众要求那些秉持公共权威和公共信任的人士必须恪守由一系列恰当行为界定的道德标准"(Huberts,Maesschalch,and Jurkiewicz,2008)。

应用全球伦理学

全球伦理学指的是国家之间就实现正义、尊重人权以及提高各国在政府间往来中整体表现的行为准则达成的新兴的共识。全球伦理的概念分析并不总是相同或一致的。彼得·琼斯(Peter Jones,2010)对国际社会和全球或世界社会进行了区分。后两种术语表达了全人类作为一个单一团体的概念；国际则指的是国家间的，说明了国家与其他非政府组织作为跨国公司的一种团体。大卫·克罗克(David Crocker,2006)更关心的是国际化发展伦理或者全球发展伦理，涉及在当前与未来的发展中应对贫困、不平等、暴力与暴政等持续折磨人类的问题的道德反思。尽管如此，正如彼得·辛格(Peter Singer)所推论的："我们在全球化中能取得多大的成功取决于我们如何在伦理上对我们生活在同一世界这一观点进行回应"(Singer,2004)。

全球伦理的研究范围广泛，研究的目的是最终就提高全球正义、强调环境保护、鼓励全球责任以及确保尊重人权的普遍性原则达成共识。出于对执行道德标准的担忧，联合国和其他国际组织一直试图在国家间设立道德标准、制定国际条约以及建议强制执行措施。虽然在这方面已经取得了显著的进展，但是实际的执行和遵守充其量仍然停留在改进阶段。正如联合国前秘书长科菲·安南所得出的结论，在所有国家，不分大小、贫富，都能发现腐败，但是在发展中国家的腐败最具破坏性，并且反腐败的斗争也一直不太成功。"腐败通过转移用于发展的资金将会不平衡地伤害到贫困人口、破坏政府提供基本服务的能力、助长不平等和不公正，并且阻碍外国援助和投资。腐败是经济表现不佳的关键因素，并且是扶贫工作与发展的主要障碍"(Anna,2004)。国家对国际道德标准的遵守或不遵守有其具体的原因，但是绝对不能忽视对其国内所产生的影响。

国际道德标准"涉及对规则、惯例和国际社会机构在相关道德规范方面的评估"(Amstutz,2008)。然而，就国际道德的辩论偶尔也会出现不和谐，尤其在外交关系行为方面。对上个世纪美国外交政策具有显著影响的杰出外交官的看法各不相同。例如，对迪安·艾奇逊(Dean Acheson)而言，"在外交事务中粉饰政府政策的道德标准是道德主义、格言和口号的集合，它们既不能协助决策也不能指引决策，只能混淆决策"(援引自 Amstutz,2008)。虽然乔治·凯南(George Kennan)接受了"道德标准寓于一个人行为之中"的观点,但他还是对通过政治机构进行的这种行为进行了区分,然后"这种行为经历了通常的转变",同样的道德观念不再与之相关(援引自 Amstutz,2008)。

无论是迪安·艾奇逊所提出的、还是乔治·凯南所不情愿接受的外交政策道德标准相对论的观点,当前的道德标准已经超越了理论和实践的局限和限制,并且获得了广泛的认同和支持。道德标准是当前国家和国际的关注点,受到了各级治理前所未有的关注。职业道德守则、法律和协定正迫使政治和行政领导人遵守地方、国家和国际各层面对良好行为的指定标准。各种相对主义理论和公共部门极简主义伦理学的方式都遭到了拒绝,或者被修改为有利于公共管理和治理中的明确的道德标准。丹尼斯·汤普森(Dennis Thompson,1985)令人信服地指出,公共组织中的管理者可以作出道德判断并且可以是道德判断的对象。这需要推翻道德中立的观点(经理完全服从于命令)或道德标准的结构(管理员不应该在道义上承担其所在组织的错误)。

"道德挑战已面向工业发展区域和国家的各个社会"(Huberts, Maesschalch, and Jurkiewicz,2008)。同样,各个国家寻求改善其治理绩效的改革举措是常见且不间断的。这样的改革措施认识到了扩展这种改革派的立场从而使公共服务包含道德标准因素的迫切需求。因此,研究和应用一直试图澄清某些道德标准问题在概念上的模糊,并且为道德标准概念与政府官员行为的道德标准实践提供更清晰的定义,以及建立更好的联系。应用伦理学需要注重对象的实践和相关要素。当治理面临着各级表现完整性的迫切需求时,这一点至关重要。"实际上,国际道德标准关注的是国际体系的道德架构:即全球社会模式和结构的道义正当性"(Amstutz,2008)。正因如此,过去很少被讨论的问题现在已经引起了全世界的关注和讨论。以下是其中所包括的一些例证:

- 即便是出于上级的命令,酷刑是否合理?
- 出于任何理由,对平民妇女和儿童的谋杀是否可以接受?

- 出于任何理由或原因,种族清洗是否合乎情理?
- 基于宗教、性别、肤色或种族的歧视是否合理?

这些都是应用伦理学范畴中具体道德问题的例子。人们不禁要问,一个如迪安·艾奇逊那般优秀的外交官在面对这样的问题时会说些什么。应用全球伦理学超越了公共机构诚实和正直的界限,创建了一种应对包括非政府机构和民间社会机构在内的社会伦理学的全面、综合的方法。通过科技、教育、公民的要求以及不断的改革尝试,个别国家已帮助其公共雇员更加见多识广并且能够更好地管理其所在组织机构内部的道德标准。道德标准对政策结果的影响可以是有形的且可测量的。公共及私人机构的领导者越来越强烈地意识到,决策未考虑道德标准将对组织成就带来失败的危险。全球伦理学的最终目标是尊重所有人类的尊严和权利,不分性别、民族、种族、宗教、年龄,或居住地。

全球伦理学的制度背景

为了保证现有世界秩序的公正性,必须保证全球政策的公正执行以及国际规则的公平申请。许多机构已经参与了塑造全球政策和影响规律和标准的艰巨任务,这些任务有效地引起了各种国际道德协议的制定、审批与颁布。这些机构渠道中最重要的是:

1. 联合国及其下设专门机构和委员会,如粮食和农业组织(FAO)、国际劳动组织(ILO)、世界卫生组织(WHO)、原子能委员会和人权委员会。联合国大会发起并批准了全球政策,并且将其专门机构所提出的建议合法化。

2. 产生重要协议的区域性联盟是制定国际标准的另一个主要来源。他们代表大范围关联国家之间的合作,如欧洲联盟(EU)、北美自由贸易协定(AFTA)、阿拉伯国家联盟、东南亚国家联盟(ASEAN)、非洲联盟(AU),以及美洲国家组织(OAS)。所有这些联盟的成员国之间签订了国际条约,对若干道德准则进行了认可,并在其各自的领域对各个国家的行为提出建议。

3. 特殊的国际结构与论坛加强了全球的相互依存并且就关键问题产生了重大的平衡观点,特别是在世界经济和金融、气候控制和国家安全等方面。世界银行和国际货币基金(IMF)也因其在经济与金融领域的影响力而闻名。在过去几年中,全球影响力不断增强的其他机构还包括世界经济论坛和20国集团(G20),这二者在协调国际关系方面取得了重大进展,并且就关键的全球经济和政治问题达成了重要协议。

这些国际组织和论坛意味着:(1)一种全世界的认可,即当今许多问题和挑战超出一国的边界,因此需要全球努力协作以对其进行管理;(2)总的努力已经提出了一些重要的基本政策和计划,可以更好地服务于当前展开的全球秩序;以及(3)这些(及其他)国际举措的整体推力已经强调了全球现实,并且加强了完善全球规则制定与规则应用的集体愿望。因此,道德与反腐败领域已经是一个和谐观能够实现特定普遍目标的领域。尽管存在一些保留意见和批评,但国际共识一直在发展,以应对某些全球道德标准原则,如对某些遭受自然灾害国家的集体援助、保护人权、支持公平贸易,以及其他解决各种长期世界问题的协力尝试。最后,一份具体的反腐败国际公约已经定稿,并且在2003年经联合国大会批准,这可被视为与各种形式腐败(特别是贿赂、欺诈、利益冲突、滥用信息、对他人无理或过分暴力的行为)做斗争的全球合作的一种新现实。

腐败的概念在不断扩大,其所包括的不只是公民行贿以从公共机构获得正常的服务。联合国对腐败各领域的各项实地研究称,相对于这些情节轻微的贿赂而言,腐败的影响已经越来越普遍和严重。腐败造成投资减少,甚至撤资,而且产生了许多长期影响,包括社会两极分化、对人权缺乏尊重、不民主的实践,甚至是对用于发展和基本服务资金的挪用。

因此,在2003年12月,联合国大会批准了《联合国反腐败公约》

（以下简称"《公约》"）(UN Convention against Corruption)，以法典规定的形式为当代世界各国建立了可接受的道德行为标准。《公约》的采纳是全球应对此问题的机会。自联合国大会采纳后4个月内，106个国家签署了《公约》，并且在两年内总共有超过159个国家签署了《公约》，这表明了对反腐败的高度支持。2003年联合国大会的决议所批准的《联合国反腐败公约》包含一个附件，含九项条款，它可以被看作是一种全球道德标准规范。签署公约后，国家同样也接受并认可了其附件的规定。由于其重要性和特殊性，现将附件中的一些规定概括如下：

- "缔约国在履行其根据本公约所承担的义务时，应当恪守各国主权平等……不干涉他国内政"（UN 2003：Article 4）。

- "各缔约国均应当根据本国法律制度的基本原则，制定和执行或者坚持有效且协调的反腐败政策，这些政策应当促进社会参与，并体现法治、妥善管理公共事务和公共财产、廉正、透明度和问责制的原则"（UN 2003：Article 5）。

- "各缔约国均应当根据本国法律制度的基本原则，确保设立一个或酌情设立多个机构预防腐败"，通过这些方式以执行本公约的各项政策，并且补充和传播预防腐败的知识。需要注意的是，每个国家都必须将委托发展执行措施的机构名称和地址告知联合国秘书长（UN2003：Article 6）。

- "各缔约国均应根据本国法律制度的基本原则，酌情努力采用、维持和加强公务员和在适当情况下其他非选举产生的公职人员的招聘、雇佣、留用、晋升和退休制度"，并以绩效为基础。建议公平的薪资标准、促进教育和培训以惩治腐败（UN2003：Article 7）。

联合国的举措坚定地将腐败视为现代国家"躯体之内的癌症"以及对全球相互依存正常发展的一种严重阻碍。2003年联合国公约是多年来国家与专业人士之间合作谈判的结果。联合国及其专业部门有力且适当地教育、表达、编制并颁布道德标准的基本宗旨以便被国际体系采用和执行。

伦理的广义定义

惩治腐败并不是一项孤立的行为或决定，而是一种多维因素构成的长期策略。一项有价值的策略需要许多民族和机构持续协作，不断地监测和警戒，从而及时发现腐败事件并予以检举。这不仅适用于一个单一的机构，而且适用于全球范围。实际上，尽管已经出台并批准了各项旨在合理化和专业化各级治理的措施，伦理学仍然是一种深刻的问题。有证据表明，腐败继续在蔓延，并对发展所取得的成就造成了威胁。

根据一项为了纪念国际反腐败日（International Anti-Corruption Day）而公布的研究，最近的一项民意调查表明，全球范围内四分之一的人口在2010年12月之前的12个月内曾进行过行贿。国际反腐败日由联合国于2003年设立，目的是提高对贪污的认识以及促进全球范围内的反腐败斗争。透明国际组织的研究侧重于小规模的贿赂，针对86个郡和地区的超过91,000名人员进行调查。根据该报道，警察是最腐败的职业，29%与警方进行来往的人员表示他们曾经对警方行贿。在世界范围内，撒哈拉以南的非洲地区被报道是行贿发生率最高的地区，超过一半的人员称，他们在过去12个月内曾向官员行贿。欧洲和美国所报道的此种贿赂的比例最低（4%）。

然而，如果高估或低估这一问题，则这些统计数字可能会是误导性的。普通人通过贿赂才能得到一般的公共服务，这一说法便是在幅度和普及程度方面的夸大。在许多发达国家，游说者和特殊利益集团私下向政策制定者支付巨额资金，这笔数字则被低估了。对这些资金的解释好似观看潜水艇比赛，主要活动都在水下，大部分是看不到的。举例而言，如果存在利益冲突的原则被公正地适用于美国国会议员，那么几乎所有的人都会因为其个人金融收入(所谓的"竞选捐献")而产生的利益冲突而被禁止对大多数立法提案进行表决。无论这被称为贿赂还是政治捐款,最终的结果都是影响或大或小的决策。在标题为《立法者在选举关键阶段被曝求财》的报道中,《华盛顿邮报》透露:"今年(2010)国会议员举行了多次募捐活动,他们在采取关键步骤来编制新法律的同时收取大额支票,罔顾对这些行为可能产生道德问题的警告。这些竞选捐款的捐助者往往与决策制定者存在主要利害关系"(Leonning and Farnam,2010年12月26日)。①

同样,一项由佛罗里达州公布的大陪审团报告(2010年12月)揭露了州政府道德惨淡的景象。经过几个月的调查,该报告的结论是:腐败"在各级政府无孔不入……欺诈、浪费以及滥用国家资源",通过抬高服务成本来贪婪地压榨纳税人(Zink and Bender,2010)。该报告呼吁进行若干改革,其中包括:

- 扩大对公共部门雇员的定义从而将参与政府合同的私人雇员包括在内。
- 如果立法者可从投票结果中获取利益或损失利益,那么要求这些立法者放弃投票权。
- 如果任何承包人或供应商已被定有公开盗窃的罪名,那么应终身禁止此人与国家有经济往来。
- 扩大伦理委员会的权力以展开调查并实施处罚。②

忽略透明国际组织(Transparency International)就小规模贿赂所做的民意调查的话,按照透明国际组织所设定的全球诚信标准,一些发展中国家的道德排名已经有所提高,与部分通常被认为腐败程度较低的发

---

① Leonning,C. D. 和 T. W. Farnam。《华盛顿邮报》,2010年12月26日。http://www.washingtonpost.com/wp-dyn/content/article/2010/12/25/AR2010122502236.htlm? wpisrc = nl_headline。
②《圣彼得堡时报》。2010年12月30日。《太阳先驱报》,奥兰多,2010年12月29日。

达、工业大国相比,它们取得的排名更高。2010年,透明国际组织的清廉指数就廉正程度将卡塔尔(19)列于英国(20)、美国(22)、比利时(22)、法国(25)之前。智利(21)则比美国、比利时和法国的排名靠前。塞浦路斯(28)和阿联酋(28)比西班牙(30)的排名靠前。①

在许多国家,实现道德改革举步维艰,尤其是当那些担任领导职务的人们缺乏做出艰难抉择所必要的能力或决心的时候。国际公约对治理道德标准可能带来的影响是刺激并迫使这些领导人实行道德改革并且在公共服务中遵守适当的行为标准。这些协定和公约责成其成员在执行其职责和义务时遵守某些原则与方针。当前,道德标准(反腐败)已成为经济增长、生活质量、平等公正和可持续发展的一种条件。除了2003年的联合国公约,其他相关的全球性事件包括:

- 联合国大会于2001年通过了一项决议,重申了先前制定的打击犯罪和腐败的约定,并且强调了对有效的国际反腐败法律文书的需求。随后在2001年与2002年制定的其他决议,确立了相同的原则并且试图加强在整体预防、惩治腐败或者其他特定腐败行为(如洗钱)方面的国际合作。这些不同的举措在2003年(10月31日)具有里程碑意义的联合国大会决议中达到了顶峰,这一决议是对反腐败最具体、最详细的建议。

- 1994年于佛罗里达州迈阿密市举行的美洲国家峰会以腐败为关注点,出席峰会的34位领导人中的大多数郑重宣布并签署了被称作是世界上第一项遏制腐败与"侵吞"公共财产的国际协议(Jreisat,2009)。

- 多个联合国机构(联合国开发计划署、经济和社会事务部、公共管理事业部)于2001年的一项报告通过对比十几个非洲国家的公共服务道德标准的政策和方案,提供了国家报告、分析和辅助数据库。其目的

---

① 透明国际组织。2010年腐败感知指数,长方法论摘要,http://www.transparency.org/policy_research/surveys_indeces/cpi/2010/in_detail。

是产生对公共服务道德、责任和透明度需求的更多认识。该联合国开发计划署报告中得出以下两个特别重要的结论:(1)公共部门的不道德以及犯罪行为的影响导致了对公共机构的信任度的降低以及对法律权威性的削弱;(2)"在众多紧急行动的呼吁中,改善治理和解决冲突被认为是可持续发展的最佳先决条件"。①

■ 在过去几年中,许多国家,不限于欧洲国家和美国,都制定了各自的道德守则和执行方式。在守则范围内,个别机构也设立了自身的道德标准,而这些道德标准往往优于国家政府所制定的守则。

这些应用伦理学领域的实践活动表明,治理的道德标准已经成为一种普遍追求和全球性政策(Jabbra and Jreisat,2009)。虽然民族国家依然是政策的主要制定者,但是政策的制定是在一个日益密切的跨国联系网络背景下,政策的指令不同且经常重叠。可以肯定,许多道德标准方面的跨国协议缺乏强制执行力;然而,它们关注道德和责任的问题,并且向领导人施加道德压力。国际协定使领导者变得敏感,同时深化了各级治理中公共服务事务的意识。报刊、正规教育以及技能培训已经是在公共机构与社会之间进行信息沟通的十分有效的工具。

随着国际协定和公约制裁约束了内部和外部的行为模式并且巩固了在许多现代国家已经合法化的规范与价值标准,一种伦理文化正在获得认可与支持。尽管存在局限性,国际组织如联合国、世界贸易组织(WTO)和世界银行一直积极行动,试图影响并成为价值观的传播者和跨国道德的推动者。

由于公共部门的道德学术研究已经"主要由关注美国主题的美国籍研究人员所支配"(Huberts,Maesschalch and Jurkiewicz,2008),道德教育和知识需要通过跨文化比较学术研究而产生的信息。跨国比较研究

---

① UNDP. 2001.《非洲公共服务伦理学:执行摘要》(Public Service Ethics in Africa, Executive Summary),卷一,第1页,联合国经济与社会事务部,公共行政部门,纽约,联合国。

是丰富概念、验证标准、提高相关性以及综合研究结果所必不可少的。同样地,对于告知实践者在世界范围内的聪明实践以及构建公共行政中通用且可靠的概念而言,对比分析也是至关重要的。将学术研究主要局限在西方或单一文化结构之中,损害了知识和公共管理教育的整体发展,阻碍了学生系统地处理各种文化和管理制度,并且将对"他人的"实践浅薄的抽象概念扩大至一个日益全球化的世界。应用伦理学必须重新调整其适用范围,并继续将其知识视野扩展至西方领域之外。

在一个日益全球化的世界范围内研究伦理道德标准,在确定相关性标准以及开发有效执行方式等方面面临着挑战。应用伦理学包含在各种情况下的人类行为和举止。它必须发展为验证新兴全球秩序的基本价值观。国家有大小、贫富、发达或欠发达,在全球190多个国家执行应用全球伦理的广泛定义比较困难。尽管如此,全球伦理必须不断发展以超越当前这一学科的状态构建一个由经验证据支持的集体理论基础。因此,下面的章节中所描述的挑战十分重要。

广义概念

社会道德标准的制定不能局限于公共部门、行贿与受贿,以及公职人员的出轨行为。全盘着眼道德标准必须依靠提高道德标准以及/或者惩治腐败的全面策略:(1)这种策略不能仅限于公共机构与在此机构内工作的人员。它还必须包含公共部门组织之外的机构与个人,如商业、宗教与非营利性机构。(2)领导力是所有组织的一个关键要素,它具有将个人和机构的精力激发或指导至更高道德行为标准的巨大影响。有能力且廉正的领导者可以促进机构内部事务的进展;他们以自己的行为与整体表现为表率,在员工之间产生的道德影响涟漪状扩散开来。全球领导者必须率先实现诸如环境保护、致力于平等、对穷人的责任、尊重人权、抵制偏见、热爱和平、防止战争和暴力对人类侵害等全球目标。彼得·辛格(Peter Singer)认为,"随着世界各国聚集在一起以解决诸如贸易、气候变化、司法和贫困等全球性问题,我们的国家领导人需要采取一种超越国家自身利益的视角。总之,他们需要采取全球化的伦理视角"(Singer,2004)。

商业因素

商业伦理至关重要,并且需要从不同的角度进行调查,从而发现不同的理论和实践依据。例如,商业实体可以服务于不同的利益,而这些利益之间或与其他外部社会利益并不总是和谐的。股东在实现利润最大化时可能与环境因素以及履行社会责任中的社会利益发生冲突。不顾其表现如何而向企业最高领导人发放巨额薪水,可能对员工与股东而言并非有益。尤其是,管理不善、误导性财务信息、证券欺诈、内幕交易、伪造账目、首席执行官过高的薪酬以及各种其他腐败行为并不符合社会、员工、股东的利益。正因如此,在过去几年里,许多企业高管终究锒铛入狱。

另一个相关的问题是,金钱对大多数国家的政治都有腐败性影响。美国的企业部门是政治中的一个重要决定因素,正是企业资金使得2010年美国大选成为该国及社会有史以来最昂贵的一次选举。因此,企业资金腐蚀政治的说法曾牵涉到商业伦理,甚至与治理的道德标准相提并论。另一个相关问题是,商业学校的课程缺乏道德成分或者只包含一个微小的组成部分。尽管存在一种观点认为,道德和价值观对商业教育越来越重要,但是很少有商业学校对这一社会需求进行了有效回应。

在美国,无论表现如何都能获得过高报酬的企业最高领导人在过去十年中也被公认应对灾难性的企业失败负有责任,从而推动了应急改革程序。虽然商业企业导致了一些对环境、健康、投资与一般公民福利最恶劣的侵犯,但是全球伦理举措一直主要关注于治理方面。在各类社会中,都存在纵容跨国公司的情形。但是,软弱或腐败的政府一直没能规范跨国公司或不愿意执行某些通用的标准。当然,部分国家已经在这方面采取了重大举措。

例如,《美国反海外腐败法》(The U. S. Foreign Corrupt Practices Act)禁止公司贿赂海外人员以获取业务。1977年的《美国反海外腐败法》的颁布旨在判定"向外国政府官员行贿以获取或保留业务的个人或实体的行为"不合法。该法的反贿赂条款禁止故意使用任何手段腐败地推进"对任何个人的任何报价、付款、付款承诺、或金钱或任何贵重物品的授权,明知全部或部分金钱或贵重物品将被直接或间接地提供、给予或承诺给外国官员以对其官方权力产生影响,诱使外国官员作为/不作为从而违背其法定职责,或者确保协助获得或保留业务的任何不正当优势,或与任何人直接交易"(U. S. Department of Justice, Criminal Division)。①

《美国反海外腐败法》(FCPA)还要求那些证券在美国上市的公司符合其会计规定。这些会计规定,其目的是与FCPA的反贿赂条款协同运作,要求规定项下的企业:(1)制作并保存可以准确、公正反映公司交易的账簿和记录;(2)制定并维护内部会计控制的适当体系(U. S. Department of Justice, Criminal Division)。②

《美国反海外腐败法》的执行也十分严格。2010年5月28日,马克·布热津斯基(Mark Brzezinski)在《华盛顿邮报》发表了题为《奥巴马政府对海外商业腐败采取强硬措施》的文章。该文章详细说明了执行中的一些变化。布热津斯基的结论是,国际"反贿赂"执行的举措更多地发生在鲜见报道的事件之中。基于《反海外腐败法》的调查和检举的激增确实使舆论哗然,人们发现,睁一只眼闭一只眼经商的日子已经一去不复返了,甚至是几年前企业所作出的错误决定都可能招致严厉的处罚。这在某种程度上是根据"在发达国家与在发展中国家经营生意的方式不

---

① 美国司法部,刑事司:http://www.justice.gov/criminal/fraud/fcpa。
② 出处同上。

应有所不同"原则。美国司法部刑事司将这一目标设定为"一种全球性共识的建立:腐败是不可接受的;腐败对我们之中最不富裕的人民的损害是最大的。"政府将腐败与国家受到的安全挑战相联系。10年以前,联邦调查中大约有8起涉及对外国的贿赂。今天,司法部已有超过130次公开调查。执行此法案会计条款的美国证券交易委员会同样也已成立了专案组。

被控告的人员包括企业高级管理人员、中介机构、甚至还有司法管辖权范围之内的一些外国官员。这使得高管们比以往任何时候都更加关注远距离之外的销售人员和咨询人员对本土商业的所作所为,因为即使高管从未被指控亲自参与了不当支付,他们也会被追究相关责任。司法部不再仅仅依赖于举报人或商业竞争对手的线索来立案。如今,官员正在将组织犯罪调查的工具转变为反贿赂的工具。然而,众所周知,真正的威慑力需要其他司法管辖区颁布并实施类似的法律才能起诉违法者。

由于美国寻求双边和多边的合作和共同努力,美国联邦调查局正在全球至少75个使馆中委派"法律随员",目的是在一定程度上关注贿赂调查。但是联邦调查局特工如何才能为这方面的工作做好准备? 各个国家的腐败各有不同。政府如何共同努力以协调、有效地惩治行贿与受贿人员并且增强真正的威慑力? 最后,虽然声称具有在世界各地履行反腐败的道义和权力,但美国自己的行为也并不是无可指摘的(Brzezinski,2010)。①

信息与透明度

全球伦理必须唤起公众的意识、提供准确的信息并且确保治理的透

---

① 马克·布热津斯基(Mark Brzezinski)。2010年。奥巴马政府对海外商业腐败采取强硬措施。《华盛顿邮报》,5月28日。(作者是麦圭尔·伍兹的一名律师)。

明度,只有这样,才能产生一定的影响。对于提高公众对腐败及其危害的认识以及对不道德行为的有效监控和调查而言,透明度是必不可少的。无疑,现今的公共事务比以往任何时候都更加透明。同样,联合国的一致努力、互联网的普遍使用、通过问卷调查获得的有效信息、评估手段,以及来自公正来源的基准管理,都使腐败事件受到公众的监督。透明国际组织(TI)的清廉指数便是一个很好的例证。它是"按照所感知的公职人员与政治人物的腐败程度而将各个国家进行排名的一种综合性指标。它是一种依据由许多信誉良好的独立机构所提供的与腐败有关的数据而计算出的腐败指数。"[1]尽管存在一些批评,透明国际组织(TI)的方案和活动非常有助于提高全球意识。国际透明组织衡量腐败和传播其相关信息的全球活动在创造知识、提高认识,甚至激发国家间的竞争欲望,寻求提高其指数排名等方面具有很高的影响力。

《联合国反腐败公约》以及各种其他国际协定为集体行动制定了政策并创造了工具。这一国际公约的签署国同样也同意服从并履行其在本国范围内打击腐败的承诺。以下例子表明,一些发展中国家正在实施与全球伦理新重点相一致的某些具体行动。约旦这个发展中小国的案例,说明了道德标准方面的全球政策对国内政策的影响:[2]

2010年12月10日,约旦首相强调了通过保证所有相关委员会与实体合作的一项全面的战略以打击各种形式腐败的政府承诺。在一场由反腐败委员会主办的国际反腐败日纪念仪式上,该首相表示,打击腐败一直是政府优先考虑的事务。他补充道,政府一直在努力创造一个法律环境以提高反腐败委员会的表现。该首相还声明,政府将致力于执行可在腐败发生之前将其检测出的"有效策略"并且将严格处理所有"行贿与

---

[1] 透明国际组织。2010年清廉指数,长方法论摘要 http://www.transparency.org/policy_research/surveys_indeces/cpi/2010/in_detail。
[2] 《约旦时报》。2010年。政府致力于打击腐败。12月10日。http://www.jordantimes.com/print.html。

受贿人员"。

在 2010 年透明国际组织的清廉指数中,约旦在所调查的 178 个国家中排名第 50 位,并且在此指数所涵盖的 20 个区域国家中排名第 6 位。值得一提的是,约旦首相做出了其政府在反腐败斗争中与本地、区域和国际各方保持稳定协调与合作的承诺。另外,上述仪式由约旦与联合国发展计划署(UNDP)联合举办,该组织主管的讲话重申,正是腐败对民主、发展与稳定造成了重大威胁(Jordan Times,2010 年 12 月 10 日)。

来自美国和约旦的例证并不典型,但是,很显然这些例证强调了一些相关且重要的信息。其中之一是,促进全球伦理的努力正在孕育成果。另一种观点是,道德法律和违规起诉日益成为许多国家的国家政策。一些国家已经将预防潜在的腐败行为的限制措施增补到其法律中。毋庸置疑,全球伦理运动已经引致了许多国家的反腐败措施。现在的问题是,这种行为达到了什么范围或程度,以及有效性如何。只有通过收集大量的数据并进行比较实证分析才能可靠地回答这些问题。

伦理教育

知识、教育和培训是改变行为的有效手段。教育也是提高整体劳动力意识的途径之一。不同国家的教育体系,除了少数例外之外,并没有在对劳动力的研究或教育和培训中给予道德标准高度的重视。一般来说,现代社会的公民没有充分接受自由民主的传统,或者珍视如自由、守法和全面正义的道德观。在大多数国家,基本公民文化教育在学校的课程中并不常见。不过,产生组织和社会道德标准的文化必须成为教育系统的一项战略目标。如果要与腐败在基层进行斗争的话,那么这是不可避免的。通过教育来培养价值观是一种产生理想效果、提高公众对反腐败政策理解和支持的缓慢却可靠的方式。鉴于全球化增加了各国之间的相互依存、资本的流动和治理的复杂程度,教育和培训被视为"整体能力建设的过程",是两个同等重要的要素,使个人为改变了的公共服务做好准备(Kroukamp,2007)。

监控、调查与裁定

如果缺乏有效的实施工具和程序,那么将察觉不到违反道德标准的行为,并且对道德标准程序的管理也会失去意义。监控和调查工具增强了道德标准程序的监督力度,并且改变、延续了一种以价值为基础的管理文化。各个国家出于治理腐败的目的制定了不同的执行机制和结构。许多国家已经建立了独立委员会、法院或类似的机构以专门处理腐败案件。道德准则日益成为一种常见的信息工具,这些信息与对违反行为规范的监管和调查的标准和依据相关。某些道德标准具有处罚违反者的法定权限。很显然,对这些常见的实施中的道德准则的效力和影响的衡量需要更多的实证研究。正如约瑟夫·贾布拉(Joseph Jabbra,2007)所推论的,有效且具有竞争力的合理治理制度会产生根本性的影响。公共部门的有效建设是降低成本、减少瓶颈问题、提高服务水平,以及确认管理流程完整性的可靠路径。由此得出的观点是,良好治理应作为整个体系而不是孤立的单个组成部分来理解与分析。作为一个多维度的概念(其中最重要的是诚实与廉正),对治理体系的评估应该将多个相辅相成的组成部分都包括在内。

结　论

全球伦理的发展和对《联合国反腐败公约》的认可、世界各国遵守道德的具体标准和特定的实施措施的承诺,这些都位于最深刻的全球成就之列。仅仅关注与各类小型腐败行为(涵盖范围从贪污受贿到对公共资源的非专业、不经济管理)的斗争将使全球伦理受到狭隘的限制。无论如何,专业管理不断努力确保公共决策的诚实和正直。在另一方面,公共服务中道德标准的开阔视野变得更加包容、长远并且可以处理更广泛的问题。道德标准的广阔视野包括透明度、职业责任、民主价值观、公民自由、尊重人权以及遵守法治等事项。此外,道德的广泛范围必须包括非政府机构以及在治理总体进程中大型企业的道德影响。

虽然狭义或集中的观点更容易被转化为具体措施从而服务于一个明确的目标,如惩治贿赂,但它对社会的影响是有限的。通常而言,广泛的道德观点需要重新考虑教育制度的内容以及哲学、历史、政治思想、公共行政和社会科学现实与潜在智力贡献,才能实现文明社会的理想。如果得到教育方式的支持,逐渐灌输社会普遍性和基本价值观,那么全球伦理可以得到发展,并将在惩治腐败方面取得成功。教育和研究促进了良好治理原则在现代社会以及全球范围的实施。例如,全球伦理重新关注消除歧视和国际协定的需求,这些国际协定构建制度化的廉正价值标准,并授权对战争罪与危害人类罪的审判,无论其国别为何。虽然在具体、可定义标准的前提下,对违反道德标准行为的监测、调查和裁决更加容易,但是必须要考虑大局和广泛的联系。其中,适当的教育和正确的领导是不断取得进步的最关键因素。

凤凰文库书目

一、马克思主义研究系列
《走进马克思》 孙伯鍨 张一兵 主编
《回到马克思:经济学语境中的哲学话语》 张一兵 著
《当代视野中的马克思》 任平 著
《回到列宁:关于"哲学笔记"的一种后文本学解读》 张一兵 著
《回到恩格斯:文本、理论和解读政治学》 胡大平 著
《国外毛泽东学研究》 尚庆飞 著
《重释历史唯物主义》 段忠桥 著
《资本主义理解史》(6卷) 张一兵 主编
《阶级、文化与民族传统:爱德华·P. 汤普森的历史唯物主义思想研究》 张亮 著
《形而上学的批判与拯救》 谢永康 著
《21世纪的马克思主义哲学创新:马克思主义哲学中国化与中国化马克思主义哲学》
　　李景源 主编
《科学发展观与和谐社会建设》 李景源 吴元梁 主编
《科学发展观:现代性与哲学视域》 姜建成 著
《西方左翼论当代西方社会结构的演变》 周穗明 王玫 等著
《历史唯物主义的政治哲学向度》 张文喜 著
《信息时代的社会历史观》 孙伟平 著
《从斯密到马克思:经济哲学方法的历史性阐释》 唐正东 著
《构建和谐社会的政治哲学阐释》 欧阳英 著
《正义之后:马克思恩格斯正义观研究》 王广 著
《后马克思主义思想史》 [英]斯图亚特·西姆 著 吕增奎 陈红 译
《后马克思主义与文化研究:理论、政治与介入》 [英]保罗·鲍曼 著 黄晓武 译
《市民社会的乌托邦:马克思主义的社会历史哲学阐释》 王浩斌 著
《唯物史观与人的发展理论》 陈新夏 著
《西方马克思主义与苏联:1917年以来的批评理论和争论概览》 [荷]马歇尔·范·林登 著
　　周穗明 译 翁寒松 校
《物与无:物化逻辑与虚无主义》 刘森林 著

二、政治学前沿系列
《公共性的再生产:多中心治理的合作机制建构》 孔繁斌 著
《合法性的争夺:政治记忆的多重刻写》 王海洲 著
《民主的不满:美国在寻求一种公共哲学》 [美]迈克尔·桑德尔 著 曾纪茂 译
《权力:一种激进的观点》 [英]斯蒂芬·卢克斯 著 彭斌 译
《正义与非正义战争:通过历史实例的道德论证》 [美]迈克尔·沃尔泽 著 任辉献 译
《自由主义与现代社会》 [英]理查德·贝拉米 著 毛兴贵 等译
《左与右:政治区分的意义》 [意]诺贝托·博比奥 著 陈高华 译
《自由主义中立性及其批评者》 [美]布鲁斯·阿克曼 等著 应奇 编
《公民身份与社会阶级》 [英]T. H. 马歇尔 等著 郭忠华 刘训练 编
《当代社会契约论》 [美]约翰·罗尔斯 等著 包利民 编

《马克思与诺齐克之间》 [英]G. A. 柯亨 等著 吕增奎 编
《美德伦理与道德要求》 [英]欧若拉·奥尼尔 等著 徐向东 编
《宪政与民主》 [英]约瑟夫·拉兹 等著 佟德志 编
《自由多元主义的实践》 [美]威廉·盖尔斯敦 著 佟德志 苏宝俊 译
《国家与市场:全球经济的兴起》 [美]赫尔曼·M. 施瓦茨 著 徐佳 译
《税收政治学:一种比较的视角》 [美]盖伊·彼得斯 著 郭为桂 黄宁莺 译
《控制国家:从古雅典至今的宪政史》 [美]斯科特·戈登 著 应奇 陈丽微 孟军 李勇 译
《社会正义原则》 [英]戴维·米勒 著 应奇 译
《现代政治意识形态》 [澳]安德鲁·文森特 著 袁久红 译
《新社会主义》 [加拿大]艾伦·伍德 著 尚庆飞 译
《政治的回归》 [英]尚塔尔·墨菲 著 王恒 臧佩洪 译
《自由多元主义》 [美]威廉·盖尔斯敦 著 佟德志 庞金友 译
《政治哲学导论》 [英]亚当·斯威夫特 著 佘江涛 译
《重新思考自由主义》 [英]理查德·贝拉米 著 王萍 傅广生 周春鹏 译
《自由主义的两张面孔》 [英]约翰·格雷 著 顾爱彬 李瑞华 译
《自由主义与价值多元论》 [英]乔治·克劳德 著 应奇 译
《帝国:全球化的政治秩序》 [美]麦克尔·哈特 [意]安东尼奥·奈格里 著 杨建国 范一亭 译
《反对自由主义》 [美]约翰·凯克斯 著 应奇 译
《政治思想导读》 [英]彼得·斯特克 大卫·韦戈尔 著 舒小昀 李霞 赵勇 译
《现代欧洲的战争与社会变迁:大转型再探》 [英]桑德拉·哈尔珀琳 著 唐皇凤 武小凯 译
《道德原则与政治义务》 [美]约翰·西蒙斯 著 郭为桂 李艳丽 译
《政治经济学理论》 [美]詹姆斯·卡波拉索 戴维·莱文 著 刘骥 等译
《民主国家的自主性》 [英]埃里克·A. 诺德林格 著 孙荣飞 等译
《强社会与弱国家:第三世界的国家社会关系及国家能力》 [美]乔·米格德尔 著 张长东 译
《驾驭经济:英国与法国国家干预的政治学》 [美]彼得·霍尔 著 刘骥 刘娟凤 叶静 译
《社会契约论》 [英]迈克尔·莱斯诺夫 著 刘训练 等译
《共和主义:一种关于自由与政府的理论》 [澳]菲利普·佩蒂特 著 刘训练 译
《至上的美德:平等的理论与实践》 [美]罗纳德·德沃金 著 冯克利 译
《原则问题》 [美]罗纳德·德沃金 著 张国清 译
《社会正义论》 [英]布莱恩·巴利 著 曹海军 译
《马克思与西方政治思想传统》 [美]汉娜·阿伦特 著 孙传钊 译
《作为公道的正义》 [英]布莱恩·巴利 著 曹海军 允春喜 译
《古今自由主义》 [美]列奥·施特劳斯 著 马志娟 译
《公平原则与政治义务》 [美]乔治·格劳斯科 著 毛兴贵 译
《谁统治:一个美国城市的民主和权力》 [美]罗伯特·A. 达尔 著 范春辉 等译
《论伦理精神》 张康之 著
《人权与帝国:世界主义的政治哲学》 [英]科斯塔斯·杜兹纳 著 辛亨复 译
《阐释和社会批判》 [美]迈克尔·沃尔泽 著 任辉献 段鸣玉 译
《全球时代的民族国家:吉登斯讲演录》 [英]安东尼·吉登斯 著 郭忠华 编
《当代政治哲学名著导读》 应奇 主编
《拉克劳与墨菲:激进民主想象》 [美]安娜·M. 史密斯 著 付琼 译
《英国新左派思想家》 张亮 编
《第一代英国新左派》 [英]迈克尔·肯尼 著 李永新 陈剑 译

《转向帝国:英法帝国自由主义的兴起》 [美]珍妮弗·皮茨 著 金毅 许鸿艳 译
《论战争》 [美]迈克尔·沃尔泽 著 任辉献 段鸣玉 译
《现代性的谱系》 张凤阳 著
《近代中国民主观念之生成与流变:一项观念史的考察》 闾小波 著
《阿伦特与现代性的挑战》 [美]塞瑞娜·潘琳 著 张云龙 译
《政治人:政治的社会基础》 [美]西摩·马丁·李普塞特 著 郭为桂 林娜 译
《社会中的国家:国家与社会如何相互改变与相互构成》 [美]乔尔·S.米格代尔 著 李杨 郭一聪 译 张长东 校
《伦理、文化与社会主义:英国新左派早期思想读本》 张亮 熊婴 编

三、纯粹哲学系列

《哲学作为创造性的智慧:叶秀山西方哲学论集(1998—2002)》 叶秀山 著
《真理与自由:康德哲学的存在论阐释》 黄裕生 著
《走向精神科学之路:狄尔泰哲学思想研究》 谢地坤 著
《从胡塞尔到德里达》 尚杰 著
《海德格尔与存在论历史的解构:〈现象学的基本问题〉引论》 宋继杰 著
《康德的信仰:康德的自由、自然和上帝理念批判》 赵广明 著
《宗教与哲学的相遇:奥古斯丁与托马斯·阿奎那的基督教哲学研究》 黄裕生 著
《理念与神:柏拉图的理念思想及其神学意义》 赵广明 著
《时间性:自身与他者——从胡塞尔、海德格尔到列维纳斯》 王恒 著
《意志及其解脱之路:叔本华哲学思想研究》 黄文前 著
《真理之光:费希特与海德格尔论 SEIN》 李文堂 著
《归隐之路:20世纪法国哲学的踪迹》 尚杰 著
《胡塞尔直观概念的起源:以意向性为线索的早期文本研究》 陈志远 著
《幽灵之舞:德里达与现象学》 方向红 著
《形而上学与社会希望:罗蒂哲学研究》 陈亚军 著
《福柯的主体解构之旅:从知识考古学到"人之死"》 刘永谋 著
《中西智慧的贯通:叶秀山中国哲学文化论集》 叶秀山 著
《学与思的轮回:叶秀山 2003—2007 年最新论文集》 叶秀山 著
《返回爱与自由的生活世界:纯粹民间文学关键词的哲学阐释》 户晓辉 著
《心的秩序:一种现象学心学研究的可能性》 倪梁康 著
《生命与信仰:克尔凯郭尔假名写作时期基督教哲学思想研究》 王齐 著
《时间与永恒:论海德格尔哲学中的时间问题》 黄裕生 著
《道路之思:海德格尔的"存在论差异"思想》 张柯 著
《启蒙与自由:叶秀山论康德》 叶秀山 著
《自由、心灵与时间:奥古斯丁心灵转向问题的文本学研究》 张荣 著
《回归原创之思:"象思维"视野下的中国智慧》 王树人 著

四、宗教研究系列

《汉译佛教经典哲学研究》(上下卷) 杜继文 著
《中国佛教通史》(15卷) 赖永海 主编
《中国禅宗通史》 杜继文 魏道儒 著
《佛教史》 杜继文 主编

《道教史》 卿希泰 唐大潮 著
《基督教史》 王美秀 段琦 等著
《伊斯兰教史》 金宜久 主编
《中国律宗通史》 王建光 著
《中国唯识宗通史》 杨维中 著
《中国净土宗通史》 陈扬炯 著
《中国天台宗通史》 潘桂明 吴忠伟 著
《中国三论宗通史》 董群 著
《中国华严宗通史》 魏道儒 著
《中国佛教思想史稿》(3卷) 潘桂明 著
《禅与老庄》 徐小跃 著
《中国佛性论》 赖永海 著
《禅宗早期思想的形成与发展》 洪修平 著
《基督教思想史》 [美]胡斯都·L. 冈察雷斯 著 陈泽民 孙汉书 司徒桐 莫如喜 陆俊杰 译
《圣经历史哲学》(上下卷) 赵敦华 著
《禅宗早期思想的形成与发展》 洪修平 著
《如来藏与中国佛教》 杨维中 著

五、人文与社会系列

《环境与历史:美国和南非驯化自然的比较》 [美]威廉·贝纳特 彼得·科茨 著 包茂红 译
《阿伦特为什么重要》 [美]伊丽莎白·扬-布鲁尔 著 刘北成 刘小鸥 译
《现代性的哲学话语》 [德]于尔根·哈贝马斯 著 曹卫东 等译
《追寻美德:伦理理论研究》 [美]A. 麦金太尔 著 宋继杰 译
《现代社会中的法律》 [美]R. M. 昂格尔 著 吴玉章 周汉华 译
《知识分子与大众:文学知识界的傲慢与偏见,1880—1939》 [英]约翰·凯里 著 吴庆宏 译
《自我的根源:现代认同的形成》 [加拿大]查尔斯·泰勒 著 韩震 等译
《社会行动的结构》 [美]塔尔科特·帕森斯 著 张明德 夏遇南 彭刚 译
《文化的解释》 [美]克利福德·格尔茨 著 韩莉 译
《以色列与启示:秩序与历史(卷1)》 [美]埃里克·沃格林 著 霍伟岸 叶颖 译
《城邦的世界:秩序与历史(卷2)》 [美]埃里克·沃格林 著 陈周旺 译
《战争与和平的权利:从格劳秀斯到康德的政治思想与国际秩序》 [美]理查德·塔克 著 罗炯 等译
《人类与自然世界:1500—1800年间英国观念的变化》 [英]基思·托马斯 著 宋丽丽 译
《男性气概》 [美]哈维·C. 曼斯菲尔德 著 刘玮 译
《黑格尔》 [加拿大]查尔斯·泰勒 著 张国清 朱进东 译
《社会理论和社会结构》 [美]罗伯特·K. 默顿 著 唐少杰 齐心 等译
《个体的社会》 [德]诺贝特·埃利亚斯 著 翟三江 陆兴华 译
《象征交换与死亡》 [法]让·波德里亚著 车槿山 译
《实践感》 [法]皮埃尔·布迪厄 著 蒋梓骅 译
《关于马基雅维里的思考》 [美]利奥·施特劳斯 著 申彤 译
《正义诸领域:为多元主义与平等一辩》 [美]迈克尔·沃尔泽 著 褚松燕 译
《传统的发明》 [英]E. 霍布斯鲍姆 T. 兰格 著 顾杭 庞冠群 译
《元史学:十九世纪欧洲的历史想象》 [美]海登·怀特 著 陈新 译

《卢梭问题》 [德]恩斯特·卡西勒 著　王春华 译
《自足语义学:为语义最简论和言语行为多元论辩护》 [挪威]赫尔曼·开普兰
　　[美]厄尼·利珀尔 著　周允程 译
《历史主义的兴起》 [德]弗里德里希·梅尼克 著　陆月宏 译
《权威的概念》 [法]亚历山大·科耶夫 著　姜志辉 译

六、海外中国研究系列
《帝国的隐喻:中国民间宗教》 [英]王斯福 著　赵旭东 译
《王弼〈老子注〉研究》 [德]瓦格纳 著　杨立华 译
《章学诚思想与生平研究》 [美]倪德卫 著　杨立华 译
《中国与达尔文》 [美]詹姆斯·里夫 著　钟永强 译
《千年末世之乱:1813年八卦教起义》 [美]韩书瑞 著　陈仲丹 译
《中华帝国后期的欲望与小说叙述》 黄卫总 著　张蕴爽 译
《私人领域的变形:唐宋诗词中的园林与玩好》 [美]王晓山 著　文韬 译
《六朝精神史研究》 [日]吉川忠夫 著　王启发 译
《中国社会史》 [法]谢和耐 著　黄建华 黄迅余 译
《大分流:欧洲、中国及现代世界经济的发展》 [美]彭慕兰 著　史建云 译
《近代中国的知识分子与文明》 [日]佐藤慎一 著　刘岳兵 译
《转变的中国:历史变迁与欧洲经验的局限》 [美]王国斌 著　李伯重 连玲玲 译
《中国近代思维的挫折》 [日]岛田虔次 著　甘万萍 译
《为权力祈祷》 [加拿大]卜正民 著　张华 译
《洪业:清朝开国史》 [美]魏斐德 著　陈苏镇 薄小莹 译
《儒教与道教》 [德]马克斯·韦伯 著　洪天富 译
《革命与历史:中国马克思主义历史学的起源,1919—1937》 [美]德里克 著　翁贺凯 译
《中华帝国的法律》 [美]D.布朗 等著　朱勇 译
《文化、权力与国家》 [美]杜赞奇 著　王福明 译
《中国的亚洲内陆边疆》 [美]拉铁摩尔 著　唐晓峰 译
《古代中国的思想世界》 [美]史华兹 著　程钢 译　刘东 校
《中国近代经济史研究:明末海关财政与通商口岸市场圈》 [日]滨下武志 著　高淑娟 孙彬 译
《中国美学问题》 [美]苏源熙 著　卞东波 译　张强强 朱霞欢 校
《翻译的传说:构建中国新女性形象》 胡缨 著　龙瑜成 彭珊珊 译
《〈诗经〉原意研究》 [日]家井真 著　陆越 译
《缠足:"金莲崇拜"盛极而衰的演变》 [美]高彦颐 著　苗延威 译
《从民族国家中拯救历史:民族主义话语与中国现代史研究》 [美]杜赞奇 著　王宪明 高继美
　　李海燕 李点 译
《传统中国日常生活中的协商:中古契约研究》 [美]韩森 著　鲁西奇 译
《欧几里得在中国:汉译〈几何原本〉的源流与影响》 [荷]安国风 著　纪志刚 郑诚 郑方磊 译
《毁灭的种子:二战及战后的国民党中国》 [美]易劳逸 著　王建朗 王贤知 贾维 译
《理解农民中国:社会科学哲学的案例研究》 [美]李丹 著　张天虹 张胜波 译
《18世纪的中国社会》 [美]韩书瑞 罗有枝 著　陈仲丹 译
《开放的帝国:1600年的中国历史》 [美]韩森 著　梁侃 邹劲风 译
《中国人的幸福观》 [德]鲍吾刚 著　严蓓雯 韩雪临 伍德祖 译
《明代乡村纠纷与秩序》 [日]中岛乐章 著　郭万平 高飞 译

《朱熹的思维世界》 [美]田浩 著
《礼物、关系学与国家:中国人际关系与主体建构》 杨美慧 著 赵旭东 孙珉 译 张跃宏 校
《美国的中国形象:1931—1949》 [美]克里斯托弗·杰斯普森 著 姜智芹 译
《清代内河水运史研究》 [日]松浦章 著 董科 译
《中国的经济革命:20世纪的乡村工业》 [日]顾琳 著 王玉茹 张玮 李进霞 译
《明清时代东亚海域的文化交流》 [日]松浦章 著 郑洁西 译
《皇帝和祖宗:华南的国家与宗族》 科大卫 著 卜永坚 译
《中国善书研究》 [日]酒井忠夫 著 刘岳兵 何鸳鸳 孙雪梅 译
《大萧条时期的中国:市场、国家与世界经济》 [日]城山智子 著 孟凡礼 尚国敏 译
《虎、米、丝、泥:帝制晚期华南的环境与经济》 [美]马立博 著 王玉茹 译
《矢志不渝:明清时期的贞女现象》 [美]卢苇菁 著 秦立彦 译
《山东叛乱:1774年的王伦起义》 [美]韩书瑞 著 刘平 唐雁超 译
《一江黑水:中国未来的环境挑战》 [美]易明 著 姜智芹 译
《施剑翘复仇案:民国时期公众同情的兴起与影响》 [美]林郁沁 著 陈湘静 译
《工程国家:民国时期(1927－1937)的淮河治理及国家建设》 [美]戴维·艾伦·佩兹 著 姜智芹 译
《西学东渐与中国事情》 [日]增田涉 著 周启乾 译
《铁泪图:19世纪中国对于饥馑的文化反应》 [美]艾志端 著 曹曦 译
《危险的边疆:游牧帝国与中国》 [美]巴菲尔德 著 袁剑 译
《华北的暴力与恐慌:义和团运动前夕基督教传播和社会冲突》 [德]狄德满 著 崔华杰 译
《历史宝筏:过去、西方与中国的妇女问题》 [美]季家珍 著 杨可 译
《姐妹们与陌生人:上海棉纱厂女工,1919—1949》 [美]艾米莉·洪尼格 著 韩慈 译
《银线:19世纪的世界与中国》 林满红 著 詹庆华 林满红 译
《寻求中国民主》 [澳]冯兆基 著 刘悦斌 徐硙 著
《中国乡村的基督教:1860—1900江西省的冲突与适应》 [美]史维东 著 吴薇 译
《认知变异:反思人类心智的统一性与多样性》 [英]G.E.R.劳埃德 著 池志培 译
《假想的满大人:同情、现代性与中国疼痛》 [美]韩瑞 著 袁剑 译
《男性特质论:中国的社会与性别》 [澳]雷金庆 著 [澳]刘婷 译
《中国的捐纳制度与社会》 伍跃 著
《文书行政的汉帝国》 [日]富谷至 著 刘恒武 孔李波 译
《城市里的陌生人:中国流动人口的空间、权力与社会网络的重构》 [美]张骊 著 袁长庚 译
《重读中国女性生命故事》 游鉴明 胡缨 季家珍 主编
《跨太平洋位移:20世纪美国文学中的民族志、翻译和文本间旅行》 黄运特 著 陈倩 译

七、历史研究系列
《中国近代通史》(10卷) 张海鹏 主编
《极端的年代》 [英]艾瑞克·霍布斯鲍姆 著 马凡 等译
《漫长的20世纪》 [意]杰奥瓦尼·阿瑞基 著 姚乃强 译
《在传统与变革之间:英国文化模式溯源》 钱乘旦 陈晓律 著
《世界现代化历程》(10卷) 钱乘旦 主编
《近代以来日本的中国观》(6卷) 杨栋梁 主编
《中华民族凝聚力的形成与发展》 卢勋 杨保隆 等著
《明治维新》 [英]威廉·G.比斯利 著 张光 汤金旭 译

《在垂死皇帝的王国:世纪末的日本》 [美]诺玛·菲尔德 著 曾霞 译
《戊戌政变的台前幕后》 马勇 著
《战后东北亚主要国家间领土纠纷与国际关系研究》 李凡 著

八、当代思想前沿系列
《世纪末的维也纳》 [美]卡尔·休斯克 著 李锋 译
《莎士比亚的政治》 [美]阿兰·布鲁姆 哈瑞·雅法 著 潘望 译
《邪恶》 [英]玛丽·米奇利 著 陆月宏 译
《知识分子都到哪里去了:对抗21世纪的庸人主义》 [英]弗兰克·富里迪 著 戴从容 译
《资本主义文化矛盾》 [美]丹尼尔·贝尔 著 严蓓雯 译
《流动的恐惧》 [英]齐格蒙特·鲍曼 著 谷蕾 杨超 等译
《流动的生活》 [英]齐格蒙特·鲍曼 著 徐朝友 译
《流动的时代:生活于充满不确定性的年代》 [英]齐格蒙特·鲍曼 著 谷蕾 武媛媛 译
《未来的形而上学》 [美]爱莲心 著 余日昌 译
《感受与形式》 [美]苏珊·朗格 著 高艳萍 译
《资本主义及其经济学:一种批判的历史》 [美]道格拉斯·多德 著 熊婴 译 刘思云 校

九、教育理论研究系列
《教育研究方法导论》 [美]梅雷迪斯·D.高尔 等著 许庆豫等 译
《教育基础》 [美]阿伦·奥恩斯坦 著 杨树兵等 译
《教育伦理学》 贾馥茗 著
《认知心理学》 [美]罗伯特·L.索尔索 著 何华等 译
《现代心理学史》 [美]杜安·P.舒尔茨 著 叶浩生等 译
《学校法学》 [美]米歇尔·W.拉莫特 著 许庆豫等 译

十、艺术理论研究系列
《另类准则:直面20世纪艺术》 [美]列奥·施坦伯格 著 沈语冰 刘凡 谷光曙 译
《弗莱艺术批评文选》 [英]罗杰·弗莱 著 沈语冰 译
《当代艺术的主题:1980年以后的视觉艺术》 [美]简·罗伯森 克雷格·迈克丹尼尔 著 匡晓 译
《艺术与物性:论文与评论集》 [美]迈克尔·弗雷德 著 张晓剑 沈语冰 译
《现代生活的画像:马奈及其追随者艺术中的巴黎》 [英]T.J.克拉克 著 沈语冰 诸葛沂 译
《自我与图像》 [英]艾美利亚·琼斯 著 刘凡 谷光曙 译
《艺术社会学》 [英]维多利亚·D.亚历山大 著 章浩 沈杨 译

十一、中国经济问题研究系列
《中国经济的现代化:制度变革与结构转型》 肖耿 著
《世界经济复苏与中国的作用》 [英]傅晓岚 编 蔡悦等 译
《中国未来十年的改革之路》 《比较》研究室 编